ज्ञान गरिमा के
68 वर्ष

भारतीय
ज्ञानपीठ

णाणं
पयासयं

वीर नि.सं.
2470

ई.सन्
1944

भारतीय ज्ञानपीठ

प्राकृत अनुवाद कला

स्नेहलता जैन

भारतीय ज्ञानपीठ

ISBN 978-81-263-4000-2

मूर्तिदेवी ग्रन्थमाला : हिन्दी ग्रन्थांक : 50

प्राकृत अनुवाद कला
स्नेहलता जैन

प्रकाशक :
भारतीय ज्ञानपीठ
18, इन्स्टीट्यूशनल एरिया, लोदी रोड
नयी दिल्ली-110 003

मुद्रक : विकास कम्प्यूटर ऐंड प्रिंटर्स, दिल्ली-110 032

आवरण-सज्जा : ज्ञानपीठ कला प्रभाग

पहला संस्करण : 2012
मूल्य : 160 रुपये

PRAKRIT ANUVAD KALA
(Prakrit Grammer)
by Snehlata Jain

Published by
Bharatiya Jnanpith
18, Institutional Area, Lodi Road
New Delhi-110 003
e-mail : jnanpith@satyam.net.in, sales@jnanpith.net
website : www.jnanpith.net

First Edition : 2012
Price : Rs. 160

सन्त शिरोमणि सिद्धान्तचक्रवर्ती परमपूज्य
आचार्य श्री विद्यानन्द जी मुनिराज के
पावन करकमलों में सविनय

अनुक्रमणिका

प्रस्तावना

भाषा का सम्बन्ध मानव–समाज के साथ होने से उसका सीधा सम्बन्ध उसकी संस्कृति से है। इसीलिए संस्कृति के विकास के साथ भाषा का विकास जुड़ा रहता है। विकास की इस अविदित गति से भाषा का एक इतिहास हो जाता है, जिससे उस भाषा में लिखे साहित्य के द्वारा हम अपने समाज की परिवर्तनशील प्रवृत्ति के साथ अपनी संस्कृति से भी परिचित होते हैं। मनुष्य की भाषा सृष्टि के आरम्भ से ही निरन्तर प्रवहमान रही है पर इस प्रवाह के आदि और अन्त का पता नहीं है। विश्व में करीब 250 परिवार की भाषाएँ विद्यमान हैं। प्राकृत भाषा के स्थान निर्धारण के लिए विद्वानों ने उनमें से मुख्य रूप से 12 प्रकार के भाषा परिवारों का उल्लेख किया है। ये हैं – भारोपीय परिवार, सेमेटिक परिवार, हैमेटिक परिवार, चीनी परिवार, यूराल अल्टाई परिवार, द्राविड परिवार, मैलोपालीनेशियन परिवार, बंटू परिवार, मध्य अफ्रीका परिवार, आस्ट्रेलिया प्रशान्तीय परिवार, अमेरिका परिवार, शेष परिवार।

उपर्युक्त भाषाओं में प्राकृत भाषा का सम्बन्ध प्रथम भारोपीय परिवार से है। इस भारोपीय परिवार के भी 8 उपभाषा परिवार हैं – आरमेनियन, बाल्टैस्लैबौनिक, अलवेनियम, ग्रीक, आर्य परिवार (भारत, इरानी), इटैलिक, कैल्टिक, जर्मन। इन 8 परिवारों में भी हमारी प्राकृत का सम्बन्ध आर्य परिवार से हैं। इस आर्य परिवार के भी 3 शाखा परिवार हैं – ईरानी शाखा परिवार, दरद शाखा परिवार, भारतीय आर्य शाखा परिवार। प्राकृत भाषा का कौटुम्बिक सम्बन्ध इन तीन शाखा परिवारों में से भारतीय आर्य शाखा परिवार से है। प्राकृत भाषा को जानने हेतु भारतीय आर्य शाखा परिवार के विकास को जानना आवश्यक है। विद्वानों ने भारतीय आर्य परिवार के विकास को तीन युगों में विभक्त किया है

1. प्राचीन भारतीय आर्य भाषा काल (2000 या 1600 ई. पूर्व से 600 ई. पूर्व)

ऋग्वेद काल से सदियों पूर्व सिन्धु घाटी में विकसित मानव केन्द्रों की सभ्यता व संस्कृति उच्च कोटि की थी। सिन्धु सभ्यता के नागरिक साहित्यिक पाश से मुक्त जिस जन प्रचलित भाषा का कथ्य रूप में प्रयोग करते थे वही जन प्रचलित भाषा अपने अनेक प्रादेशिक भाषाओं के रूप में भारत देश की आद्य भाषा जानी जाती है। इन प्रादेशिक भाषाओं के विविध रूपों के आधार से ही वैदिक साहित्य की रचना हुई जो **छान्दस्** के नाम से जानी जाने लगी। जनप्रचलित भाषा से उद्‌भूत यह छान्दस् ही उस समय की साहित्यिक प्राचीन आर्य भाषा बन गई। इस छान्दस् भाषा में लोक भाषा के अनेक स्रोत मिश्रित थे। व्याकरण के नियम से रहित यह छान्दस् भाषा अपने मौलिक रूप में विद्यमान थी।

तदनन्तर उदीच्य प्रदेश गान्धार के 'शालातुर' गाँव में जन्मे तथा तक्षशिला में शिक्षा प्राप्त किये भारतीय संस्कृति के असाधारण विद्वान पाणिनी (ई. पूर्व 5वीं शताब्दी) ने अपनी अष्टाध्यायी के लगभग 4000 सूत्रों में व्याकरण का सर्वांगीण विवेचन कर छान्द्स के आधार से तत्कालीन भाषा को व्याकरण द्वारा नियन्त्रित एवं स्थिरता प्रदान कर कर नई भाषा को जन्म दिया। यह नई भाषा लौकिक संस्कृत कहलाई। पाणिनि का जन्म एवं शिक्षा स्थान उदीच्य प्रदेश ही था, अतः पाणिनि कृत संस्कृत भाषा उदीच्य भाषा के नाम से भी जानी गयी। इस तरह वैदिक भाषा (छान्दस्) का उद्‌भव वैदिक साहित्य के समानान्तर की अनेक प्रादेशिक भाषाओं के रूप में कथ्य रूप से प्रचलित जन भाषा से तथा लौकिक संस्कृत का उद्‌भव वैदिक भाषा से हुआ। अतः इस प्रथम प्राचीन युग में आर्यों की तत्कालीन बोलचाल की भाषा, वैदिक छान्दस् एवं पाणिनी कृत लौकिक संस्कृत का अन्तर्भाव होता है।

2. मध्यकालीन आर्य भाषा काल (600ई. पूर्व से 1200 ई. तक)

संस्कृत भाषा तो व्याकरण से परिष्कृत होकर नियन्त्रित एवं स्थिर हो

गई किन्तु छान्दस् निरन्तर प्रवहमान रही। छान्दस् में जो जन तत्त्व समाविष्ट थे वे पाणिनि व्याकरण द्वारा नियन्त्रित नहीं हो सके और उनका विकास होता रहा। फलतः छान्दस् का मौलिक विकसित रूप प्राकृत कहलाया। विकास की दृष्टि से प्राकृत और संस्कृत दोनों का उद्‌भव स्रोत छान्दस् होने से दोनों सहोदरा हैं। मध्यकालीन प्राकृत आर्यभाषा काल को तीन युगों में विभक्त किया गया है –

प्रथमयुग – (ई.पूर्व 600 से ई. 200 तक)

ई.पूर्व छठी शताब्दी में भगवान महावीर और बुद्ध ने सामाजिक क्रान्ति के साथ जनभाषा प्राकृत में ही अपना धर्मोपदेश दिया। भगवान महावीर प्रभु की दिव्य तथा सर्वांगीण सत्य को प्रकाश में लानेवाली दिव्यध्वनि को अर्थतः ग्रहण कर गौतम गणधर आदि उनके शिष्यों ने आचारांग आदि द्वादश अंगों की रचना की। उन ग्रन्थों की भाषा अर्धमागधी प्राकृत के नाम से जानी गई। गणधरों द्वारा रचित ये ग्रन्थ श्रुत कहलाए। श्रुत शब्द का अर्थ है – सुना हुआ। भगवान महावीर के उपदेश उनके शिष्य गणधरों ने सुने और गणधरों से उनके शिष्यों ने। इस प्रकार शिष्य–प्रशिष्यों के श्रवण द्वारा प्रवर्तित होने से श्रुत कहलाया। यही श्रुत आगे जाकर आगम के नाम से प्रसिद्ध हुआ।

तदनन्तर प्राकृत को राज्य भाषा के रूप में मान्यता दिलाने वाला पहला सम्राट प्रियदर्शी राजा अशोक है। इसने अपने आदेशों को प्राकृत में उत्कीर्ण करवाया। तत्पश्चात् सम्राट खारवेल का हाथी गुफा शिलालेख (ई.100) उड़ीसा के भुवनेश्वर तीर्थ के पास उदयगिरि पर्वत की एक गुफा में खुदा मिला। इसमें प्रतापी राजा खारवेल के जीवन वृत्तान्तों का एवं उसके द्वारा जैन सम्मेलन बुलाने का वर्णन मिला है साथ ही इसमें इस देश का नाम 'भारतवर्ष' लिखा है।

मध्ययुग– (200 ई.से 600 ई. तक)

इस काल में प्राकृत में विभिन्न विधाओं में साहित्य रचा गया। महाकाव्य, खण्डकाव्य, चरितकाव्य, चम्पूकाव्य, मुक्तककाव्य, सट्टक आदि सभी

विधाओं के रूप में प्राकृत साहित्य उपलब्ध है। इनके अतिरिक्त प्राकृत में ज्योतिष, राजनीति, आयुर्वेद, रत्नपरीक्षा, वास्तुसार आदि विभिन्न विषयों का साहित्य भी पाया गया है। प्राकृत व्याकरण, छन्दकोश तथा अलंकार ग्रंथ प्राकृत साहित्य की अमूल्य निधि हैं।

तृतीययुगीन – (600 से 1200 तक) उसके बाद प्राकृत युग की प्रादेशिक भाषा रूप बोलियाँ ही अपने असाधारण परिवर्तन के साथ अपभ्रंश के रूप में विकसित हुईं। अतः प्राकृत के इस तृतीय युग में अर्वाचीन प्राकृत का स्वरूप अपभ्रंश साहित्य में पाया जाता है।

तृतीय स्तर – (1200 ई. से आज तक) पुनः उपर्युक्त इस अपभ्रंश साहित्य भाषा के जन साधारण में अप्रचलित होने से भारत के भिन्न भिन्न प्रदेशों में कथ्यभाषाओं के रूप में प्रचलित जिस–जिस अपभ्रंश भाषा से भिन्न–भिन्न प्रदेश की जो–जो आधुनिक आर्य कथ्य भाषाएँ उत्पन्न हुईं वे इस प्रकार हैं–

मराठी अपभ्रंश से	–	मराठी और कोंकणी भाषा।
मागधी अपभ्रंश की पूर्व शाखा से	–	बंगला, उडिया और आसामी भाषा।
मागधी अपभ्रंश की बिहारी शाखा से	–	मैथिली, मगही, और भोजपुरिया।
अर्धमागधी अपभ्रंश से	–	पूर्वी हिन्दी भाषाएँ (अवधी,बघेली, छत्तीसगढी)।
शौरसेनी अपभ्रंश से	–	बुन्देली, कन्नौजी, ब्रजभाषा, बाँगरू, हिन्दी।
नागर अपभ्रंश से	–	राजस्थानी, मालवा, मेवाड़ी, जयपुरी, मारवाड़ी, गुजराती।
पाली से	–	सिंहली और मालदीवन।
टाक्की अथवा ढाक्की से	–	लहन्दी या पश्चिमीय पंजाबी।
ब्राचड अपभ्रंश से	–	सिन्धी ।
पैशाची अपभ्रंश से	–	काश्मीरी भाषा ।

इस तरह कथ्य रूप जन प्रचलित आद्य भाषा ही निरन्तर प्रवहमान होती हुई प्राकृत के रूप में विकसित हुई और तद्युगीन विभिन्न प्रकार की प्राकृतों से विभिन्न प्रकार की अपभ्रंशों का जन्म हुआ। आगे चलकर इन अपभ्रंशों से ही उपर्युक्त आधुनिक भारतीय आर्य भाषाओं का जन्म हुआ है। इन उपरोक्त भाषाओं में प्रस्तुत पुस्तक का सम्बन्ध प्राकृत भाषा से होने के कारण यहाँ प्राकृत भाषा का संक्षेप में विवेचन किया गया है।

भगवान महावीर के निर्वाण के दो सौ वर्षों के बाद सम्राट चन्द्रगुप्त के राज्यकाल में मगध में 12 वर्ष तक भीषण अकाल पडा। उस समय समस्त श्रुतज्ञान के अन्तिम उत्तराधिकारी श्रुतकेवली भद्रबाहु हुए। अकाल के समय ये अनेक जैन मुनियों को लेकर मुनिचर्या निर्वाह के हेतु दक्षिण भारत चले गये। जो मुनि उत्तर भारत में रह गये थे वे शिथिल हो गये और श्वेत वस्त्र धारण करने लगे। तभी से जैन मत में दो सम्प्रदाय हो गये – दिगम्बर और श्वेताम्बर।

आगम के विषय में दिगम्बर सम्प्रदाय की मान्यता है कि भगवान महावीर के शिष्य गणधरों द्वारा रचित – आचारांग, सूत्रकृतांग, स्थानांग, समवायांग, व्याख्याप्रज्ञप्ति, ज्ञातृधर्मकथांग, उपासकाध्ययन, अन्तःकृद्दशांग, अनुत्तरोपपाद, प्रश्नव्याकरण, विपाकसूत्र और दृष्टिवाद इन बारह मूल आगम ग्रन्थों का लोप हो गया और उसका आंशिक ज्ञान मात्र मुनि परम्परा में सुरक्षित रहा। इस ही ज्ञान के आधार पर सर्वप्रथम आचार्य धरसेन के संरक्षण में सत्कर्मप्राभृत (षट्खण्डागम) सूत्र की रचना सम्पन्न हुई। इसके बाद गुणधर आचार्य के तत्त्वावधान में कसायपाहुड़ नामक आगम की रचना हुई। इन ग्रन्थों की भाषा को शौरसेनी प्राकृत नाम दिया गया। आगे चलकर कुन्दकुन्द आदि आचार्यों ने इस भाषा को सार्वभौमिकता प्रदान की। इस प्रकार दिगम्बर जैन आगम ग्रन्थों की यह मूल भाषा बन गई।

उपर्युक्त आगम के विषय में श्वेताम्बर सम्प्रदाय की मान्यता है कि उक्त आगम ग्रन्थों को उत्पन्न होती हुई विकृतियों से बचाने के लिए समय समय पर मुनियों ने पाटलिपुत्र, मथुरा व वलभी नगर में तीन वाचनाएँ

कीं। प्रथम वाचना पाटलीपुत्र में स्थूलभद्राचार्य की अध्यक्षता में हुई, जिसमें सभी श्रुतधर एकत्र हुए और उनकी स्मृति के आधार पर 11 अंगों का संकलन किया गया। 12वें दृष्टिवाद अंग का ज्ञान उपस्थित श्रुतधरों में से किसी को भी नहीं था, फलतः उस पर कार्य नहीं हो सका। वीरनिर्वाण के 840 वर्ष पश्चात् आर्य स्कन्दिल ने मथुरा नगरी में मुनिसंघ सम्मेलन बुलवाकर 11 अंगों को पुनः व्यवस्थित करने का प्रयत्न किया। किन्तु उस समय भी भयंकर अकाल पडा जिससे बहुत सा श्रुत नष्ट हो गया। इस मथुरा वाचना में संकलित सिद्धान्तों को मान्यता प्रदान कर दी गई। पुनः वीर निर्वाण के 980 वर्ष पश्चात् देवर्द्धिगण क्षमाश्रमण के नेतृत्व में वलभी नगर में मुनिसंघ को बुलवाकर मथुरा वाचना के आधार पर आगमों को संकलित कर लिपिबद्ध किया गया।

इसका कारण स्पष्ट है कि भगवान महावीर के निर्वाण से वलभी वाचना तक एक हजार वर्ष का लंबा समय बीत गया था तथा उस वाचना सम्मेलन में अनेक प्रदेशों से आकर जैन मुनि सम्मिलित हुए थे जो अपने अपने प्रदेशों की भाषा से प्रभावित थे। अतः मूल भाषा में कई मिश्रण और कई परिवर्तन हुए। विषमता के कारण सूत्र के अर्थ का स्पष्टीकरण भी कठिन हो गया। श्वेताम्बर सम्प्रदाय द्वारा मान्य वर्तमान आगम इसी संकलना के परिणाम हैं। इस वाचना में इन 11 अंगों के अतिरिक्त अन्य ग्रन्थ भी जो कि उस काल तक रचे जा चुके थे संकलित किये गये। इस साहित्य को 11 अंग, 12 उपांग, 6 छेदसूत्र, 4 मूलसूत्र, 10 प्रकीर्णक और 2 चूलिका इस प्रकार 45 ग्रंथों में व्यवस्थित किया गया। इन ग्रन्थों की भाषा को अर्धमागधी प्राकृत नाम दिया गया। यही अर्धमागधी प्राकृत श्वेताम्बर जैन आगमों की मूल भाषा बनी।

शौरसेनी एवं अर्धमागधी प्राकृत में रचित आगम साहित्य का आलोड़न करने पर यह ज्ञात होता है कि इन दोनों धाराओं के आगमों में विभक्ति, क्रिया, कृदन्त आदि के प्रयोग में इतनी विभिन्नता नहीं मिलती जितनी विभिन्नता इनकी पदरचनात्मक संघटना के सम्बन्ध में देखी जा सकती

है। शौरसेनी ग्रन्थों में जहाँ भाषा की एकरूप अनुशासनता देखी गई है वैसी अर्धमागधी के ग्रन्थों में नहीं मिलती। शौरसेनी की पदरचनात्मक संघटना उसके आगे की अपभ्रंश भाषा तक भी ज्यों की त्यों चली आई है किन्तु अर्धमागधी आगमों में परस्पर, एक ही ग्रन्थ के भिन्न भिन्न अंशों में और कहीं कहीं एक ही वाक्य में भाषा और शैली का भेद सुस्पष्ट दिखलाई पडता है।

अतः ज्ञातव्य है कि भगवान महावीर के उपदेश की भाषा जो अर्धमागधी के नाम से जानी गई थी वह अर्धमागधी इन उपलब्ध आगमों की अर्धमागधी नहीं है बल्कि उपलब्ध अर्धमागधी का गठन मागधी और प्राचीन शौरसेनी के मिश्रण से ही तैयार किया गया है। काल गणनानुसार भी प्राप्त शौरसेनी अर्धमागधी की अपेक्षा 300 वर्ष प्राचीन है।

निस्संदेह रूप से महावीर निर्वाण के पश्चात् 1000 वर्ष के दीर्घकाल में आगम साहित्य के क्षतिग्रस्त हो जाने पर भी दोनों सम्प्रदायों के तपोवनवासी, शान्त, निराकुल, परमसात्विक प्रवृत्ति उदात्तचरित्र तथा महान ज्ञानी मुनिराजों द्वारा रचित जो आगम प्राकृत भाषा में उपलब्ध है वह बहुत महत्वपूर्ण है। इस विशाल आगम साहित्य में जैन परम्पराएँ, धर्मोपदेश की पद्धतियाँ, आचार – विचार, संयमपालन की विधियाँ, अनुश्रुतियाँ, मनुष्य जीवन का चरम उद्देश्य मोक्ष प्राप्ति आदि अनेक विषय उल्लिखित हैं।

प्रस्तुत पुस्तक **प्राकृत अनुवाद कला** की प्रारम्भिक 13 इकाईयों में विभिन्न प्रकार के प्राकृत रूपों को बताया गया है। अन्तिम इकाई 14 में शौरसेनी व अर्धमागधी आगम ग्रन्थों में से प्राकृत के व्याकरणिक प्रयोग उदधृत किये गये हैं। इनमें अधिकांश प्रयोग शौरसेनी प्राकृत ग्रन्थों से तथा कुछ व्याकरणिक प्रयोग अर्धमागधी प्राकृत ग्रन्थों से उदधृत किये गये हैं। इससे हम यह जान सकेंगे कि अमुक ग्रन्थकार ने अपने ग्रन्थ में प्राकृत के संज्ञा, क्रिया एवं कृदन्त के विभिन्न रूपों में से किन–किन रूपों को अपनी रचना में लिया है। इन प्रयोगों से विभिन्न प्रकार की प्राकृतों का ज्ञान होने के साथ–साथ प्राकृत के संज्ञा,

क्रिया, कृदन्त एवं अव्यय शब्दों की जानकारी भी मिलेगी। अन्त में शौरसेनी प्राकृत एवं अर्धमागधी प्राकृत की कुछ विशेषताएँ बतायी गईं है तथा एक तालिका के माध्यम से शौरसेनी आगम ग्रन्थों – आचार्य पुष्पदंत रचित षट्खंडागम भाग –1 सत्प्ररूपणा, आचार्य कुन्दकुन्द द्वारा रचित समयसार, स्वामी कार्तिकेय कुमार द्वारा रचित स्वामि कार्तिकेय अनुप्रेक्षा, आचार्य वसुनन्दि कृत वसुनन्दि श्रावकाचार, आचार्य शिवार्य द्वारा रचित भगवती आराधना तथा अर्धमागधी आगम ग्रन्थों – आचारांग सूत्र के भाग–1 तथा उत्तराध्ययन के 12 अध्ययन में प्रयुक्त संज्ञा, क्रिया एवं कृदन्त शब्दों की प्रत्यय तालिका दी गयी है। इकाईयों को स्पष्ट रूप से दर्शाया गया है। इससे आगमों में सामान्य रूप से प्रयुक्त प्राकृत रूपों का आकलन कर सकेंगे।

यह पुस्तक डॉ. कमलचन्दजी सोगाणी, निदेशक अपभ्रंश साहित्य अकादमी द्वारा प्रकाशित प्राकृत रचना सौरभ एवं प्रौढ प्राकृत रचना सौरभ भाग–1 को आधार बनाकर लिखी गई है। यह प्राकृत अनुवाद कला पुस्तक पूर्व पुस्तक **'अपभ्रंश अनुवाद कला'** की शैली, ढाँचे और प्रारूप के अनुरूप ही लिखी गई है। अपभ्रंश व शौरसेनी प्राकृत दोनों की भाषात्मक संरचना, शब्दों, क्रियाओं में कितनी समानताएँ हैं, इसको इन दोनों पुस्तकों के आधार से आसानी से देखा जा सकता है।

आभार – सर्वप्रथम मैं अपनी हार्दिक कृतज्ञता डॉ. कमलचन्दजी सोगाणी, निदेशक, अपभ्रंश साहित्य अकादमी सहित उन समस्त कवियों, आचार्यों और लेखकों के प्रति व्यक्त करती हूँ जिनकी रचनाओं का उपयोग इस पुस्तक हेतु किया गया है। उत्साहवर्धन हेतु मैं दिगम्बर जैन अतिशय क्षेत्र श्रीमहावीरजी की प्रबन्धकारिणी कमेटी के पूर्व अध्यक्ष श्री नरेशकुमारजी सेठी साहब का आभार व्यक्त करती हूँ। अन्त में, मैं अत्यन्त कृतज्ञ हूँ भारतीय ज्ञानपीठ के प्रति जिससे प्राकृत अनुवाद कला पुस्तक का प्रकाशन सम्भव हुआ।

पाठ–1

प्राकृत भाषा की मुख्य कोटियाँ

किसी भी भाषा को सीखने व समझने के लिए उस भाषा के मूल तथ्यों की जानकारी होना आवश्यक है। प्राकृत भाषा को सीखने व समझने के लिए भी इस भाषा के मूल तथ्यों को समझना होगा जो निम्न रूप में हैं –

1. ध्वनि

फेफड़ों से श्वासनली में होकर मुख तथा नासिका के मार्ग से बाहर निकलने वाली प्रश्वास वायु ही ध्वनियों को उत्पन्न करती है। प्रत्येक ध्वनि के लिए एक भिन्न वर्ण का प्रयोग होता है। प्रश्वास को मुख में जीभ द्वारा नहीं रोकने तथा रोकने के आधार पर ध्वनियाँ दो प्रकार की मानी गई हैं – स्वर और व्यंजन

स्वर – जिन ध्वनियों के उच्चारण में जीभ प्रश्वास को मुख में किसी भी तरह नहीं रोकती तथा प्रश्वास बिना किसी रुकावट के बाहर निकलता है वे स्वर ध्वनियाँ कहलाती हैं। इनका उच्चारण बिना किसी वर्ण की सहायता के स्वतन्त्र रूप में किया जाता है। प्राकृत में अ, आ, इ, ई, उ, ऊ, ए, ओ स्वर होते हैं। हिन्दी के ऋ, ऐ, औ स्वर यहाँ नहीं होते।

व्यंजन – जिन ध्वनियों के उच्चारण में प्रश्वास मुख में जीभ द्वारा रोका जाता है और यह इधर उधर रगड़ खाता हुआ बाहर निकलता है, वे व्यंजन ध्वनियाँ कहलाती हैं–

क	ख	ग	घ	ङ
च	छ	ज	झ	ञ
ट	ठ	ड	ढ	ण

त	थ	द	ध	न
प	फ	ब	भ	म
य	र	ल	व	
स	ह			
।	ं	.	ॅ	ँ

प्राकृत में असंयुक्त अवस्था में ङ और ञ का प्रयोग नहीं पाया जाता है। ङ और ञ के स्थान पर संयुक्त अवस्था में अनुस्वार का प्रयोग बहुलता से मिलता है।

2. चिह्न

प्राकृत में निम्न चिह्नों का प्रयोग होता है –

अनुस्वार – स्वर के ऊपर जो बिन्दी लगाई जाती है उसे अनुस्वार कहते हैं। अनुस्वार का स्वरों के बिना प्रयोग नहीं होता अर्थात् स्वरों की सहायता से ही इनका उच्चारण हो सकता है। जैसे –

क ख ग घ ह से पहले आए अनुस्वार का उच्चारण 'ङ्' की तरह होता है। जैसे – पंक – पङ्क, अंग – अङ्ग आदि।

च छ ज झ य से पूर्व आए अनुस्वार का उच्चारण 'ञ् ' की तरह होता है – पंच – पञ्च संयम – सञ्यम आदि।

ट ठ ड ढ से पूर्व आए अनुस्वार का उच्चारण 'ण्' की तरह होता है – टंटा–टण्टा, अंडा–अण्डा आदि।

त थ द ध न र से पहले आए अनुस्वार का उच्चारण 'न्' की तरह होता है – अंत – अन्त।

प फ ब भ म व से पहले आए अनुस्वार का उच्चारण 'म्' के समान होता है – संमाण – सम्मान् आदि।

अनुनासिक – अनुस्वार का कोमल रूप अनुनासिक कहलाता है। अनुनासिक स्वर का चिन्ह (ँ) होता है। जैसे देवेहिँ, साहुहिँ, कमलाइँ वारीइँ, वारीहिँ, तेहिँ आदि।

अर्धचन्द्र ˘ – हिन्दी व अँग्रेजी की तरह प्राकृत में भी कुछ स्वरों पर ˘ ऐसा चिह्न स्वरों को ह्रस्व दिखाने हेतु लगाया जाता है – रणे ˘, ताणन्तरे ˘, खग्गएँ, पअहिराएँ आदि।

3. वचन

संज्ञा, सर्वनाम तथा विशेषण के जिस रूप से यह पता चले कि वह एक को बता रहा है या अनेक को, उसे वचन कहते हैं। प्राकृत में दो ही वचन होते हैं – एकवचन और बहुवचन।

एकवचन – संज्ञा, सर्वनाम और विशेषण के जिस रूप से एक का बोध हो उसे एकवचन कहते हैं – देवो, देवे, माउलो, माउले, णरो, णरे आदि।

बहुवचन – संज्ञा, सर्वनाम और विशेषण के जिस रूप से एक से अधिक का बोध हो उसे बहुवचन कहते हैं – देवा, माउला, णरा आदि।

कई बार सम्मानार्थ व अभिमानार्थ एक के लिए बहुवचन का प्रयोग भी होता है।

4. शब्द

प्रयोग की दृष्टि से शब्द पाँच प्रकार के हैं।

(क) संज्ञा (ख) सर्वनाम
(ग) विशेषण (घ) क्रिया (ङ) अव्यय

(क) संज्ञा

किसी व्यक्ति, जाति, स्थान, वस्तु, विचार भाव आदि के नाम को संज्ञा कहते हैं – रहुणन्दण, कमल, सीया, धेणु, वारि आदि। संज्ञा शब्द लिंगभेद के आधार पर तीन प्रकार के तथा शब्द संरचना के आधार पर चार प्रकार के होते हैं।

लिंग भेद : पुल्लिग, स्त्रीलिंग, नपुंसकलिंग

शब्द संरचना : अकारान्त, आकारान्त, इकारान्त/ईकारान्त, उकारान्त/ऊकारान्त

सामान्यतः अकारान्त शब्द पुल्लिग व नपुंसकलिंग होते हैं। आकारान्त शब्द स्त्रीलिंग होते हैं। इकारान्त, उकारान्त शब्द पुल्लिग, स्त्रीलिंग और नपुंसकलिंग होते हैं। किन्तु प्राकृत में कई स्थानों पर एक ही वस्तु के लिए प्रयुक्त अलग अलग शब्द अलग अलग लिंग से युक्त भी देखे जाते हैं। जैसे – स्त्री शब्द हेतु प्राकृत में दार, भज्जा और कलत्त शब्द हैं। इनमें दार पुल्लिग, भज्जा स्त्रीलिंग और कलत्त नपुंसकलिंग हैं। शरीर के लिए **तणु** स्त्रीलिंग, **देह** पुल्लिग और **सरीर** नपुंसक लिंग अर्थ में प्रयुक्त होता है। जल के लिए प्रयुक्त **सलिल** शब्द पुल्लिग तथा **उदग** शब्द नपुंसकलिंग है। वैसे ही अनेक अकारान्त संज्ञा शब्द पुल्लिग व नपुंसकलिंग दोनों ही अर्थ में प्रयुक्त होते हैं। अतः प्राकृत में लिंग का ज्ञान कोश के आधार से ही किया जाना चाहिए।

(ख) सर्वनाम

संज्ञा की पुनरुक्ति के निवारण के लिए जिन शब्दों का प्रयोग होता है वे सर्वनाम शब्द कहलाते हैं। सर्वनाम छः प्रकार के हैं –

1. पुरुषवाचक सर्वनाम – बोलनेवाले, सुननेवाले तथा अन्यपुरुष की संज्ञा के स्थान पर जिन सर्वनामों का प्रयोग होता है वे पुरुषवाचक सर्वनाम कहलाते हैं। पुरुषवाचक सर्वनाम के तीन भेद हैं –

क. उत्तमपुरुष – बोलनेवाला या लिखने वाला जिन सर्वनामों का अपने लिए प्रयोग करता है वे उत्तमपुरुष वाचक सर्वनाम शब्द हैं। जैसे – अहं, हं, अम्मि – (मैं) अम्हे, वयं – (हम सब)

ख. मध्यमपुरुष – बोलनेवाला या लिखनेवाला जिस व्यक्ति को बोलता है या लिखता है वे मध्यमपुरुष वाचक सर्वनाम शब्द हैं। जैसे – तुमं, तुं, तुह, तुमे – (तुम) तुब्भे, तुम्हे, तुज्झे – (तुम सब)

ग. अन्यपुरुष – बोलनेवाला तथा सुननेवाला जिस अन्य व्यक्ति के विषय में कुछ कहता है वे सब अन्यपुरुष वाचक सर्वनाम शब्द हैं। जैसे – सो, स, से – (वह, पुल्लिग), ते – (वे सब, पुल्लिग) सा – (वह, स्त्रीलिंग) ता, ताउ, ताओ – (वे सब, स्त्रीलिंग)। सभी संज्ञा शब्द भी अन्यपुरुष के अन्तर्गत ही आते हैं।

2. निश्चयवाचक सर्वनाम – जो सर्वनाम किसी व्यक्ति या वस्तु के लिए निश्चित संकेत करे वह निश्चयवाचक सर्वनाम है। जैसे – त, एत, ते, एआइं, जो, जे आदि।

3. अनिश्चयवाचक सर्वनाम – जो सर्वनाम किसी निश्चित वस्तु या व्यक्ति के लिए संकेत न करे वे अनिश्चयवाचक सर्वनाम हैं। जैसे – किं

4. सम्बन्धवाचक सर्वनाम – जो सर्वनाम अन्य उपवाक्य में प्रयुक्त होकर संज्ञा या सर्वनाम का सम्बन्ध प्रकट करे वह सम्बन्धवाचक सर्वनाम है। जैसे – जो करेगा सो भरेगा, जिसे देखो वही खुश है। यह सम्बन्धवाचक सर्वनाम किसी संज्ञा की ओर जो उसके पहले आ चुकी है, संकेत करता है।

5. प्रश्नवाचक सर्वनाम – किसी व्यक्ति या वस्तु के विषय में कुछ प्रश्न पूछने के लिए जिस सर्वनाम का प्रयोग होता है वह प्रश्नवाचक सर्वनाम है। जैसे – क, काइं आदि।

6. निजवाचक सर्वनाम – जो उत्तमपुरुष, मध्यमपुरुष तथा अन्यपुरुष का अपने आप बोध करावे वह निजवाचक सर्वनाम है। जैसे – आप स्वयं करके देखें। तुम स्वयं अपना काम सुधारो।

(ग) विशेषण

जो शब्द संज्ञा अथवा सर्वनाम की विशेषता को प्रकट करते हैं वे विशेषण कहलाते हैं। इनके विभक्ति, लिंग और वचन विशेष्य के अनुसार ही होते हैं। विशेषण के निम्नलिखित दो मुख्य भेदों का उल्लेख इकाई 12 के अन्तर्गत किया गया है।

1. गुणवाचक विशेषण

2. संख्यावाचक विशेषण

(घ) क्रिया

जिन शब्दों से किसी काम का होना या करना प्रकट हो उसे क्रिया कहते है। जैसे – जाता है, गया, जाएगा, पढ़ता है आदि। क्रिया दो प्रकार की होती है – अकर्मक, सकर्मक ।

अकर्मक क्रिया –

अकर्मक क्रिया वह होती है जिसका कोई कर्म नहीं होता और जिसका प्रभाव कर्ता पर ही पड़ता है।

सकर्मक क्रिया –

सकर्मक क्रिया वह होती है जिसका कर्म होता है तथा जिसमें कर्ता की क्रिया का प्रभाव कर्म पर पड़ता है।

क्रियाओं का प्रेरणार्थक रूप – कर्ता स्वयं जब किसी भी क्रिया (अकर्मक, सकर्मक) को करने हेतु किसी को प्रेरित करता है या अन्य किसी को क्रिया करने हेतु प्रेरित करवाता है वहाँ प्रेरित करने तथा प्रेरित करवाने के अर्थ में प्रेरणार्थक क्रिया होती हैं। अकर्मक व सकर्मक क्रियाओं में ही प्रेरणार्थक प्रत्यय लगाकर उनको प्रेरणार्थक क्रिया बनाया जाता है। अकर्मक क्रिया जैसे ही प्रेरणार्थक क्रिया बनती है उसमें कर्म का समावेश हो जाता है और वही सकर्मक क्रिया का रूप लेकर प्रेरणार्थक क्रिया बन जाती है।

(ङ) अव्यय

वाक्य रचना में अव्यय शब्दों का महत्त्वपूर्ण स्थान है। इनका वाक्य रचना में बहुलता से प्रयोग किया जाता है। अव्यय वे शब्द हैं जिनके रूप में कोई विकार–परिवर्तन उत्पन्न न हो और जो सदा सभी विभक्ति, सभी वचन और सभी लिंगों में एक समान रहें तथा लिंग,

विभक्ति और वचन के अनुसार जिनके रूपों में घटती–बढ़ती न हो। इनको अविकारी शब्द भी कहा जाता है। प्राकृत में सम्बन्धक भूत कृदन्त (पूर्वकालिक क्रिया) तथा हेत्वर्थक कृदन्त भी अव्यय का ही काम करते हैं। आगे इकाई **9 कृदन्त** के अन्तर्गत सम्बन्धक व हेत्वर्थक कृदन्त तथा इकाई 11 में स्थानवाचक, कालवाचक, प्रकारवाचक, समुच्चयबोधक एवं मनोविकार सूचक कुछ अव्ययों के विषय में बताया गया है।

5. लिंग – जिस चिह्न से यह पता चले कि संज्ञा पुरुष जाति की है या स्त्री जाति की उसे लिंग कहते हैं। प्राकृत भाषा में 3 लिंग होते हैं – 1 पुल्लिग 2. स्त्रीलिंग 3. नपुंसकलिंग।

6. काल – क्रिया के जिस रूप से क्रिया के होने के समय का पता चलता है उसे काल कहते हैं। प्राकृत भाषा में 4 प्रकार के काल होते हैं –

1. वर्तमानकाल
2. विधि एवं आज्ञा
3. भविष्यत्काल
4. भूतकाल

प्राकृत भाषा में भूतकाल को व्यक्त करने के लिए भूतकालिक कृदन्त का भी प्रयोग किया जाता है।

7. कारक – संज्ञा व सर्वनाम के जिस रूप से उसका क्रिया अथवा दूसरे शब्द के साथ सम्बन्ध सूचित होता है उसे कारक कहते हैं। संज्ञा व सर्वनाम के रूप रचना विधान से ही इनका क्रिया व दूसरे शब्द के साथ सम्बन्ध सूचित होता है। प्राकृत भाषा में कारक 8 होते हैं – 1. कर्ता, 2. कर्म, 3. करण, 4. सम्प्रदान, 5. अपादान, 6. सम्बन्ध, 7. अधिकरण, 8. सम्बोधन

रूप–रचना–विधान (संज्ञा)

कारक	एकवचन	बहुवचन
कर्ता	राजा, राजा ने	राजा, राजाओं ने
कर्म	राजा को	राजाओं को
करण	राजा से	राजाओं से
सम्प्रदान	राजा के लिए, को	राजाओं के लिए, को
अपादान	राजा से	राजाओं से
सम्बन्ध	राजा का, के, की	राजाओं का, के, की
अधिकरण	राजा में, पर	राजाओं में, पर
सम्बोधन	हे राजा !	हे राजाओं !

रूप–रचना–विधान (सर्वनाम)

उत्तम पुरुष 'मैं' के सब कारकों में रूप

कारक	एकवचन	बहुवचन
कर्ता	मैं, मैंने	हम, हमने
कर्म	मुझको, मुझे	हमको, हमें
करण	मुझसे, मेरे द्वारा	हमसे, हमारे द्वारा
सम्प्रदान	मुझको, मुझे, मेरे लिए	हमको, हमें, हमारे लिए
अपादान	मुझसे	हमसे
सम्बन्ध	मेरा, मेरे, मेरी	हमारा, हमारे, हमारी
अधिकरण	मुझमें, पर	हममें, पर

(प्राकृत में चतुर्थी और षष्ठी विभक्ति के लिए एक समान ही प्रत्यय हैं, देखें शब्द रूपावली। सर्वनाम में सम्बोधन नहीं होता)

8. वाच्य

वाक्य रचना का मुख्य आधार वाच्य होता है। क्रिया के जिस रूप से यह पता चले कि उसके वर्णन का मुख्य विषय कर्ता है, कर्म है या धातु का भाव है, उसे वाच्य कहते हैं। वाच्य तीन प्रकार के होते हैं –

1 कर्तृवाच्य
2. भाववाच्य
3 कर्मवाच्य

1. कर्तृवाच्य

जहाँ क्रिया के विधान का विषय 'कर्ता' हो वहाँ कर्तृवाच्य होता है। कर्तृवाच्य का प्रयोग अकर्मक व सकर्मक दोनों क्रियाओं के साथ होता है। अकर्मक क्रिया से कर्तृवाच्य बनाने के लिए कर्ता सदैव प्रथमा विभक्ति में होता है तथा कर्ता के वचन व पुरुष के अनुसार क्रियाओं के वचन व पुरुष होते हैं। सकर्मक क्रिया के साथ कर्तृवाच्य बनाने के लिए कर्ता में प्रथमा तथा कर्म में द्वितीया विभक्ति होती है और क्रिया के पुरुष और वचन कर्ता के पुरुष और वचन के अनुसार होते हैं। अकर्मक व सकर्मक क्रिया के साथ कर्तृवाच्य का प्रयोग चारों कालों – वर्तमान, विधि एवं आज्ञा, भविष्यत्काल तथा भूतकाल में होता है।

2. भाववाच्य

जहाँ क्रिया के विधान का विषय न कर्ता हो और न कर्म बल्कि क्रिया का अर्थ (भाव) ही विधान का विषय बने, वहाँ भाववाच्य होता है। इसमें क्रिया के लिंग, वचन, पुरुष न तो कर्ता के अनुसार होते हैं न कर्म के अनुसार होते हैं। इसमें क्रिया सदैव अन्य पुरुष एकवचन में तथा कृदन्त सदैव नपुंसक प्रथमा एकवचन में रहते हैं। भाववाच्य में सदैव अकर्मक क्रियाएँ ही प्रयुक्त होती हैं।

3. कर्मवाच्य

जहाँ क्रिया के विधान का विषय 'कर्म' हो वहाँ कर्मवाच्य होता है। कर्मवाच्य में सकर्मक क्रियाएँ व प्रेरणार्थक क्रियाएँ प्रयुक्त होती हैं। इसमें क्रिया के लिंग, वचन व पुरुष कर्म के लिंग, वचन व पुरुष के अनुसार होते हैं। कर्मवाच्य क्रिया व कृदन्त दोनों से बनाए जाते हैं।

पाठ–2

शब्द एवं शब्द–रूपावली

1. शब्द

पुल्लिंग संज्ञा शब्द

(क) अकारान्त

अवराह – अपराध
आगम – शास्त्र
इंगाल – कोयला
उवक्कम – नम्रता
कर – हाथ
कलभ – हाथी का बच्चा
कुक्कुर – कुत्ता
गंथ – पुस्तक
गाम – गाँव
चाय – त्याग
णेरइय – नरक का जीव
तिरिक्ख – पशु, पक्षी, प्राणी
दिवायर – सूर्य
दुह – दुख
पइ – पति
परमेसर – परमेश्वर
पिआमह – दादा
पोत्त – पोता
बालअ – बालक
मय – हरिण

आएस – मेहमान
आस – घोड़ा
उज्जम – उद्योग
कयंत – मृत्यु
करह – ऊँट
कासय – किसान
कूव – कुआ
गव्व – गर्व
घर – मकान
णर –मनुष्य
तव – तप
दिअर – देवर
दुक्ख – दुःख
नरिंद – राजा
पड – वस्त्र
परिहार – त्याग
पुत्त – पुत्र
फलिह – आगल
भव – संसार
माउल – मामा

मारुअ – पवन
मेह – मेघ
रक्खस – राक्षस
रहुणन्दण – राम
लूह – साधु
वायस – कौआ
वेज्ज – चिकित्सक
संग – आसक्ति
सप्प – साँप
ससुर – ससुरा
सीह – सिंह
हुअवह – अग्नि
मित्त – मित्र
मुक्ख – मोक्ष
रयण – रत्न
राय – राजा
वय – व्रत
विणय – नम्रता
संकम – पुल
सक्क – इन्द्र
सलिल– पानी
सायर – समुद्र
हणुवन्त – हनुमान

(ख) इकारान्त/ ईकारान्त

अरि –शत्रु
करि – हाथी
केसरि – सिंह
गिरि – पर्वत
जोगि – योगी
नरवइ – राजा
मंति – मंत्री
रवि – सूर्य
विहि – विधि
सामि – मालिक
हत्थि – हाथी
कइ – कवि
किमी – कीट विशेष
गामणी – गाँव का मुखिया
जइ – यति
तवस्सि – साधु
पाणि – प्राणी
मुणि – मुनि
रिसि – मुनि
ससि – चन्द्रमा
सेणावइ – सेनापति
हरि – हरि

(ग) उकारान्त /ऊकारान्त

करेणु – हाथी
गुरु – गुरु
तरु – पेड
खलपू–खलियान साफ करने वाला
जंतु – प्राणी
तेउ – तेज

धणु – धनुष
फरसु – कुल्हाड़ी
बिंदु – बूंद
मेरु – पर्वत विशेष
रिउ – दुश्मन
सत्तु – शत्रु
साहु – साधु
सुणु – पुत्र
पहु – प्रभु
बंधु – भाई
मच्चु – मृत्यु
रहु – रघु
वाउ – वायु
सयंभू – स्वयंभू
सिसु – बालक
सेउ – पुल

उपर्युक्त संज्ञा शब्दों में अकारान्त पुल्लिग संज्ञा शब्दों के रूप **'देव'**, इकारान्त पुल्लिग संज्ञा शब्दों के रूप **'हरि'**, ईकारान्त पुल्लिग संज्ञा शब्दों के रूप 'गामणी' उकारान्त पुल्लिग शब्दों के रूप **'साहु'** तथा ऊकारान्त पुल्लिग संज्ञा शब्दों के रूप **'सयंभू'** के समान चलेंगे।

नपुंसकलिंग संज्ञा शब्द

(क) अकारान्त

असण – भोजन
कट्ठ – काठ
कम्म – कर्म
खेत्त – खेत
घय – घी
छिक्क – छींक
जोव्वण – यौवन
णह – आकाश
तिण – घास
धन्न – धान
पुप्फ – फूल
बीअ – बीज
भोयण – भोजन
उदग – जल
कमल – कमल का फूल
खीर – दूध
गाण – गीत
छवित्ताण – कवच
जीवण – जीवन
णयरजण – नागरिक
णाण – ज्ञान
धण – धन
पत्त – कागज
पोट्टल – गठरी
भय – भय
मज्ज – मद्य

मण – मन
मरण – मरण
रज्ज – राज्य
रत्त –रक्त
रिण – कर्ज
रूव – रूप
लक्कुड – लकडी
वण – जंगल
वत्थ – वस्त्र
वसण – व्यसन
विमाण – विमान
वेरग्ग – वैराग्य
सच्च – सत्य
सद्द – शब्द
सासण – शासन
सिर – मस्तक
सील – सदाचार
सुत्त – धागा
सुह – सुख
सोक्ख–सुख

(ख) इकारान्त / ईकारान्त

अच्छि – आँख
अट्ठि – हड्डी
दहि – दही
वारि – जल
सप्पि – घी
सालि – चावल

(ग) उकारान्त / ऊकारान्त

अंसु – आँसू
आउ – आयु
जाणु – घुटना
दारु – लकड़ी
महु – मधु
वत्थु – पदार्थ

उपर्युक्त संज्ञा शब्दों में अकारान्त नपुंसकलिंग शब्दों के रूप **'कमल'** इकारान्त नपुंसकलिंग शब्दों के रूप **'वारि'** तथा उकारान्त नपुंसकलिंग शब्दों के रूप **'महु'** के अनुसार चलेंगे।

स्त्रीलिंग संज्ञा शब्द

(क) आकारान्त

आणा – आज्ञा
इच्छा – अभिलाषा

कंखा – चाह
कमला – लक्ष्मी
कलसिया – छोटा घड़ा
गड्डा – खड्डा
गुहा – गुफा
जउणा – यमुना
जाया – स्त्री
णिद्दा – नींद
तण्हा – तृष्णा
धूआ – बेटी
निसा – रात्रि
पण्णा – प्रज्ञा
पसंसा – प्रशंसा
मइरा – मदिरा
माया – माता
वाया – वाणी
सद्धा – श्रद्धा
ससा – बहिन
सीया – सीता
सोहा – शोभा
कण्णा – कन्या
करुणा – दया
कहा – कथा
गरहा – निन्दा
चविडा – थप्पड़
जरा – बुढापा
झुंपडा – झोपड़ी
तणया – पुत्री
तिसा – प्यास
नणन्दा – ननद
पइट्ठा – प्रतिष्ठा
परिक्खा – परीक्षा
भुक्खा – भूख
महिला – स्त्री
मेहा – बुद्धि
संझा – सायंकाल
सरिआ – नदी
सिक्खा – शिक्षा
सुया – पुत्री

(ख) इकारान्त/ईकारान्त

आगिइ – आकार
इड्ढि – ऋद्धि
उप्पत्ति – जन्म
खंति – क्षमा
पुढवी – पृथ्वी
तत्ति – तृप्ति
आणुपुव्वी – परिपाटी
इत्थी – स्त्री
अवहि – समय सीमा
गइ – गति
णारी – नारी
थुइ – स्तुति

धत्ती – दाई
परमेसरी – परमेश्वरी
पुढवी – पृथ्वी
बहिणी – बहिन
मइ – मति
रत्ति – रात
लच्छी – लक्ष्मी
सत्ति – बल
सामिणी – मालकिन
सुइ – स्मरण
धिई –धर्य
पिआमही – दादी
पुत्ती – पुत्री
भत्ति – भक्ति
मणि – रत्न
रिद्धि – वैभव
लद्धि – प्राप्ति
समणी – श्रमणी
सिप्पी – सूई

(ग) उकारान्त / ऊकारान्त

कडच्छु – चमची
चंचु – चोंच
जंबू – जामुन का पेड़
धेणु – गाय
रज्जु – रस्सी
हणु – ठोडी
कण्डु – खाज
चमू – सैन्य
तणु – शरीर
बहू – बहू
सस्सू – सास

उपर्युक्त संज्ञा शब्दों में आकारान्त स्त्रीलिंग शब्दों के रूप 'कहा' इकारान्त स्त्रीलिंग शब्दों के रूप 'मइ', 'ईकारान्त स्त्रीलिंग शब्दों के रूप 'लच्छी' उकारान्त स्त्रीलिंग शब्दों के रूप 'धेणु' तथा ऊकारान्त स्त्रीलिंग शब्दों के रूप 'बहू' के समान चलेंगे।

सर्वनाम शब्द

अम्ह (पु., नपुं., स्त्री) = मैं
त, अमु (पु.) = वह
ता, अमु (स्त्री.) वह
एत (पु. नपुं.) = यह
तुम्ह (पु., नपुं. स्त्री) = तुम
त, अमु (नपुं.) = वह
ज (पु, नपुं.) = जो
जा (स्त्री) = जो

एता (स्त्री) = यह	क (पु. नपुं.) = कौन
इम (पु. नपुं.) = यह	का (स्त्री) = कौन
इमा (स्त्री)= यह	आय (पु. नपुं.) = यह
आया (स्त्री) = यह	कवण (पु. नपुं.)= कौन, क्या, कौनसा
आया (स्त्री) = यह	कवणा (स्त्री) = कौन, क्या, कौनसा
काइं (पु, नपुं, स्त्री) = कौन, क्या, कौनसा	

(उपर्युक्त संज्ञा व सर्वनाम शब्दों की रूपावली आगे दी जा रही है।)

क्रियाएँ

अकर्मक क्रियाएँ

अच्छ – बैठना	उग – उगना
उच्छल – उछलना	उच्छह – उत्साहित होना
उज्जम – प्रयास करना	उट्ठ – उठना
उड्ड – उड़ना	उपज्ज – पैदा होना
उल्लस – खुश होना	उवरम – विरत होना
उवविस – बैठना	उवसम –शान्त होना
उस्सस – साँस लेना	कंद – रोना
कंप – काँपना	कलह – झगड़ा करना
किलिस – दुःखी होना	कील – कीलना
कुद्द – कूदना	कुल्ल – कूदना
खंज – लंगड़ाना	खय – नष्ट होना
खास – खाँसना	खिज्ज – अफसोस करना
खिस – खिसकना	खेड्ड – क्रीड़ा करना
खेल – खेलना	गज्ज – गरजना
गडयड – गिड़गिड़ाना	गल – गलना
गिज्झ – आसक्त होना	गुंज – गूँजना
घुम – घूमना	चिट्ठ – बैठना

चिराव – देर करना
चुक्क – भूल करना
छज्ज – शोभना
छुब्भ – व्याकुल होना
जग्ग – जागना
जर – बूढ़ा होना
जागर – जागना
जुज्झ – लड़ना
ठा – ठहरना
डुल – डोलना
णस्स – नष्ट होना
णियत्त – निवृत्त होना
ण्हा – नहाना
तव – तपना
थक्क – थकना
पड – गिरना
परिवड – पड़ना
पसर – फैलना
फुर – प्रकट होना
बुक्क – भोंकना
मुच्छ – मूर्च्छित होना
रम – रमना
रूस – रूसना
लुक्क – छिपना
लोट्ट – लोटना
वड्ढ – बढ़ना
ववहर – आचरण करना
विअस – खिलना
वेव – काँपना

चुअ – टपकना
चेट्ठ – प्रयत्न करना
छुट्ट – छूटना
जंभा– जँभाई लेना (जम्हाई लेना)
जम्म – जन्म लेना
जल – जलना
जीव – जीना
जोह – लड़ना
डर – डरना
णच्च – नाचना
णिज्झर – झरना
णिवड – नीचे गिरना
तडफड – छटपटाना
तुट्ट – टूटना
दुक्ख – दुखना
परक्कम – प्रवृत्ति करना
पला – भाग जाना
पसिअ – प्रसन्न होना
फुल्ल – खिलना
मर – मरना
मुज्झ – घबड़ाना
रुव – रोना
लज्ज – शरमाना
लुढ – लुढ़कना
वक्कम – उत्पन्न होना
वल – मुड़ना
वस – बसना
विज्ज – उपस्थित होना
संभव – उत्पन्न होना

समास – बैठना
सिज्झ – सिद्ध होना
सुज्झ –शुद्ध होना
हरिस – प्रसन्न होना
हस – हँसना
हो – होना

सय – सोना
सुक्ख – सूखना
सोह – शोभना
हव – होना
हु – होना

सकर्मक क्रियाएँ

अग्घ – सूँघना
अस – खाना
आगच्छ – आना
आरूह – ऊपर चढ़ना
इच्छ – इच्छा करना
उदीर – प्रतिपादन करना
उवयर – उपकार करना
ओवय – नीचे उतरना
कर – करना
कह – कहना
कुट्ट – कूटना
खंड – टुकड़ा करना
खिंस – निन्दा करना
गच्छ – जाना
गरह – निन्दा करना
गा – गाना
गूह – छिपाना
चक्ख – चखना
चव – बोलना
चुअ – त्याग करना
चोप्पड – स्निग्ध करना

अच्च – पूजा करना
अहिलस – इच्छा करना
आयर – आचरण करना
आवह – धारण करना
उग्घाड – खोलना
उप्पाड – उपाड़ना
ओणंद – अभिनन्दन करना
कट्ट – काटना
कलंक – कलंकित करना
कीण – खरीदना
कोक्क – बुलाना
खण – खोदना
खिव – फैकना
गण – गिनना
गवेस – खोज करना
गिण्ह – ग्रहण करना
गोव – रक्षण करना
चर – चरना
चिंत – चिन्ता करना
चूर – टुकड़ा-टुकड़ा करना
चोराव – चुराना

छड्ड – छोडना

छुव – स्पर्श करना

छोल्ल – छीलना

जाण – जानना

जिम – जीमना

जोअ – प्रकाशित करना

ठव – स्थापना करना

ढक्क – ढँकना

णम – नमस्कार करना

णिरक्ख – देखना

णिहण – गाड़ना

दह – जलाना

देक्ख – देखना

धाव – दौड़ना

धोअ – धोना

पणम – प्रणाम करना

परिच्चअ – परित्याग करना

परी – घूमना

पाल – पालना

पिब – पीना

पीस – पीसना

पेच्छ – देखना

फाड – फाड़ना

बंध – बाँधना

बोल्ल – बोलना

मइल – मैला करना

मण्ण – मानना

मार – मारना

मुण – जानना

छल – ठगना

छोड – छोड़ना

जण – उत्पन्न करना

जिंघ – सूँघना

जेम – जीमना

झा – ध्यान करना

डंस – डसना

ढुक्क – प्रवेश करना

णित्थर – पार करना

णिसुण – सुनना

थुण – स्तुति करना

दा – देना

धार – धारण करना

धिक्कार – धिक्कारना

पढ – पढना

पयास – व्यक्त करना

परिवज्ज – परित्याग करना

पाड – गिराना

पाव – पाना

पीड – पीड़ा देना

पुक्कर – पुकारना

पेस – भेजना

फास – स्पर्श करना

बुज्झ – समझना

भण – कहना

मग्ग – माँगना

माण – सम्मान करना

मीमंस – विचार करना

या – जाना

रंग – रँगना
रक्ख – रक्षा करना
रोक्क – रोकना
लभ – प्राप्त करना
लिह – लिखना
लिह – चाटना
ले – लेना
वंच – ठगना
वंद – प्रणाम करना
वक्खाण –व्याख्यान करना
वच्च – जाना
वट्ट – परोसना
वण्ण – वर्णन करना
वद्धाव – बधाई देना
वह – धारण करना
वार – निषेध करना
वावर – काम में लगाना
विण्णा – जानना
विहड – खण्डित करना
विसर – भूल जाना
विहुण – कँपाना
संगह – संचय करना
संघ – कहना
संठव – स्थापना करना
संवर – रोक़ना
सद्दह – श्रद्धा करना
समाण – समाप्त करना
समास – अच्छी तरह फेंकना
सर – याद करना
सल्लिह – कृश करना
साह – कहना
सिंच – सींचना
सिक्ख – सीखना
सुण – सुनना
सुमर – स्मरण करना
सेव – सेवा करना
हण – मारना
हर – हरण करना
हिंस – हिंसा करना
हील – तिरस्कार करना

2. शब्द–रूपावली

(क) संज्ञा शब्द–रूपावली

1. अकारान्त पुल्लिग –देव

	एकवचन	बहुवचन
प्रथमा	देवो, देवे	देवा
द्वितीया	देवं	देवा, देवे
तृतीया	देवेण, देवेणं	देवेहि, देवेहिं, देवेहिँ

चतुर्थी	देवाय, देवस्स	देवाण, देवाणं
पंचमी	देवत्तो, देवाओ, देवाउ, देवाहि, देवा, देवाहिंतो, देवादो, देवादु	देवत्तो, देवाओ, देवाउ, देवाहि, देवाहिं, देवासुंतो, देवेहि, देवेहिंतो, देवेसुंतो, देवादो, देवादु
षष्ठी	देवस्स	देवाण, देवाणं
सप्तमी	देवे, देवम्मि,देवम्हि,देवसि	देवेसु, देवेसुं
सम्बोधन	देव, देवा, देवो, देवे	देवा

2. इकारान्त पुल्लिग – हरि

	एकवचन	बहुवचन
प्रथमा	हरी	हरउ, हरओ, हरिणो, हरी
द्वितीया	हरिं	हरिणो, हरि
तृतीया	हरिणा	हरीहि,हरीहिं हरीहिँ
चतुर्थी व षष्ठी	हरिणो, हरिस्स	हरीण, हरीणं
पंचमी	हरिणो, हरित्तो, हरीओ, हरीउ, हरीहिंतो हरीदु, हरीदो	हरित्तो, हरीओ, हरीउ, हरीहिन्तो, हरीसुंतो, हरीदो, हरीदु
सप्तमी	हरिम्मि, हरिम्हि, हरिंसि	हरीसु, हरीसुं
सम्बोधन	हरी, हरि	हरउ, हरओ, हरिणो, हरी

3. ईकारान्त पुल्लिग– गामणी

	एकवचन	बहुवचन
प्रथमा	गामणी	गामणउ, गामणओ गामणिणो, गामणी
द्वितीया	गामणिं	गामणी, गामणिणो

तृतीया	गामणिणा	गामणीहिं, गामणीहि, गामणीहिँ
चतुर्थी व षष्ठी	गामणिणो, गामणिस्स	गामणीण, गामणीणं
पंचमी	गामणिणो, गामणित्तो, गामणीओ, गामणीउ, गामणीहिंतो, गामणीदो, गामणीदु	गामणित्तो, गामणीओ, गामणीउ, गामणीहिंतो, गामणीसुंतो, गामणीदो, गामणीदु
सप्तमी	गामणिम्मि, गामणिम्हि, गामणिंसि	गामणीसु, गामणीसुं
सम्बोधन	गामणि	गामणउ, गामणओ, गामणिणो, गामणी

4. उकारान्त पुल्लिंग – साहु

	एकवचन	बहुवचन
प्रथमा	साहू	साहउ, साहओ, साहवो, साहुणो, साहू
द्वितीया	साहुं	साहुणो, साहू
तृतीया	साहुणा	साहूहि, साहूहिं, साहूहिँ
चतुर्थी व षष्ठी	साहुणो, साहुस्स	साहूण, साहूणं
पंचमी	साहुणो, साहुत्तो, साहूओ, साहूउ,साहूहिंतो,साहूदो, साहूदु	साहुत्तो, साहूओ, साहूउ, साहूहिंतो, साहूसुंतो,साहूदो, साहूदु
सप्तमी	साहूम्मि, साहुम्हि, साहुंसि	साहूसु, साहूसुं
सम्बोधन	साहू, साहु	साहउ, साहओ, साहवो, साहुणो, साहू

5. ऊकारान्त पुल्लिग – सयंभू

	एकवचन	बहुवचन
प्रथमा	सयंभू	सयंभउ, सयंभओ, सयंभवो, सयंभुणो, सयंभू
द्वितीया	सयंभुं	सयंभुणो, सयंभू
तृतीया	सयंभुणा	सयंभूहि, सयंभूहिं, सयंभूहिँ
चतुर्थी व षष्ठी	सयंभुणो, सयंभुस्स	सयंभूण, सयंभूणं
पंचमी	सयंभुणो, सयंभुत्तो, सयंभूओ, सयंभूउ, सयंभूहिंतो,सयंभूदो, सयंभूदु	सयंभुत्तो, सयंभूओ, सयंभूउ, सयंभूहिंतो, सयंभूसुंतो, सयंभूदु
सप्तमी	सयंभूम्मि, सयंभुम्हि, सयंभुंसि	सयंभूसु, सयंभूसुं
सम्बोधन	सयंभू, सयंभु	सयंभउ, सयंभओ, सयंभवो, सयंभुणो, सयंभू

6. अकारान्त नपुंसकलिंग – कमल

	एकवचन	बहुवचन
प्रथमा	कमलं	कमलाइं कमलाइँ, कमलाणि
द्वितीया	कमलं	कमलाइं कमलाइँ, कमलाणि
तृतीया	कमलेण, कमलेणं	कमलेहि, कमलेहिं, कमलेहिँ
चतुर्थी	कमलस्स, कमलाय	कमलाण, कमलाणं
पंचमी	कमलत्तो, कमलाओ, कमलाउ, कमला कमलाहि, कमलाहिंतो, कमला, कमलादु कमलादो	कमलत्तो, कमलाओ, कमलाउ, कमलाहि, कमलाहिंतो, कमलेहि, कमलासुंतो, कमलेहिंतो कमलेसुंतो, कमलादो, कमलादु,

षष्ठी	कमलस्स	कमलाण, कमलाणं
सप्तमी	कमले, कमलम्मि, कमलम्हि, कमलंसि	कमलेसु, कमलेसुं
सम्बोधन	कमल	कमलाइँ, कमलाइं, कमलाणि

7. इकारान्त नपुंसकलिंग – वारि

	एकवचन	**बहुवचन**
प्रथमा	वारिं	वारीइं, वारीइँ, वारीणि
द्वितीया	वारिं	वारीइं, वारीइँ, वारीणि
तृतीया	वारिणा	वारीहि, वारीहिं, वारीहिँ
चतुर्थी व षष्ठी	वारिस्स, वारिणो	वारीण, वारीणं
पंचमी	वारिणो, वारित्तो, वारीओ, वारीउ, वारीहिंतो, वारीदो, वारीदु	वारित्तो, वारीओ, वारीउ, वारीहिंतो, वारीसुंतो, वारीदु, वारीदो
सप्तमी	वारिम्मि, वारिम्हि, वारिंसि	वारीसु, वारीसुं
सम्बोधन	वारि	वारीइँ, वारीइं, वारीणि

8. उकारान्त नपुंसकलिंग – महु

	एकवचन	**बहुवचन**
प्रथमा	महुं	महूइं, महूइँ,महूणि
द्वितीया	महुं	महूइं, महूइँ,महूणि
तृतीया	महुणा	महूहि, महूहिं, महूहिँ,
चतुर्थी व षष्ठी	महुस्स, महुणो	महूण, महूणं
पंचमी	महुणो, महुत्तो, महूओ, महूउ, महूहिंतो महूदो, महूदु	महुत्तो, महूओ, महूउ, महुहिंतो, महूसुंतो, महूदो, महूदु

सप्तमी	महुम्मि, महुम्हि,महुंसि	महूसु , महूसुं
सम्बोधन	महु	महूइँ, महूइं, महूणि

9. आकारान्त स्त्रीलिंग – कहा

	एकवचन	बहुवचन
प्रथमा	कहा	कहा, कहाउ, कहाओ
द्वितीया	कहं	कहा, कहाउ, कहाओ
तृतीया	कहाअ, कहाइ, कहाए	कहाहि, कहाहिं, कहाहिँ
चतुर्थी व षष्ठी	कहाअ, कहाइ, कहाए	कहाण, कहाणं
पंचमी	कहाअ, कहाइ, कहाए, कहत्तो, कहाओ, कहाउ, कहाहिंतो, कहादो, कहादु	कहत्तो, कहाओ, कहाउ, कहाहिंतो,कहासुंतो, कहादो, कहादु
सप्तमी	कहाअ, कहाइ, कहाए	कहासु, कहासुं
सम्बोधन	कहे, कहा	कहा, कहाउ, कहाओ

10. इकारान्त स्त्रीलिंग – मइ

	एकवचन	बहुवचन
प्रथमा	मई	मईउ, मईओ, मई
द्वितीया	मइं	मईउ, मईओ, मई
तृतीया	मईअ, मईआ, मईइ, मईए,	मईहि, मईहिं, मईहिँ
चतुर्थी व षष्ठी	मईअ, मईआ, मईइ, मईए.	मईण, मईणं
पंचमी	मईअ, मईआ, मईइ, मईए, मइत्तो,मईओ, मईउ, मईदु, मईहिंतो, मईदो, मईदु	मइत्तो मईओ,मईउ, मईहिंतो, मईसुंतो, मईदो
सप्तमी	मईअ, मईआ, मईइ, मईए	मईसु, मईसुं
सम्बोधन	मई, मइ	मई, मईओ, मईउ

11. ईकारान्त स्त्रीलिंग – लच्छी

	एकवचन	बहुवचन
प्रथमा	लच्छी, लच्छीआ	लच्छीउ, लच्छीओ, लच्छीआ, लच्छी
द्वितीया	लच्छिं	लच्छीउ, लच्छीओ, लच्छीआ, लच्छी
तृतीया	लच्छीअ, लच्छीआ, लच्छीइ, लच्छीए	लच्छीहि, लच्छीहिं, लच्छीहिँ
चतुर्थी व षष्ठी	लच्छीअ, लच्छीआ, लच्छीइ, लच्छीए	लच्छीण, लच्छीणं
पंचमी	लच्छीअ, लच्छीआ, लच्छीइ, लच्छीए,लच्छित्तो, लच्छीओ, लच्छीउ, लच्छिहिंतो लच्छीदो, लच्छीदु	लच्छित्तो, लच्छीओ, लच्छीउ, लच्छीहिंतो लच्छीसुंतो, लच्छीदो, लच्छीदु
सप्तमी	लच्छीअ, लच्छीआ,लच्छीइ, लच्छीए	लच्छीसु, लच्छीसुं
सम्बोधन	लच्छी	लच्छीउ, लच्छीओ, लच्छीआ, लच्छी

12. उकारान्त स्त्रीलिंग – धेणू

	एकवचन	बहुवचन
प्रथमा	धेणू	धेणूउ, धेणूओ, धेणू
द्वितीया	धेणुं	धेणूउ, धेणूओ, धेणू
तृतीया	धेणूअ, धेणूआ, धेणूइ, धेणूए	धेणूहि, धेणूहिं, धेणूहिँ
चतुर्थी व षष्ठी	धेणूअ, धेणूआ, धेणूइ, धेणूए	धेणूण, धेणूणं

पंचमी	धेणूअ, धेणूआ, धेणूइ, धेणूए, धेणुत्तो, धेणूओ, धेणूउ, धेणूहिंतो, धेणूदो, धेणूदु	धेणुत्तो, धेणूओ, धेणूउ, धेणूहिंतो, धेणूसुंतो धेणूदो, धेणूदु
सप्तमी	धेणूअ, धेणूआ,धेणूइ,धेणूए	धेणूसु, धेणूसुं
सम्बोधन	धेणू, धेणु	धेणूउ, धेणूओ, धेणू

13. उकारान्त स्त्रीलिंग – बहू

	एकवचन	बहुवचन
प्रथमा	बहू	बहूउ, बहूओ, बहू
द्वितीया	बहुं	बहूउ, बहूओ, बहू
तृतीया	बहूअ, बहूआ, बहूइ, बहूए	बहूहि, बहूहिं, बहूहिँ
चतुर्थी व षष्ठी	बहूअ, बहूआ, बहूइ, बहूए	बहूण, बहूणं
पंचमी	बहूअ, बहूआ, बहूइ, बहूए, बहुत्तो, बहूओ, बहूउ, बहूहिंतो, बहूदो, बहूदु	बहुत्तो, बहूओ, बहूउ, बहूहिंतो, बहूसुंतो, बहूदो, बहूदु
सप्तमी	बहूअ, बहूआ, बहूइ, बहूए	बहूसु, बहूसुं
सम्बोधन	बहू, बहु	बहूउ, बहूओ, बहू

14. आत्मन् – आत्म – अप्प या अत्त

(आत्मन् – आत्म – अप्प या अत्त के रूप अकारान्त पुल्लिग के अतिरिक्त उससे भिन्न रूप में भी निम्न प्रकार से चलेंगे)

	एकवचन	बहुवचन
प्रथमा	अप्पा	अप्पा, अप्पाणो
द्वितीया	अप्पं	अप्पा, अप्पाणो
तृतीया	अप्पणा, अप्पणिआ, अप्पणइआ	अप्पेहिं, अप्पेहिँ, अप्पेहि

चतुर्थी	अप्पणो	अप्पाण, अप्पाणं
पंचमी	अप्पणो	अप्पत्तो, अप्पाओ, अप्पाउ, अप्पाहिं, अप्पाहिंतो, अप्पासुंतो अप्पेहि
षष्ठी	अप्पणो	अप्पाण, अप्पाणं
सप्तमी	अप्पम्मि, अप्पे	अप्पेसु, अप्पेसुं
सम्बोधन	अप्पा, अप्प	अप्पा, अप्पाणो

15 राजन्– राअ– राय

(राअ – राय के रूप अकारान्त पुल्लिग के अतिरिक्त उससे भिन्न रूप में भी निम्न प्रकार से चलेंगे)

	एकवचन	**बहुवचन**
प्रथमा	राया	राया, राइणो
द्वितीया	राइणं	राया, राइणो
तृतीया	राइणा, रण्णा	राईहि, राईहिं, राईहिँ
चतुर्थी	राइणो, रायणो, रण्णो	राइणं, राईणं, राईण
पंचमी	राइणो, रण्णो	राइत्तो, राईओ, राईउ, राईहिंतो, राईसुंतो
षष्ठी	राइणो, रायणो, रण्णो	राइणं, राईण, राईणं
सप्तमी	राइम्मि	राईसु, राईसुं
सम्बोधन	राया, राय	राया, रायाणो, राइणो

(ख) सर्वनाम शब्द रूपावली

16. पुल्लिग – सव्व

	एकवचन	**बहुवचन**
प्रथमा	सव्वो, सव्वे	सव्वे
द्वितीया	सव्वं	सव्वा, सव्वे

तृतीया	सव्वेण, सव्वेणं	सव्वेहि, सव्वेहिं, सव्वेहिँ
चतुर्थी	सव्वाय, सव्वस्स	सव्वेसिं, सव्वाण, सव्वाणं
पंचमी	सव्वत्तो, सव्वाओ, सव्वाउ, सव्वाहि, सव्वाहिंतो,सव्वा, सव्वादु, सव्वादो	सव्वत्तो, सव्वाओ, सव्वाउ, सव्वाहि,सव्वाहिंतो, सव्वासुंतो, सव्वादु, सव्वादो
षष्ठी	सव्वस्स	सव्वाण, सव्वाणं
सप्तमी	सव्वस्सिं, सव्वम्मि, सव्वत्थ, सव्वहिं, सव्वम्हि, सव्वंसि	सव्वेसु, सव्वेसुं

17. पुल्लिंग – त, ण (वह)

	एकवचन	बहुवचन
प्रथमा	सो, से, स, ण	ते, णे
द्वितीया	तं, णं	ते, ता, णे, णा
तृतीया	तेण, तेणं, तिणा, णेण, णेणं, णिणा	तेहि, तेहिं, तेहिँ, णेहि, णेहिं, णेहिँ
चतुर्थी व षष्ठी	तस्स, से, तास	ताण, तेसिं, तासं
पंचमी	तत्तो, ताओ, ताउ, ताहिंतो, ताहि, ता, तम्हा, तो, तादो, तादु	तत्तो, ताओ, ताउ, ताहि, ताहिंतो, तासुंतो, तादो, तादु
सप्तमी	तस्सिं, तम्मि, तत्थ, तहिं, ताहे, ताला, तइया, तम्हि, तंसि	तेसु, तेसुं

18. पुल्लिंग – ज (जो)

	एकवचन	बहुवचन
प्रथमा	जो, जे	जे
द्वितीया	जं	जे, जा

तृतीया	जेण, जेणं, जिणा	जेहि, जेहिं, जेहिँ
चतुर्थी व षष्ठी	जस्स, जास	जाण, जाणं, जेसिं
पंचमी	जत्तो, जाओ, जाउ, जाहिंतो, जा, जम्हा, जादो, जादु	जत्तो, जाओ, जाउ, जाहि, जाहिंतो, जासुंतो, जेहि, जेहिंतो, जेसुंतो, जादो, जादु
सप्तमी	जस्सिं, जम्मि, जत्थ, जहिं, जाहे, जाला, जइया, जम्हि, जंसि	जेसु, जेसुं

19. पुल्लिग – क (कौन)

	एकवचन	बहुवचन
प्रथमा	को, के	के
द्वितीया	कं	के, का
तृतीया	केण, केणं, किणा	केहि, केहिं, केहिँ
चतुर्थी व षष्ठी	कस्स, कास	काण, काणं, कास, केसिं
पंचमी	कत्तो, काओ, काउ, काहिंतो, का, कम्हा, किणो, कीस, कादो, कादु	कत्तो, काओ, काउ, काहि, काहिंतो, कासुंतो,केहिंतो, केसुंतो, कादु, कादो
सप्तमी	कस्सिं, कम्मि, कत्थ, कहिं, काहे, काला, कइआ, कम्हि, कंसि	केसु, केसुं

20. पुल्लिग – एत (यह)

	एकवचन	बहुवचन
प्रथमा	एसो, एस, इणं, इणमो	एते, एदे
द्वितीया	एतं, एदं	एते, एता, एदे, एदा

तृतीया	एतेण, एतेणं,एतिणा, एदेण, एदेणं,एदिणा	एतेहि, एतेहिं, एतेहिँ, एदेहि, एदेहिं, एदेहिँ
चतुर्थी व षष्ठी	एतस्स, एदस्स	एताण, एताणं, एतेसिं, एदाण, एदाणं, एदेसिं
पंचमी	एताओ, एताउ, एताहि, एताहिंतो, एता, एत्तो एत्ताहे,एदादो, एदादु	एतत्तो, एताओ, एताउ, एताहि, एताहिंतो, एतासुंतो, एतेहि, एतेहिंतो, एतेसुंतो, एदादो, एदादु
सप्तमी	एतस्सिं, एतम्मि, अयम्मि, इयम्मि, एत्थ, एतम्हि, एतंसि	एतेसु, एतेसुं

21. पुल्लिंग – इम (यह)

	एकवचन	बहुवचन
प्रथमा	इमो, अयं, इमे	इमे
द्वितीया	इमं, इणं, णं	इमे, इमा, णे, णा
तृतीया	इमेण, इमेणं, इमिणा, णेण, णेणं, णिणा	इमेहि, इमेहिं, इमेहिँ, णेहि, णेहिं, णेहिँ
चतुर्थी व षष्ठी	इमस्स, अस्स, से	इमाण, इमाणं, इमेसिं, सिं
पंचमी	इमत्तो, इमाओ, इमाउ, इमाहिंतो, इमा, इमादो, इमादु इमादु,	इमत्तो, इमाओ, इमाउ, इमाहि, इमाहिंतो, इमासुंतो, इमेहि, इमेहिंतो, इमेसुंतो, इमादो
सप्तमी	इमस्सिं, इमम्मि, अस्सिं, इह, इमम्हि, इमंसि	इमेसु, इमेसुं, एसु, एसुं

22. पुल्लिग – अमु (वह)

	एकवचन	बहुवचन
प्रथमा	अमू, अह	अमउ, अमओ, अमुणो, अमवो, अमू
द्वितीया	अमुं	अमुणो, अमू
तृतीया	अमुणा	अमूहि, अमूहिं, अमूहिँ
चतुर्थी व षष्ठी	अमुस्स, अमुणो	अमूण, अमूणं
पंचमी	अमुणो, अमुत्तो, अमूओ, अमूउ, अमूहिंतो,अमूदो, अमूदु	अमुत्तो अमूओ, अमूउ, अमूहिंतो, अमूसुंतो, अमूदो, अमूदु
सप्तमी	अयम्मि, इअम्मि, अमुम्मि, अमुम्हि, अमुंसि	अमूसु, अमूसुं

23. पुल्लिग – अन्न (अन्य)

	एकवचन	बहुवचन
प्रथमा	अन्नो, अन्ने	अन्ने
द्वितीया	अन्नं	अन्ने, अन्ना
तृतीया	अन्नेण, अन्नेणं	अन्नेहि, अन्नेहिं, अन्नेहिँ
चतुर्थी	अन्नाय, अन्नस्स	अन्नाण, अन्नाणं, अन्नेसिं
पंचमी	अन्नत्तो, अन्नाओ, अन्नाउ, अन्नाहि, अन्नाहिंतो, अन्ना, अन्नादो, अन्नादु	अन्नतो, अन्नाओ, अन्नाउ, अन्नाहि, अन्नाहिंतो, अन्नासुंतो, अन्नेहि, अन्नेहिंतो,अन्नेसुंतो, अन्नादो, अन्नदु
षष्ठी	अन्नस्स	अन्नाण, अन्नाणं, अन्नेसिं
सप्तमी	अन्नस्सिं, अन्नम्मि, अन्नत्थ, अन्नहिं, अन्नम्हि, अन्नंसि	अन्नेसु, अन्नेसुं

24. नपुंसकलिंग – सव्व

	एकवचन	बहुवचन
प्रथमा	सव्वं	सव्वाइं, सव्वाइँ, सव्वाणि
द्वितीया	सव्वं,	सव्वाइं, सव्वाइँ, सव्वाणि
तृतीया	सव्वेण, सव्वेणं	सव्वेहि, सव्वेहिं, सव्वेहिँ
चतुर्थी	सव्वाय, सव्वस्स	सव्वेसिं, सव्वाण, सव्वाणं
पंचमी	सव्वत्तो, सव्वाओ, सव्वाउ, सव्वाहि, सव्वाहिंतो,सव्वा, सव्वादु, सव्वादो	सव्वत्तो, सव्वाओ, सव्वाउ, सव्वाहि, सव्वाहिंतो, सव्वासुंतो, सव्वादु, सव्वादो
षष्ठी	सव्वस्स	सव्वाण, सव्वाणं, सव्वेसिं
सप्तमी	सव्वस्सिं, सव्वम्मि, सव्वत्थ, सव्वहिं, सव्वम्हि, सव्वंसि	सव्वेसु, सव्वेसुं

25. नपुंसकलिंग – त (वह)

	एकवचन	बहुवचन
प्रथमा	तं	ताइं, ताइँ, ताणि
द्वितीया	तं	ताइं, ताइँ, ताणि
तृतीया	तेण, तेणं, तिणा, णेण, णेणं, णिणा	तेहि, तेहिं, तेहिँ, णेहि, णेहिं, णेहिँ
चतुर्थी व षष्ठी	तस्स, से, तास	ताण, तेसिं, तास, ताणं, सिं
पंचमी	तत्तो, ताओ, ताउ, ताहिंतो, ताहि, ता, तम्हा, तो, तादो, तादु	तत्तो, ताओ, ताउ, ताहि, ताहिंतो, तासुंतो, तादो, तादु
सप्तमी	तस्सिं, तम्मि, तत्थ, तहिं, ताहे, ताला, तइया, तम्हि, तंसि	तेसु, तेसुं.

26 नपुंसकलिंग – ज (जो)

	एकवचन	बहुवचन
प्रथमा	जं	जाइं, जाइँ, जाणि
द्वितीया	जं	जाइं, जाइँ, जाणि
तृतीया	जेण, जेणं, जिणा	जेहि, जेहिं, जेहिँ
चतुर्थी व षष्ठी	जस्स, जास	जाण, जाणं, जेसिं
पंचमी	जत्तो, जाओ, जाउ, जाहिंतो, जा,जम्हा, जादो, जादु	जत्तो, जाओ, जाउ, जाहि, जाहिंतो, जासुंतो, जेहि,
जाहि	जेहिंतो, जेसुंतो, जादो, जादु	
सप्तमी	जस्सिं, जम्मि, जत्थ, जहिं, जाहे, जाला, जइया, जम्हि, जंसि	जेसु, जेसुं

27 नपुंसकलिंग – क (कौन)

	एकवचन	बहुवचन
प्रथमा	किं	काइं, काइँ, काणि
द्वितीया	किं	काइं, काइँ, काणि
तृतीया	केण, केणं, किणा	केहि, केहिं, केहिँ
चतुर्थी व षष्ठी	कस्स, कास	काण, काणं, कास, केसिं
पंचमी	कत्तो, काओ, काउ, काहिंतो, का,कम्हा, किणो, कीस, कादो, कादु	कत्तो, काओ, काउ, काहि, काहिंतो, कासुंतो,केहिंतो, केसुंतो, कादु, कादो
सप्तमी	कस्सि, कम्मि, कत्थ, कहिं, काहे, काला, कइआ,कम्हि, कंसि	केसु, केसुं

28 नपुंसकलिंग – एत (यह)

	एकवचन	बहुवचन
प्रथमा	एस, इणं, इणमो, एतं	एताइं, एताइँ, एताणि, एदाइं, एदाइँ, एदाणि
द्वितीया	एतं, एदं	एताइं, एताइँ, एताणि, एदाइं, एदाइँ, एदाणि
तृतीया	एतेण, एतेणं,एतिणा, एदेण, एदेणं,एदिणा	एतेहि, एतेहिं, एतेहिँ, एदेहि, एदेहिं, एदेहिँ
चतुर्थी व षष्ठी	एतस्स, से, एदस्स	एताण, एताणं, एतेसिं, एदाण, एदाणं, एदेसिं
पंचमी	एताओ, एताउ, एताहि, एताहिंतो, एता, एत्तो, एत्ताहे, एदादो, एदादु	एतत्तो, एताओ, एताउ, एताहि, एताहिंतो, एतासुंतो, एतेहि, एतेहिंतो, एतेसुंतो, एदादो, एदादु
सप्तमी	एतस्सिं, एतम्मि, अयम्मि, इयम्मि, एत्थ, एतम्हि, एतंसि	एतेसु, एतेसुं, एदेसु, एदेसुं

29 नपुंसकलिंग – इम (यह)

	एकवचन	बहुवचन
प्रथमा	इदं, इणमो, इणं	इमाइं, इमाइँ, इमाणि
द्वितीया	इदं, इणमो, इणं	इमाइं, इमाइँ, इमाणि
तृतीया	इमेण, इमेणं, इमिणा, णेण, णेणं, णिणा	इमेहि, इमेहिं, इमेहिँ, णेहि, णेहिं, णेहिँ
चतुर्थी व षष्ठी	इमस्स, अस्स, से	इमाण, इमाणं, इमेसिं, सिं
पंचमी	इमत्तो, इमाओ, इमाउ, इमाहि, इमाहिंतो, इमा, इमादो, इमादु इमेसुंतो, इमादु, इमादो	इमत्तो, इमाओ, इमाउ, इमाहि, इमाहिंतो, इमासुंतो, इमेहि, इमेहिंतो,

सप्तमी	इमस्सिं, इमम्मि, अस्सिं, इह, इमम्हि, इमंसि	इमेसु, इमेसुं

30 नपुंसकलिंग – अमु (वह)

	एकवचन	बहुवचन
प्रथमा	अमुं, अह	अमूइं, अमूइँ, अमूणि
द्वितीया	अमुं	अमूइं, अमूइँ, अमूणि
तृतीया	अमुणा	अमूहि, अमूहिं, अमूहिँ
चतुर्थी व षष्ठी	अमुस्स, अमुणो	अमूण, अमूणं
पंचमी	अमुणो, अमुत्तो, अमूओ, अमूउ, अमूहिंतो, अमूदो, अमूदु	अमुत्तो अमूओ, अमूउ, अमूहिंतो, अमूसुंतो, अमूदो, अमूदु
सप्तमी	अयम्मि, इअम्मि, अमुम्मि, अमुम्हि, अमुंसि	अमूसु, अमूसुं

31 नपुंसकलिंग – अन्न (अन्य)

	एकवचन	बहुवचन
प्रथमा	अन्नं	अन्नाइं, अन्नाइँ, अन्नाणि
द्वितीया	अन्नं	अन्नाइं, अन्नाइँ, अन्नाणि
तृतीया	अन्नेण, अन्नेणं	अन्नेहि, अन्नेहिं, अन्नेहिँ
चतुर्थी	अन्नाय, अन्नस्स	अन्नाण, अन्नाणं, अन्नेसिं
पंचमी	अन्नत्तो, अन्नाओ, अन्नाउ, अन्नाहि, अन्नाहिंतो, अन्ना, अन्नादो, अन्नादु	अन्नत्तो, अन्नाओ, अन्नाउ, अन्नाहि, अन्नाहिंतो, अन्नासुंतो, अन्नेहि, अन्नेहिंतो, अन्नेसुंतो, अन्नादो, अन्नादु
षष्ठी	अन्नस्स	अन्नाण, अन्नाणं, अन्नेसिं

सप्तमी	अन्नस्सिं, अन्नम्मि,अन्नत्थ, अन्नहिं, अन्नम्हि, अन्नंसि	अन्नेसु, अन्नेसुं

32 स्त्रीलिंग – सव्वा

	एकवचन	**बहुवचन**
प्रथमा	सव्वा	सव्वा, सव्वाउ, सव्वाओ
द्वितीया	सव्वं	सव्वा, सव्वाउ, सव्वाओ
तृतीया	सव्वाअ, सव्वाइ, सव्वाए	सव्वाहि, सव्वाहिं, सव्वाहिँ
चतुर्थी व षष्ठी	सव्वाअ, सव्वाइ, सव्वाए	सव्वाण, सव्वाणं, सव्वेसिं
पंचमी	सव्वाअ, सव्वाइ, सव्वाए, सव्वत्तो, सव्वाओ, सव्वाउ, सव्वाहिंतो, सव्वादो सव्वादु	सव्वत्तो, सव्वाओ, सव्वाउ, सव्वाहिंतो, सव्वासुंतो, सव्वादो, सव्वादु
सप्तमी	सव्वाअ, सव्वाइ, सव्वाए	सव्वासु, सव्वासुं

33 स्त्रीलिंग – ता (वह)

	एकवचन	**बहुवचन**
प्रथमा	सा	ता, ताउ, ताओ
द्वितीया	तं	ता, ताउ, ताओ
तृतीया	ताअ, ताइ, ताए	ताहि, ताहिं, ताहिँ
चतुर्थी व षष्ठी	ताअ, ताइ, ताए, तास, से	ताण, ताणं, सिं, तेसिं
पंचमी	तत्तो, ताओ, ताउ, ताहिंतो, ताअ, ताइ,ताए, तादो, तादु	तत्तो, ताओ, ताउ, ताहिंतो, तासुंतो, तादो, तादु
सप्तमी	ताअ, ताइ, ताए, ताहिं	तासु, तासुं

34 स्त्रीलिंग – जा (जो)

	एकवचन	बहुवचन
प्रथमा	जा	जाउ, जाओ, जा
द्वितीया	जं	जाउ, जाओ, जा
तृतीया	जाअ, जाइ, जाए	जाहि, जाहिं,जाहिँ
चतुर्थी व षष्ठी	जाअ, जाइ, जाए	जाण, जाणं, जेसिं
पंचमी	जाअ, जाइ, जाए, जत्तो, जाओ, जाउ, जाहिंतो, जादो, जादु	जत्तो, जाउ, जाओ, जाहिंतो, जासुंतो, जादो, जादु
सप्तमी	जाअ, जाइ, जाए, जाहिं	जासु, जासुं

35 स्त्रीलिंग – का (कौन)

	एकवचन	बहुवचन
प्रथमा	का	काउ, काओ, का
द्वितीया	कं	काउ, काओ, का
तृतीया	काअ, काइ, काए	काहि, काहिं, काहिँ
चतुर्थी व षष्ठी	काअ, काइ, काए, कास	काण, काणं, केसिं
पंचमी	काअ, काइ, काए, कत्तो, काओ, काउ, काहिंतो, कादो, कादु	कत्तो, काओ, काउ, काहिंतो कासुंतो, कादो, कादु
सप्तमी	काअ, काइ, काए, काहिं	कासु, कासुं

36 स्त्रीलिंग – एआ (यह)

	एकवचन	बहुवचन
प्रथमा	एसा	एआउ, एआओ, एआ

द्वितीया	एअं	एआउ, एआओ, एआ
तृतीया	एआअ, एआइ, एआए	एआहि, एआहिं, एआहिँ
चतुर्थी व षष्ठी	एआअ, एआइ, एआए, से	एआण, एआणं, सिं
पंचमी	एअत्तो, एअत्ताहे, एआअ, एआइ, एआए, एआओ, एआउ, एआहिंतो, एआदो, एआदु	एअत्तो, एआओ, एआउ, एआहिंतो एआसुंतो, एआदो, एआदु
सप्तमी	एआअ, एआइ, एआए	एआसु, एआसुं

37 स्त्रीलिंग – इमा (यह)

	एकवचन	**बहुवचन**
प्रथमा	इमा, इमिआ	इमाउ, इमाओ, इमा
द्वितीया	इमं	इमाउ, इमाओ, इमा
तृतीया	इमाअ, इमाइ, इमाए	इमाहि, इमाहिं, इमाहिँ
चतुर्थी व षष्ठी	इमाअ, इमाइ, इमाए, से	इमाण, इमाणं, सिं, इमेसिं
पंचमी	इमाअ, इमाइ, इमाए,इमत्तो, इमाओ,इमाउ, इमाहिंतो, इमादो, इमादु	इमत्तो, इमाओ, इमाउ, इमाहिंतो, इमासुंतो, इमादो, इमादु
सप्तमी	इमाअ, इमाए, इमाइ	इमासु, इमासुं

38 स्त्रीलिंग – अमु (वह)

	एकवचन	**बहुवचन**
प्रथमा	अह, अमू	अमूउ, अमूओ, अमू
द्वितीया	अमुं	अमूउ, अमूओ, अमू
तृतीया	अमूअ, अमूआ,अमूइ, अमूए	अमूहि, अमूहिं, अमूहिँ

चतुर्थी व षष्ठी	अमूअ, अमूआ,अमूइ, अमूए	अमूण, अमूणं
पंचमी	अमूअ, अमूआ, अमूइ,अमूए, अमुत्तो, अमूओ, अमूउ, अमूहिंतो, अमूदो, अमूदु	अमुत्तो, अमूओ, अमूउ, अमूहिंतो, अमूसुंतो, अमूदो, अमूदु
सप्तमी	अमूअ, अमूआ, अमूइ,अमूए	अमूसु, अमूसुं

39. तीनों लिंगों में – अम्ह (मैं)

	एकवचन	**बहुवचन**
प्रथमा	अहं, हं, म्मि, अम्हि,अम्मि, अहयं	अम्ह, अम्हे, अम्हो, मो, वयं, भे
द्वितीया	अहं, मं, ममं, मि, अम्मि, अम्ह, मम्ह, णं, णे, मिमं	अम्ह, अम्हे, अम्हो, णे
तृतीया	मइ, मए, ममाइ, मयाइ, मे, ममए, मि, ममं, णे	अम्ह, अम्हे, अम्हेहि, अम्हाहि, णे
चतुर्थी व षष्ठी	मइ, मम, मह, महं, मज्झ, मज्झं, अम्ह, अम्हं, मे	अम्ह, अम्हं, अम्हे, अम्हो, णे, णो, मज्झ, मज्झाण, अम्हाण, ममाण, महाण, अम्हाण, ममाणं महाणं, मज्झाणं
पंचमी	मइत्तो, मईओ, मईओ, मईउ, मईहिंतो, ममत्तो, ममाओ, ममाउ, ममाहि, ममाहिंतो, ममा, महत्तो, महाओ, महाउ, महाहि, महाहिंतो, महा, मज्झत्तो, मज्झाओ, मज्झाउ, मज्झाहि, मज्झाहिंतो, मज्झा मईदो, मईदु, ममादो, ममादु,	ममत्तो, ममाओ, ममाउ, ममाहि, ममाहिंतो, ममासुंतो, ममेहि, ममेहिंतो, ममेसुंतो, अम्हत्तो, अम्हाओ, अम्हाउ, अम्हाहि, अम्हाहिंतो, अम्हासुंतो, अम्हेहि, अम्हेहिंतो, अम्हेसुंतो, ममादो, ममादु,

	महादो, महादु,मज्झादो, मज्झादु,	अम्हादो, अम्हादु
सप्तमी	मइ, मए, ममाइ, मि, मे, अम्हम्मि, ममम्मि, महम्मि, मज्झम्मि, अम्हे, ममे, महे, मज्झे,अम्हस्सिं, ममस्सिं, महस्सिं, मज्झस्सिं, अम्हत्थ, ममत्थ, महत्थ, मज्झत्थ, अम्हहि,ममहि, महहि, मज्झहिं	अम्हेसु, ममेसु, महेसु, मज्झेसु, अम्हसु, ममसु, महसु, मज्झसु, अम्हासु, अम्हेसुं, ममेसुं, महेसुं, मज्झेसुं, अम्हसुं, ममसुं, महसुं, मज्झसुं, अम्तासुं,

40. तीनों लिंगों में – तुम्ह (तुम)

	एकवचन	बहुवचन
प्रथमा	तुमं, तं, तुं, तुवं, तुह	तुज्झ, तुम्ह, तुब्भे, तुय्हे, उय्हे, तुम्हे, तुज्झे, उम्हे, भे
द्वितीया	तं, तुं, तुमं, तुवं, तुह, तुमे तुए	तुज्झ, तुब्भे, तुय्हे,उय्हे, भे, वो
तृतीया	तुमं, तइ, तए, तुमइ,तुमाइ, तुमे, तुमए, भे, दि, दे, ते	तुज्झेहिं, उज्झेहिं, तुय्हेहिं, उय्हेहिं, उम्हेहिं भे
चतुर्थी व षष्ठी	तइ, तुव, तुम,तुह,तुहं, तुम्हं, तुमे, तुमो, तुमाइ, तुब्भ, उब्भ, उय्ह, दि, दे, इ, ए, तु, ते, तुम्ह, तुज्झ उम्ह, उज्झ	तुब्भ, तुब्भं, तुब्भणा, तुवाण, तुमाण, तुहाण, उम्हाण, तु, वो, भे, तुम्हाण, तुज्झाण, तुब्भाण, तुवाणं, तुमाणं, तुहाणं, उम्हाणं, तुम्हाणं तुज्झाणं
पंचमी	तइत्तो, तईओ, तईउ, तईहिन्तो, तुवत्तो, तुवाओ, तुवाउ, तुवाहि, तुवाहिन्तो, तुव, तुमत्तो, तुहत्तो, तुहाओ, तुहाहि, तुब्भत्तो, तुम्हाहिन्तो,	तुब्भत्तो, तुब्भाहिन्तो, तुब्भासुन्तो, तुम्हेहि,तुज्झत्तो, तुज्झाओ, तुज्झाहिन्तो, तुज्झासुन्तो, तुम्हत्तो, तुम्हाहिन्तो, तुम्हासुन्तो,

	तुब्भाहिन्तो, तुम्हत्तो,	तुय्हत्तो, तुय्हाउ,
	तुम्हाहिन्तो, तुज्झाउ,	उय्हत्तो, उय्हासुन्तो,
	तुज्झाहि, तुय्ह, तुब्भ, तुम्ह,	उम्हत्तो, उम्हाओ,
	तुज्झ	उम्हाहिन्तो, उम्हासुन्तो
सप्तमी	तुमे, तुमए, तुमाइ, तइ, तए,	तुसु, तुसुं, तुवेसु, तुवेसुं,
	तुम्मि, तुवम्मि, तुवस्सि,	तुमेसु, तुमेसुं तुहेसु,
	तुवत्थ, तुमम्मि, तुमस्सि,	तुहेसुं, तुब्भेसु, तुब्भेसुं,
	तुमत्थ, तुहम्मि, तुहस्सि,	तुम्हेसु, तुम्हेसुं, तुज्झेसु,
	तुहत्थ, तुब्भम्मि, तुब्भस्सि,	तुज्झेसुं तुमसु, तुमसुं,
	तुब्भत्थ, तुज्झम्मि, तुज्झस्सि,	तुम्हसु, तुम्हसुं, तुज्झासु
	तुज्झत्थ	तुज्झासुं, तुम्हासु, तुम्हासुं

(ग) संख्यावाची शब्द—रूपावली

41. एग, एअ, एक्क (एक)

संख्यावाची शब्द **'एक्क'** के रूप पुल्लिग में **पुल्लिग सव्व सर्वनाम शब्द** के समान, नपुंसकलिंग में **नपुंसकलिंग सव्व सर्वनाम शब्द** के समान तथा स्त्रीलिंग में **स्त्रीलिंग सव्वा सर्वनाम शब्द** के समान होते हैं।

42. दु, दो, वे (दो) तीनों लिंगों में

	बहुवचन
प्रथमा	दुवे, दोण्णि, वेण्णि, दो, वे, दुण्णि, विण्णि
द्वितीया	दुवे, दोण्णि, वेण्णि, दो, वे, दुण्णि, विण्णि
तृतीया	दोहि, दोहिं, दोहिँ, वेहि, वेहिं, वेहिँ
चतुर्थी व षष्ठी	दोण्ह, वेण्ह, दोण्हं, वेण्हं, दुण्ह, दुण्हं
पंचमी	दुत्तो, दोओ, दोउ, दोहिंतो, दोसुंतो, वितो, वेओ, वेउ, वेहिंतो, वेसुंतो
सप्तमी	दोसु, वेसु, दोसुं, वेसुं

43. ति (तीन) तीनों लिंगों में

बहुवचन

प्रथमा तिण्णि
द्वितीया तिण्णि
तृतीया तीहि, तीहिं, तीहिँ
चतुर्थी तिण्ह, तिण्हं
व
षष्ठी
पंचमी तित्तो, तीओ,, तीउ, तीहिंतो, तीसुंतो
सप्तमी तीसु, तीसुं

44. चउ (चार) तीनों लिंगों में

बहुवचन

प्रथमा चत्तारो, चउरो, चत्तारि
द्वितीया चत्तारो, चउरो, चत्तारि
तृतीया चउहि, चउहिं, चउहिँ, चऊहि, चऊहिं, चऊहिँ
चतुर्थी चउण्ह, चउण्हं
व
षष्ठी
पंचमी चउओ, चउउ, चउहिंतो, चउसुंतो, चउत्तो, चऊओ, चऊउ, चऊहिंतो, चऊसुंतो
सप्तमी चउसु, चऊसु, चउसुं, चऊसुं

45. पंच (पाँच) तीनों लिंगों में

बहुवचन

प्रथमा	पंच
द्वितीया	पंच
तृतीया	पंचहि, पंचहिं, पंचहिँ
चतुर्थी व षष्ठी	पंचण्ह, पंचण्हं
पंचमी	पंचत्तो, पंचाओ, पंचाउ, पंचाहि, पंचाहिंतो, पंचासुंतो, पंचेहि, पंचेहिंतो, पंचेसुंतो
सप्तमी	पंचसु, पंचसुं

पाठ–3

कर्तृवाच्य : अकर्मक क्रिया से

1. कर्तृवाच्य

जहाँ क्रिया के विधान का विषय 'कर्ता' हो वहाँ कर्तृवाच्य होता है। कर्तृवाच्य का प्रयोग अकर्मक व सकर्मक दोनों क्रियाओं के साथ होता है। अकर्मक क्रिया से कर्तृवाच्य बनाने के लिए कर्ता सदैव प्रथमा विभक्ति में होता है तथा कर्ता के वचन व पुरुष के अनुसार क्रियाओं के वचन व पुरुष होते हैं। अकर्मक क्रिया के साथ कर्तृवाच्य का प्रयोग वर्तमानकाल, विधि एवं आज्ञा, भूतकाल तथा भविष्यत्काल में होता है।

वर्तमानकाल

(क) वर्तमानकाल के उत्तमपुरुष एकवचन में 'मि' प्रत्यय क्रिया में लगता है। 'मि' प्रत्यय लगने पर क्रिया के अन्त्य अ का 'आ' और 'ए' भी हो जाता है। इस 'मि' प्रत्यय के अतिरिक्त कभी कभी हसं, णच्चं आदि रूप भी बनते हैं।

(ख) वर्तमानकाल के उत्तमपुरुष बहुवचन में 'मो' 'मु' और 'म' प्रत्यय क्रिया में लगते हैं। इन सभी प्रत्ययों के क्रिया में लगने पर अकारान्त क्रिया के अन्त्य अ का आ, इ और ए भी हो जाता है।

(ग) वर्तमानकाल के मध्यमपुरुष एकवचन में 'सि' और 'से' प्रत्यय क्रिया में लगते हैं। 'सि' प्रत्यय लगने पर क्रिया के अन्त्य अ का ए भी हो जाता है। इसमें 'से' प्रत्यय मात्र अकारान्त क्रिया में ही लगता है। आकारान्त, ओकारान्त आदि क्रियाओं में 'से' प्रत्यय नहीं लगता।

(घ) वर्तमानकाल के मध्यमपुरुष बहुवचन में 'ह' 'इत्था' और 'ध' प्रत्यय क्रिया में लगते हैं और इनके लगने पर क्रिया के अन्त्य 'अ' का 'ए' भी हो जाता है।

(ङ) वर्तमानकाल के अन्यपुरुष एकवचन में इ, ए, दि, दे और ति प्रत्यय क्रिया में लगते हैं। इ, दि और ति प्रत्यय क्रिया में लगने पर क्रिया के अन्त्य 'अ' का 'ए' भी हो जाता है। इसमें ए और दे प्रत्यय मात्र अकारान्त क्रियाओं में ही लगते हैं, आकारान्त, ओकारान्त, उकारान्त आदि क्रियाओं में नहीं लगते।

(च). वर्तमानकाल के अन्यपुरुष बहुवचन में 'न्ति' 'न्ते' और 'इरे' प्रत्यय क्रिया में लगते हैं। न्ति प्रत्यय क्रिया में लगने पर क्रिया के अन्त्य 'अ' का 'ए' भी हो जाता है।

(छ) वर्तमानकालिक उपर्युक्त प्रत्ययों के अतिरिक्त वर्तमानकाल में अकारान्त, आकारान्त, ओकारान्त आदि क्रियाओं में तीनों पुरुषों एवं दोनों वचनों में **'ज्ज' और 'ज्जा'** प्रत्यय भी क्रिया में लगाये जाते हैं। अकारान्त क्रियाओं में इन प्रत्ययों के लगने पर क्रिया के अन्त्य 'अ' का 'ए' भी हो जाता है, आकारान्त आदि क्रियाओं में ऐसा नहीं होता। आकारान्त, ओकारान्त क्रियाओं में ज्ज, ज्जा प्रत्यय लगाने से पूर्व 'अ' विकरण भी जोड़ दिया जाता है।

नोट – संयुक्ताक्षर के पहिले यदि दीर्घ स्वर हो तो वह ह्रस्व हो जाता है। जैसे – ठान्ति–ठन्ति, ण्हान्ति–ण्हन्ति आदि।

पुरुषवाचक सर्वनाम शब्दरूप

(प्रथमा विभक्ति, तीनों पुरुषों व दोनों वचनों में)

	एकवचन	**बहुवचन**
उत्तमपुरुष	अहं, हं, अम्मि (मैं)	अम्हे, वयं (हम सब)
मध्यम पुरुष	तुमं, तुं, तुह, तुमे (तुम)	तुब्भे, तुम्हे, तुज्झे (तुम सब)
अन्य पुरुष	सो, स, से (वह–पु.)	ते, (वे सब–पु.)
	सा (वह–स्त्री)	ता, ताउ, ताओ, (वे सब–स्त्री)

वर्तमानकालिक क्रिया के प्रत्यय

(तीनों पुरुषों एवं दोनों वचनों में)

	एकवचन	बहुवचन
उत्तम पुरुष	मि, ज्ज, ज्जा	मो, मु, म, ज्ज, ज्जा
मध्यम पुरुष	सि, से, ज्ज, ज्जा	ह, इत्था, ध, ज्ज, ज्जा
अन्य पुरुष	इ, ए, दि,दे,ति,ज्ज,ज्जा	न्ति, न्ते, इरे, ज्ज, ज्जा

वाक्य रचना –

मैं हँसता हूँ /हँसती हूँ – अहं, हं, अम्मि – हसमि, हसामि, हसेमि, हसं, हसेज्ज, हसेज्जा। (अकारान्त क्रिया)

मैं ठहरता हूँ/ठहरती हूँ – अहं, हं, अम्मि – ठामि, ठाज्ज, ठाज्जा, ठाएज्ज, ठाएज्जा ('अ' विकरण जोडने पर) (आकारान्त क्रिया)

हम सब हँसते हैं/हँसती हैं – अम्हे, वयं – हसमो, हसमु, हसम, हसामो, हसामु, हसाम, हसिमो, हसिमु, हसिम, हसेमो, हसेमु, हसेम, हसेज्ज, हसेज्जा।

हम सब ठहरते हैं – अम्हे, वयं – ठामो, ठामु, ठाम, ठाएज्ज, ठाएज्जा।

तुम हँसते हो – तुमं, तुं, तुह, तुमे – हससि, हससे हसेसि, हसेज्ज, हसेज्जा।

तुम ठहरते हो – तुमं, तुं, तुह, तुमे – ठासि, ठाज्ज, ठाज्जा, ठाएज्ज, ठाएज्जा।

तुम सब हँसते हो – तुब्भे, तुम्हे, तुज्झे– हसह, हसित्था, हसध, हसेह, हसेइत्था, हसेध, हसेज्ज, हसेज्जा।

तुम सब ठहरते हो	– तुब्भे, तुम्हे, तुज्झे – ठाह, ठाइत्था, ठाध, ठाज्ज, ठाज्जा, ठाएज्ज, ठाएज्जा।
वह हँसता है	– सो, स, से –हसइ, हसए, हसदि, हसदे, हसेइ, हसेदि, हसति, हसेति, हसेज्ज, हसेज्जा।
वह हँसती है	– सा –हसइ, हसए, हसदि, हसदे, हसेइ, हसेदि, हसति, हसेति, हसेज्ज, हसेज्जा।
वह ठहरता है	– सो, स, से – ठाइ, ठादि, ठाज्ज, ठाज्जा, ठाएज्ज, ठाएज्जा।
वह ठहरती है	– सा – ठाइ, ठादि, ठाज्ज, ठाज्जा, ठाएज्ज, ठाएज्जा।
वे सब हँसते हैं	– ते – हसन्ति, हसन्ते, हसिरे, हसेन्ति, हसेज्ज, हसेज्जा।
वे सब हँसती हैं	– ता, ताउ, ताओ – हसन्ति, हसन्ते, हसिरे, हसेन्ति, हसेज्ज, हसेज्जा।
वे सब ठहरते हैं	– ते – ठान्ति–ठन्ति, ठान्ते– ठन्ते, ठाइरे, ठाज्ज, ठाज्जा, ठाएज्ज, ठाएज्जा।
वे सब ठहरती हैं	– ता, ताउ, ताओ, –ठान्ति–ठन्ति, ठान्ते– ठन्ते, ठाइरे, ठाज्ज, ठाज्जा, ठाएज्ज, ठाएज्जा।
राजा हँसता है	– नरिंदो – हसइ, हसए, हसदि, हसदे, हसेइ, हसेदि, हसति, हसेति, हसेज्ज, हसेज्जा।
राजा ठहरता है	– नरिंदो – ठाइ, ठादि, ठाज्ज, ठाज्जा, ठाएज्ज, ठाएज्जा।
राजा हँसते हैं	– नरिंदा – हसन्ति, हसन्ते, हसिरे, हसेन्ति, हसेज्ज, हसेज्जा।

राजा ठहरते हैं	– नरिंदा – ठान्ति–ठन्ति, ठान्ते–ठन्ते, ठाइरे, ठाज्ज, ठाज्जा, ठाएज्ज, ठाएज्जा।
माता हँसती है	– माया – हसइ, हसए, हसदि हसदे, हसेइ, हसेदि, हसति, हसेति, हसेज्ज, हसेज्जा।
माताएँ हँसती हैं	– माया, मायाउ, मायाओ – हसन्ति, हसन्ते, हसिरे, हसेन्ति, हसेज्ज, हसेज्जा।
कमल खिलता है	– कमलं – विअसइ, विअसए, विअसदि, विअसदे, विअसेइ, विअसेदि, विअसति, विअसेति, विअसेज्ज, विअसेज्जा।
कमल खिलते हैं	– कमलाइँ, कमलाइं, कमलाणि–विअसन्ति, विअसन्ते, विअसिरे, विअसेन्ति, विअसेज्ज, विअसेज्जा।

विधि एवं आज्ञा

जब किसी कार्य के लिए प्रार्थना की जाती है तथा आज्ञा एवं उपदेश दिया जाता है तो इन भावों को प्रकट करने के लिए विधि एवं आज्ञा के प्रत्यय क्रिया में लगाये जाते हैं।

(क) विधि एवं आज्ञा के उत्तमपुरुष एकवचन में मु, एज्जा और एज्जामि प्रत्यय क्रिया में लगाये जाते हैं। 'मु' प्रत्यय लगने पर क्रिया के अन्त्य अ का 'इ' और 'ए' भी हो जाता है।

(ख) विधि एवं आज्ञा के उत्तमपुरुष बहुवचन में 'मो' और 'इज्जाम' प्रत्यय क्रिया में लगता है। 'मो' प्रत्यय लगने पर क्रिया के

अन्त्य 'अ' का आ और ए भी हो जाता हैं। इज्जाम प्रत्यय लगाने पर क्रिया के अन्त्य अ का ए हो जाता है।

(ग) विधि एवं आज्ञा के मध्यमपुरुष एकवचन में हि, सु, धि, (शून्य) 0, इज्जसु, इज्जहि तथा इज्जे प्रत्यय क्रिया में लगते हैं। इनमें हि, सु, धि प्रत्यय लगने पर क्रिया के अन्त्य 'अ' का 'ए' भी हो जाता है। इज्जसु, इज्जहि तथा इज्जे प्रत्यय लगने पर क्रिया के अन्त्य 'अ' का 'ए' हो जाता है। (शून्य) 0, इज्जसु, इज्जहि, इज्जे प्रत्यय अकारान्त क्रियाओं में ही लगते हैं, आकारान्त, ओकारान्त, इकारान्त आदि क्रियाओं में नहीं लगते। इन प्रत्ययों के अतिरिक्त एज्जा, एज्जासि व एज्जाहि प्रत्यय भी क्रिया में लगाये जाते हैं।

(घ) विधि एवं आज्ञा के मध्यमपुरुष बहुवचन में ह, ध और एज्जाह प्रत्यय क्रिया में लगते हैं। ह और ध प्रत्यय लगने पर क्रिया के अन्त्य 'अ' का 'ए' भी हो जाता है।

(ङ) विधि एवं आज्ञा के अन्यपुरुष एकवचन में उ, दु, ए और एज्जा प्रत्यय क्रिया में लगते हैं। इनमें उ और दु प्रत्यय लगने पर क्रिया के अन्त्य 'अ' का 'ए' भी हो जाता है।

(च) विधि एवं आज्ञा के अन्यपुरुष बहुवचन में न्तु और एज्जा प्रत्यय क्रिया में लगते हैं। न्तु प्रत्यय लगने पर क्रिया के अन्त्य 'अ' का 'ए' भी हो जाता है।

विधि एवं आज्ञा के प्रत्यय
तीनों पुरुषों एवं दोनों वचनों में

	एकवचन	**बहुवचन**
उत्तमपुरुष	मु, एज्जा, एज्जामि	मो, इज्जाम
मध्यमपुरुष	हि, सु, धि, (शून्य) 0, इज्जसु, इज्जहि, इज्जे,एज्जा,एज्जासि,एज्जाहि	ह, ध, एज्जाह
अन्यपुरुष	उ, दु, ए, एज्जा	न्तु, एज्जा

वाक्य रचना –

मैं हँसूँ	–	अहं, हं, अम्मि – हसमु, हसामु, हसिमु, हसेमु, हसेज्जा, हसेज्जामि।
मैं ठहरूँ	–	अहं, हं, अम्मि – ठामु, ठाएज्जा, ठाएज्जामि।
हम सब हँसें	–	अम्हे, वयं – हसमो, हसामो, हसेमो, हसेज्जाम।
हम सब ठहरे	–	अम्हे, वयं – ठामो, ठाएज्जाम।
तुम हँसो	–	तुमं, तुं, तुहं,तुमे – हसहि, हससु, हसधि, हस, हसेहि, हसेसु हसेधि, हसेज्जसु, हसेज्जहि, हसेज्जे, हसेज्जा, हसेज्जासि, हसेज्जाहि।
तुम ठहरो	–	तुमं, तुं, तुह, तुमे – ठाहि, ठासु, ठाधि, ठाएज्जा, ठाएज्जासि, ठाएज्जाहि।
तुम सब हँसो	–	तुब्भे, तुम्हे, तुज्झे – हसह, हसध, हसेह, हसेध, हसेज्जाह।
तुम सब ठहरो	–	तुब्भे, तुम्हे, तुज्झे – ठाह, ठाध, ठाएज्जाह
वह हँसे	–	सो, स, से – हसउ, हसेउ, हसदु, हसेदु, हसे, हसेज्जा।
वह ठहरे	–	सो, स, से – ठाउ, ठादु, ठाएज्जा।
वे सब हँसें	–	ते – हसन्तु, हसेन्तु, हसेज्जा।
वे सब ठहरे	–	ते –ठान्तु – ठन्तु।
राजा हँसे	–	नरिंदो – हसउ, हसेउ, हसदु, हसेदु, हसे, हसेज्जा।
राजा ठहरे	–	नरिंदो – ठाउ, ठादु, ठाएज्जा।
राजा हँसें	–	नरिंदा – हसन्तु, हसेन्तु, हसेज्जा।
राजा ठहरें	–	नरिंदा – ठान्तु – ठन्तु।
माता हँसे	–	माया – हसउ, हसेउ,हसदु, हसेदु, हसे, हसेज्जा।

माताएँ हँसें	–	माया, मायाउ, मायाओ – हसन्तु, हसेन्तु, हसेज्जा।
कमल खिले	–	कमलं – विअसउ, विअसेउ, विअसदु, विअसेदु, विअसे, विअसेज्जा।
कमल खिलें	–	कमलाइँ, कमलाइं, कमलाणि – विअसन्तु, विअसेन्तु, विअसेज्जा।

भूतकाल

1. भूतकाल में अकारान्त क्रिया में तीनों पुरुषों व दोनों वचनों में ईअ, इत्था और इंसु प्रत्यय क्रिया में लगते हैं तथा अकारान्त को छोड़कर आकारान्त, ओकारान्त आदि क्रियाओं में तीनों पुरुषों व दोनों वचनों में सी, ही, हीअ, इत्था तथा इंसु प्रत्यय क्रिया में लगाये जाते हैं।

इन प्रत्ययों के अतिरिक्त होत्था = हुआ, आहंसु = कहा, अकरिस्सं = किया आदि रूपों का भी प्रयोग काव्य में भूतकाल हेतु मिलता है।

भूतकाल के प्रत्यय (अकारान्त क्रिया में) तीनों पुरुषों एवं दोनों वचनों में

	एकवचन	**बहुवचन**
उत्तमपुरुष	ईअ, इत्था, इंसु	ईअ, इत्था, इंसु
मध्यमपुरुष	ईअ, इत्था, इंसु	ईअ, इत्था, इंसु
अन्यपुरुष	ईअ, इत्था, इंसु	ईअ, इत्था, इंसु

भूतकाल के प्रत्यय (आकारान्त, ओकारान्त आदि क्रिया में) तीनों पुरुषों एवं दोनों वचनों में

	एकवचन	**बहुवचन**
उत्तमपुरुष	सी, ही, हीअ, इत्था, इंसु	सी, ही, हीअ, इत्था, इंसु
मध्यमपुरुष	सी, ही, हीअ, इत्था, इंसु	सी, ही, हीअ, इत्था, इंसु
अन्यपुरुष	सी, ही, हीअ, इत्था, इंसु	सी, ही, हीअ, इत्था, इंसु

वाक्य रचना –

मैं हँसा	–	अहं, हं, अम्मि – हसीअ, हसित्था, हसिंसु।
मैं ठहरा	–	अहं, हं, अम्मि – ठासी, ठाही, ठाहीअ, ठाइत्था, ठाइंसु।
हम सब हँसे	–	अम्हे, वयं – हसीअ, हसित्था, हसिंसु।
हम सब ठहरे	–	अम्हे, वयं – ठासी, ठाही, ठाहीअ, ठाइत्था, ठाइंसु।
तुम हँसे	–	तुमं, तुं, तुह, तुमे – हसीअ, हसित्था, हसिंसु।
तुम ठहरे	–	तुमं, तुं, तुह, तुमे – ठासी, ठाही, ठाहीअ, ठाइत्था, ठाइंसु।
तुम सब हँसे	–	तुब्भे, तुम्हे, तुज्झे – हसीअ, हसित्था, हसिंसु।
तुम सब ठहरे	–	तुब्भे, तुम्हे, तुज्झे – ठासी, ठाही, ठाहीअ, ठाइत्था, ठाइंसु।
वह हँसा	–	सो, स, से – हसीअ, हसित्था, हसिंसु।
वह हँसी	–	सा–हसीअ, हसित्था, हसिंसु।
वह ठहरा	–	सो, स, से – ठासी, ठाही, ठाहीअ, ठाइत्था, ठाइंसु।
वे सब हँसे	–	ते – हसीअ, हसित्था, हसिंसु।
वे सब ठहरे	–	ते – ठासी, ठाही, ठाहीअ, ठाइत्था, ठाइंसु।
राजा हँसा	–	नरिंदो –हसीअ, हसित्था, हसिंसु।
राजा ठहरा	–	नरिंदो – ठासी, ठाही, ठाहीअ, ठाइत्था, ठाइंसु।
राजा हँसे	–	नरिंदा – हसीअ, हसित्था, हसिंसु।
राजा ठहरे	–	नरिंदा – ठासी, ठाही, ठाहीअ, ठाइत्था, ठाइंसु।

माता हँसी	–	माया – हसीअ, हसित्था, हसिंसु।
माता ठहरी	–	माया –ठासी, ठाही, ठाहीअ, ठाइत्था, ठाइंसु।
माताएँ हँसी	–	माया, मायाउ, मायाओ – हसीअ, हसित्था, हसिंसु।
माताएँ ठहरीं	–	माया, मायाउ, मायाओ – ठासी, ठाही, ठाहीअ, ठाइत्था, ठाइंसु।
कमल खिला	–	कमलं – विअसीअ, विअसित्था, विअसिंसु।
कमल खिले	–	कमलाइँ, कमलाइं, कमलाणि – विअसीअ, विअसित्था, विअसिंसु।

भविष्यत्काल

1. भविष्यत्काल के उत्तम पुरुष एकवचन में हि, स्सा, हा, स्सि, स्सं प्रत्यय क्रिया में लगते हैं। हि, स्सा, स्सि और हा प्रत्यय जोड़ने के पश्चात् वर्तमानकाल के उत्तम पुरुष एकवचन का 'मि' प्रत्यय भी जोड़ दिया जाता है। स्सं प्रत्यय के साथ 'मि' प्रत्यय नहीं जोड़ा जाता। हि, स्सा, हा और स्सं प्रत्यय क्रिया में जोड़ने पर क्रिया के अन्त्य 'अ' का 'इ' और 'ए' हो जाता है तथा स्सि प्रत्यय क्रिया में जोड़ने पर क्रिया के अन्त्य 'अ' का 'इ' ही होता है 'ए' नहीं होता।

2. भविष्यत्काल के उत्तम पुरुष बहुवचन में हि, स्सा, हा, स्सि प्रत्यय क्रिया में लगाये जाते हैं। इन प्रत्ययों के लगाने के पश्चात् वर्तमानकाल के उत्तम पुरुष बहुवचन के मो, मु और म प्रत्यय भी क्रिया में जोड़ दिये जाते हैं। इनमें हा, हि और स्सा प्रत्यय क्रिया में जोड़ने पर क्रिया के अन्त्य 'अ' का 'इ' और 'ए' हो जाता है तथा स्सि प्रत्यय क्रिया में जोड़ने पर क्रिया के अन्त्य 'अ' का 'इ' ही होता है 'ए' नहीं होता। कभी कभी हिस्सा और हित्था प्रत्यय भी स्वतन्त्र रूप से जोड़ दिये जाते हैं।

3. भविष्यत्काल के मध्यमपुरुष एकवचन में हि, स्स और स्सि प्रत्यय क्रिया में जोड़े जाते हैं। इनको जोड़ने के पश्चात् वर्तमानकाल

के मध्यमपुरुष एकवचन के प्रत्यय सि और से भी जोड़ दिये जाते हैं। हि और स्स प्रत्यय क्रिया में जोड़ने पर क्रिया के अन्त्य 'अ' का 'इ' और 'ए' हो जाता है तथा स्सि प्रत्यय क्रिया में जोड़ने पर क्रिया के अन्त्य 'अ' का 'इ' ही होता है 'ए' नहीं होता।

4. भविष्यत्काल के मध्यमपुरुष बहुवचन में हि, स्स और स्सि प्रत्यय क्रिया में जोड़े जाते हैं। इनको जोड़ने के पश्चात् वर्तमानकाल के मध्यमपुरुष बहुवचन के ह, ध, इत्था प्रत्यय भी जोड़ दिये जाते हैं। हि और स्स प्रत्यय क्रिया में जोड़ने पर क्रिया के अन्त्य 'अ' का 'इ' और 'ए' हो जाता है तथा स्सि प्रत्यय क्रिया में जोड़ने पर क्रिया के अन्त्य 'अ' का 'इ' ही होता है 'ए' नहीं होता।

5. भविष्यत्काल के अन्यपुरुष एकवचन में हि, स्स और स्सि प्रत्यय क्रिया में जोड़े जाते हैं। इनको जोड़ने के पश्चात् वर्तमानकाल के अन्यपुरुष एकवचन के प्रत्यय इ, ए, दि, दे भी जोड़ दिये जाते हैं। हि और स्स प्रत्यय क्रिया में जोड़ने पर क्रिया के अन्त्य 'अ' का 'इ' और 'ए' हो जाता है तथा स्सि प्रत्यय क्रिया में जोड़ने पर दि और दे प्रत्यय ही क्रिया में जोड़ा जाता है और क्रिया के अन्त्य 'अ' का 'इ' ही होता है 'ए' नहीं होता।

6. भविष्यत्काल के अन्यपुरुष बहुवचन में हि, स्स और स्सि प्रत्यय क्रिया में जोड़े जाते हैं। इनको जोड़ने के पश्चात् वर्तमानकाल के अन्यपुरुष बहुवचन के प्रत्यय न्ति, न्ते, इरे भी जोड़ दिये जाते हैं। हि और स्स प्रत्यय क्रिया में जोड़ने पर क्रिया के अन्त्य 'अ' का 'इ' और 'ए' हो जाता है तथा स्सि प्रत्यय क्रिया में जोड़ने पर क्रिया के अन्त्य 'अ' का 'इ' ही होता है 'ए' नहीं होता।

7. कुछ इस प्रकार की क्रियाएँ जैसे सोच्छ–सुनना, रोच्छ–रोना, गच्छ–जाना, मोच्छ–छोड़ना, वोच्छ–कहना, छेच्छ–छेदना, वेच्छ–जाना,दच्छ–देखना, भेच्छ–भेदना, भोच्छ–खाना, रोच्छ–रोना आदि के उत्तमपुरुष एकवचन में रूप बनते हैं– सोच्छं–(मैं) सुनूँगा, मोच्छं – छोड़ूँगा, वोच्छं–कहूँगा, गच्छं–जाऊँगा, वेच्छ–जानूँगा, छेच्छ–छेदूँगा,

आदि। इन उपर्युक्त क्रियाओं में केवल वर्तमान काल का 'मि' प्रत्यय जोड़कर भी भविष्यत्काल का रूप बनाया जाता है। 'मि' प्रत्यय जोड़ने पर क्रिया के अन्त्य अ का इ और ए भी हो जाता है। कभी कभी इन क्रियाओं में भविष्यत्काल का 'हि' प्रत्यय जोड़ने पर भी रूप बनता है, जैसे – सोच्छिहिमि।

8. उपर्युक्त क्रियाओं में भविष्यत्काल में वर्तमानकाल बहुवचन के प्रत्यय जोड़ दिये जाते हैं और तब क्रिया के अन्त्य 'अ' का 'इ' और 'ए' भी हो जाता है।

9. उपर्युक्त क्रियाओं में भविष्यत्काल में वर्तमानकाल मध्यमपुरुष एकवचन के प्रत्यय जोड़ दिये जाते हैं। इनके जोड़ने पर क्रिया के अन्त्य 'अ' का 'इ' और 'ए' भी हो जाता है और ऐसा कई बार नहीं भी होता। कभी कभी इन क्रियाओं में भविष्यत्काल का 'हि' प्रत्यय जोड़कर भी रूप बनता है।

10. उपर्युक्त क्रियाओं में भविष्यत्काल में वर्तमानकाल मध्यमपुरुष बहुवचन के प्रत्यय जोड़ दिये जाते हैं। इनके जोड़ने पर क्रिया के अन्त्य 'अ' का 'इ' और 'ए' भी हो जाता है और ऐसा कई बार नहीं भी होता। कभी कभी इन क्रियाओं में भविष्यत्काल का 'हि' प्रत्यय जोड़कर भी रूप बनता है।

11. उपर्युक्त क्रियाओं में भविष्यत्काल में वर्तमानकाल अन्यपुरुष एकवचन के प्रत्यय जोड़ दिये जाते हैं। इनके जोड़ने पर क्रिया के अन्त्य 'अ' का 'इ' और 'ए' भी हो जाता है। कई बार इन क्रियाओं में मात्र 'इ' प्रत्यय ही जोड़ा जाता है।

12. उपर्युक्त क्रियाओं में भविष्यत्काल में वर्तमानकाल अन्यपुरुष बहुवचन के प्रत्यय जोड़ दिये जाते हैं। इनके जोड़ने पर क्रिया के अन्त्य 'अ' का 'इ' और 'ए' भी हो जाता है। कई बार इ और ए प्रत्यय जोड़ा भी नहीं जाता और उसका रूप यथावत् ही रहता है।

भविष्यत्काल के प्रत्यय
तीनों पुरुषों एवं दोनों वचनों में

	एकवचन	बहुवचन
उत्तमपुरुष	हि, स्सा, स्सि, हा, स्सं	हि, स्सा, स्सि, हा, (हिस्सा,हित्था पूर्ण प्रत्यय)
मध्यमपुरुष	हि, स्स स्सि	हि, स्स स्सि
अन्यपुरुष	हि, स्स स्सि	हि, स्स स्सि

वाक्य रचना –

मैं हँसूँगा – अहं, हं, अम्मि – हसिहिमि, हसिस्सामि, हसिहामि, हसिस्सिमि, हसेहिमि, हसेस्समि, हसेहामि, हसिस्सं, हसेस्सं।

मैं ठहरूँगा – अहं, हं, अम्मि – ठाहिमि, ठास्सामि, ठाहामि, ठास्सिमि, ठास्सं।

हम सब हँसेंगे – अम्हे, वयं – हसिहिमो, हसिहिमु, हसिहिम, हसिस्सामो, हसिस्सामु, हसिस्साम, हसिस्सिमो, हसिस्सिमु, हसिस्सिम, हसिहामो, हसिहामु, हसिहाम

हम सब ठहरेंगे – अम्हे, वयं – ठाहिमो, ठाहिमु, ठाहिम, ठास्सामो, ठास्सामु, ठास्साम, ठास्सिमो, ठास्सिमु, ठास्सिम, ठाहामो, ठाहामु, ठाहाम

तुम हँसोगे – तुमं, तुं तुह, तुमे – हसिहिसि, हसिहिसे, हसिस्ससि, हसिस्ससे, हसिस्सिसि, हसिस्सिसे, हसेहिसि, हसेहिसे, हसेस्ससि, हसेस्ससे

तुम ठहरोगे – तुमं, तुं तुह, तुमे – ठाहिसि, ठास्सिसि, ठास्ससि।

तुम सब हँसोगे – तुब्भे, तुम्हे, तुज्झे – हसिहिह, हसिहिध, हसिहित्था, हसेहिह, हसेहिध, हसेहित्था, हसिस्सह, हसिस्सध, हसिस्सइत्था, हसेस्सह, हसेस्सध, हसेस्सइत्था, हसिस्सिह, हसिस्सिध, हसिस्सिइत्था।

तुम सब ठहरोगे – तुब्भे, तुम्हे, तुज्झे – ठाहिह, ठाहिध, ठाहित्था, ठास्सह, ठास्सध, ठास्सइत्था, ठास्सिह, ठास्सिध, ठास्सिइत्था

वह हँसेगा – सो, स, से – हसिहिइ, हसिहिए, हसेहिइ, हसेहिए, हसिहिदि, हसिहिदे, हसिस्सइ, हसिस्सए, हसेस्सइ, हसेस्सए, हसिस्सदि, हसिस्सदे, हसिस्सिदि, हसिस्सिदे।

वह हँसेगी – सा – हसिहिइ, हसिहिए, हसेहिइ, हसेहिए, हसिहिदि, हसिहिदे, हसिस्सइ, हसिस्सए, हसेस्सइ, हसेस्सए, हसिस्सदि, हसिस्सदे, हसिस्सिदि, हसिस्सिदे।

वह ठहरेगा – सो, स, से – ठाहिइ, ठाहिदि, ठास्सइ, ठास्सदि, ठास्सिदि।

वह ठहरेगी – सा– ठाहिइ, ठाहिदि, ठास्सइ, ठास्सदि, ठास्सिदि।

वे सब हँसेंगे – ते– हसिहिन्ति, हसिहिन्ते, हसिहिइरे, हसेहिन्ति, हसेहिन्ते, हसेहिइरे, हसिस्सन्ति, हसिस्सन्ते, हसिस्सइरे, हसेस्सन्ति, हसेस्सन्ते, हसेस्सइरे, हसिस्सिन्ति, हसिस्सिन्ते, हसिस्सिइरे।

वे सब ठहरेंगे – ते – ठाहिन्ति, ठाहिन्ते, ठाहिरे या ठाहिइरे, ठास्सन्ति, ठास्सन्ते, ठास्सिइरे, ठास्सिन्ति, ठास्सिन्ते, ठास्सिइरे।

वे सब ठहरेंगी – ता, ताउ, ताओ – ठाहिन्ति, ठाहिन्ते, ठाहिरे या ठाहिइरे, ठास्सन्ति, ठास्सन्ते, ठास्सिइरे, ठास्सिन्ति, ठास्सिन्ते, ठास्सिइरे।

राजा हँसेगा – नरिंदो – हसिहिइ, हसिहिए, हसेहिइ, हसेहिए, हसिहिदि, हसिहिदे, हसिस्सइ, हसिस्सए, हसेस्सइ, हसेस्सए, हसिस्सदि, हसिस्सदे, हसिस्सिदि, हसिस्सिदे।

राजा हँसेंगे – नरिंदा – हसिहिन्ति, हसिहिन्ते, हसिहिइरे, हसेहिन्ति, हसेहिन्ते, हसेहिइरे, हसिस्सन्ति, हसिस्सन्ते, हसिस्सइरे, हसेस्सन्ति, हसेस्सन्ते, हसेस्सइरे,

हसिस्सिन्ति, हसिस्सिन्ते, हसिस्सिइरे।

माता हँसेगी – माया – हसिहिइ, हसिहिए, हसेहिइ, हसेहिए, हसिहिदि, हसिहिदे, हसिस्सइ, हसिस्सए, हसेस्सइ, हसेस्सए, हसिस्सदि, हसिस्सदे, हसिस्सिदि, हसिस्सिदे।

माताएँ हँसेंगी – मायाउ, मायाओ, माया – हसिहिन्ति, हसिहिन्ते, हसिहिइरे, हसेहिन्ति, हसेहिन्ते, हसेहिइरे, हसिस्सन्ति, हसिस्सन्ते, हसिस्सइरे, हसेस्सन्ति, हसेस्सन्ते, हसेस्सइरे, हसिस्सिन्ति, हसिस्सिन्ते, हसिस्सिइरे।

कमल खिलेगा – कमलं – विअसिहिइ, विअसिहिए, विअसेहिइ, विअसेहिए, विअसिहिदि, विअसिहिदे, विअसिस्सइ, विअसिस्सए, विअसेस्सइ, विअसेस्सए, विअसिस्सदि, विअसिस्सदे, विअसिस्सिदि, विअसिस्सिदे।

कमल खिलेंगे – कमलाइँ, कमलाइं, कमलाणि –विअसिहिन्ति, विअसिहिन्ते, विअसिहिइरे, विअसेहिन्ति विअसेहिन्ते, विअसेहिइरे, विअसिस्सन्ति, विअसिस्सन्ते, विअसिस्सइरे।

मैं सुनूँगा – अहं, हं, अम्मि – सोच्छिमि, सोच्छेमि, सोच्छामि

हम सब सुनेंगे – अम्हे, वयं – सोच्छिमो, सोच्छिमु, सोच्छिम, सोच्छेमो, सोच्छेमु, सोच्छेम, सोच्छिहिमो, सोच्छिहिमु, सोच्छिहिम, सोच्छाम।

तुम सुनोगे – तुमं, तुं, तुह – सोच्छिसि, सोच्छेसि, सोच्छिहिसि, सोच्छिहिसे।

तुम सब सुनोगे – तुब्भे, तुम्हे, तुज्झे – सोच्छिह, सोच्छिध, सोच्छेह, सोच्छेध, सोच्छिहिह, सोच्छह।

वह सुनेगा – सो, स, से – सोच्छिइ, सोच्छेइ, सोच्छिहिइ, सोच्छए।

वे सब सुनेंगे – ते – सोच्छिन्ति, सोच्छिन्ते, सोच्छिइरे, सोच्छेन्ति, सोच्छेन्ते, सोच्छेइरे, सोच्छिहिन्ति, सोच्छिहिन्ते, सोच्छिहिइरे, सोच्छन्ते।

पाठ –4

कर्तृवाच्य : सकर्मक क्रिया से

जहाँ क्रिया के विधान का विषय 'कर्ता' हो वहाँ कर्तृवाच्य होता है। सकर्मक क्रिया के साथ कर्तृवाच्य बनाने के लिए कर्ता में प्रथमा तथा कर्म में द्वितीया विभक्ति होती है और क्रिया के पुरुष और वचन कर्ता के पुरुष और वचन के अनुसार होते हैं। सकर्मक क्रिया के साथ कर्तृवाच्य का प्रयोग वर्तमान, विधि एवं आज्ञा, भूतकाल तथा भविष्यत्काल इन चारों कालों में होता है।

वाक्य रचना : वर्तमानकाल

मैं पुस्तक पढ़ता हूँ	– अहं, हं, अम्मि – गंथं, पढमि, पढामि, पढेमि, पढं, पढेज्ज,पढेज्जा।
हम पुस्तकें पढ़ते हैं	– अम्हे, वयं – गंथा, गंथे – पढमो, पढमु, पढम, पढामो, पढामु, पढाम, पढिमो, पढिमु, पढिम, पढेमो, पढेमु, पढेम, पढेज्ज, पढेज्जा।
तुम मुझको देखते हो	– तुमं, तुं, तुह, तुमे – ममं, मं, मे – देखसि, देखसे, देखेसि, देखेज्ज, देखेज्जा।
तुम सब हम सबको देखते हो	– तुब्भे, तुम्हे, तुज्झे – अम्हे, अम्ह, णे – देखह, देखित्था, देखध, देखेह, देखेइत्था, देखेध,देखेज्ज, देखेज्जा।

वह उसको देखता है	–	सो, स, से – तं, णं – देखइ, देखए, देखदि, देखदे, देखेइ, देखेदि, देखति, देखेति, देखेज्ज, देखेज्जा।
वे सब उन सबको देखते हैं	–	ते, णे – ता, णा – देखन्ति, देखन्ते, देखिरे, देखेन्ति, देखेज्ज, देखेज्जा।
माता कथा कहती है	–	माया – कहं – कहइ, कहए, कहदि, कहदे, कहेइ, कहेदि, कहति, कहेति, कहेज्ज, कहेज्जा।
माताएँ कथाएँ कहती हैं	–	माया, मायाउ, मायाओ – कहा, कहाउ, कहाओ, कहन्ति, कहन्ते, कहिरे, कहेन्ति, कहेज्ज, कहेज्जा।
पिता बालक को बुलाता है	–	बप्पो – बालअं – कोकइ, कोकए, कोकदि, कोकदे, कोकेइ, कोकेदि, कोकति, कोकेति, कोकेज्ज, कोकेज्जा।
पिता बालकों को बुलाते हैं	–	बप्पा – बालआ – कोकन्ति, कोकन्ते, कोकिरे, कोकेन्ति, कोकेज्ज, कोकेज्जा।

वाक्य रचना	:	**विधि एवं आज्ञा**
मैं पुस्तक पढ़ूँ	–	अहं, हं, अम्मि – गंथं, पढमु, पढामु, पढिमु, पढेमु, पढेज्ज, पढेज्जामि।
हम पुस्तकें पढ़ें	–	अम्हे, वयं – गंथा, गंथे – पढमो, पढामो, पढेमो, पढेज्जाम।
तुम मुझको देखो	–	तुमं, तुं, तुहं, तुमे – ममं, मं, मे – देखहि, देखसु, देखधि, देख, देखेहि,

		देखेसु, देखोधि, देखेज्जसु, देखेज्जहि, देखेज्जे, देखेज्जा, देखेज्जासि, देखेज्जाहि।
तुम सब हम सबको देखो	–	तुब्भे, तुम्हे, तुज्झे – अम्हे, अम्ह, णे–देखह, देखध, देखेह, देखेध, देखेज्जाह।
वह उसको देखे	–	सो, स, से – तं, णं – देखउ, देखेउ, देखदु, देखेदु, देखे, देखेज्जा।
वे सब उन सबको देखें	–	ते, णे – ता, णा – देखन्तु, देखेन्तु, देखेज्जा।
माता कथा कहे	–	माया – कहं – कहउ, कहेउ, कहदु, कहेदु, कहे, कहेज्जा।
माताएँ कथाएँ कहें	–	माया, मायाउ, मायाओ – कहा, कहाउ, कहाओ – कहन्तु, कहेन्तु, कहेज्जा।
पिता बालक को बुलावे	–	बप्पो – बालअं – कोकउ, कोकेउ, कोकदु, कोकेदु, कोके, कोकेज्जा।
पिता बालकों को बुलावें	–	बप्पा – बालआ – कोकन्तु, कोकेन्तु, कोकेज्जा।

वाक्य रचना	:	**भूतकाल**
मैंने पुस्तक पढ़ी	–	अहं, हं, अम्मि – गंथं – पढीअ, पढित्था, पढिंसु।
हमने पुस्तकें पढ़ीं	–	अम्हे, वयं – गंथा, गंथे – पढीअ, पढित्था, पढिंसु।

तुमने मुझको देखा	– तुमं, तुं, तुह, तुमे –मं, ममं, णं, मिमं– देखीअ, देखित्था, देखिंसु।
तुम सबने हम सबको देखा	– तुब्भे, तुम्हे, तुज्झे – अम्हे, अम्ह, णे– देखीअ, देखित्था, देखिंसु।
उसने उसको देखा	– सो, स, से – तं, णं – देखीअ, देखित्था, देखिंसु।
उन सबने उन सबको देखा	– ते, ता – णे, णा – देखीअ, देखित्था, देखिंसु।
माता ने कथा कही	– माया – कहं – कहीअ, कहित्था, कहिंसु।
माताओं ने कथाएँ कहीं	– माया, मायाउ, मायाओ – कहा, कहाउ, कहाओ – कहीअ, कहित्था, कहिंसु।
पिता ने बालक को बुलाया	– बप्पो – बालअं – कोकीअ, कोकित्था, कोकिंसु।
पिताओं ने बालकों को बुलाया	– बप्पा – बालआ – कोकीअ, कोकित्था, कोकिंसु।

वाक्य रचना	: **भविष्यत्काल**
मैं पुस्तक पढ़ूँगा	– अहं, हं, अम्मि – गंथं – पढिहिमि, पढिस्सामि, पढिहामि, पढिस्सिमि, पढेहिमि, पढेस्समि, पढेहामि, पढिस्सं, पढेस्सं।
हम पुस्तकें पढ़ेंगे	– अम्हे, वयं – गंथा, गंथे – पढिहिमो, पढिहिमु, पढिहिम, पढिस्सामो, पढिस्सामु, पढिस्साम, पढिस्सिमो, पढिस्सिमु, पढिस्सिम, पढिहामो, पढिहामु, पढिहाम।

तुम मुझको देखोगे	–	तुमं, तुं, तुहं, तुमे – ममं, मं, मे – देखिहिसि, देखिहिसे, देखिस्ससि, देखिस्ससे, देखेहिसि, देखेहिसे, देखेस्ससि, देखेस्ससे।
तुम सब हम सबको देखोगे	–	तुब्भे, तुम्हे, तुज्झे – अम्हे, अम्ह, णे – देखिहिह, देखिहिध, देखिहित्था, देखेहिह, देखेहिध, देखेहित्था, देखिस्सह, देखिस्सध, देखिस्सइत्था, देखेस्सह, देखेस्सध, देखेस्सइत्था, देखिस्सिह, देखिस्सिध, देखिसिसइत्था।
वह उसको देखेगा	–	सो, स, से – तं, णं – देखिहिइ, देखिहिए, देखेहिइ, देखेहिए, देखिहिदि, देखिहिदे, देखिस्सइ, देखिस्सए, देखेस्सइ, देखेस्सए, देखिस्सदि, देखिसिस्सदे, देखिस्सिदि, देखिस्सिदे।
वे सब उन सबको देखेंगे	–	ते, णे – ता, णा – देखिहिन्ति, देखिहिन्ते, देखिहिइरे, देखेहिन्ति, देखेहिन्ते, देखेहिइरे, देखिस्सन्ति, देखिस्सन्ते, देखिस्सइरे, देखेस्सन्ति, देखेस्सन्ते, देखेस्सइरे, देखिस्सिन्ति, देखिस्सिन्ते, देखिस्सिइरे।
माता कथा कहेगी	–	माया – कहं – कहिहिइ, कहिहिए, कहेहिइ, कहेहिए,

	कहिहिदि, कहिहिदे, कहिस्सइ, कहिस्सए, कहेस्सइ, कहेस्सए, कहिस्सदि,कहिसिस्सदे, कहिस्सिदि, कहिस्सिदे।
माताएँ कथाएँ कहेंगी	– माया, मायाउ, मायाओ – कहा, कहाउ, कहाओ – कहिहिन्ति, कहिहिन्ते, कहिहिइरे, कहेहिन्ति, कहेहिन्ते, कहेहिइरे, कहिस्सन्ति, कहिस्सन्ते, कहिस्सइरे, कहेस्सन्ति, कहेस्सन्ते, कहेस्सइरे, कहिस्सिन्ति, कहिस्सिन्ते, कहिस्सिइरे।
पिता बालक को बुलावेगा	– बप्पो – बालअं – कोकिहिइ, कोकिहिए, कोकेहिइ, कोकेहिए, कोकिहिदि, कोकिहिदे, कोकिस्सइ, कोकिस्सए, कोकेस्सइ, कोकेस्सए, कोकिस्सदि कोकिसिस्सदे, कोकिसिस्सदे, कोकिस्सिदि, कोकिस्सिदे।
पिता बालकों को बुलावेंगे	– बप्पा – बालआ – कोकिहिन्ति, कोकिहिन्ते, कोकिहिइरे, कोकेहिन्ति, कोकेहिन्ते, कोकेहिइरे, कोकिस्सन्ति, कोकिस्सन्ते, कोकिस्सइरे, कोकेस्सन्ति, कोकेस्सन्ते, कोकेस्सइरे, कोकिस्सिन्ति, कोकिस्सिन्ते, कोकिस्सिइरे।

पाठ–5

कर्तृवाच्य : क्रियाओं के प्रेरणार्थक रूप से

अकर्मक व सकर्मक क्रियाओं में 'अ' 'ए' 'आव' और 'आवे' प्रत्यय लगाकर प्रेरणार्थक क्रिया बनाने के पश्चात् इन प्रेरणार्थक क्रियाओं का कर्तृवाच्य में प्रयोग किया जाता है। अ' और 'ए' प्रत्यय लगाने पर क्रिया के उपान्त्य 'अ' का आ, उपान्त्य 'इ' का ए तथा उपान्त्य 'उ' का ओ हो जाता है। उपान्त्य दीर्घ 'ई' तथा दीर्घ 'ऊ' होने पर कोई परिवर्तन नहीं होता। संयुक्ताक्षर आगे रहने पर उपान्त्य 'अ' का आ होने पर भी 'अ' ही रहता है। जैसे–

अ	ए
हस + अ= हास–हँसाना	हस +ए = हासे – हँसाना
सय + अ= साय–सुलाना	सय +ए = साये – सुलाना
पढ + अ= पाढ–पढ़ाना	पढ +ए = पाढे – पढ़ाना
बिह + अ= बेह–डराना	बिह + ए = बेहे – डराना
कीण + अ= कीण–खरीदवाना	कीण +ए = कीणे – खरीदवाना
रुव + अ= रोव –रुलाना	रुव + ए = रोवे – रुलाना
णच्च + अ= णच्च–नचाना	णच्च +ए = णच्चे– नचाना

आव	आवे
हस + आव–हसाव–हँसाना	हस + आवे – हसावे – हँसाना
सय + आव–सयाव–सुलाना	सय + आवे – सयावे – सुलाना
पढ + आव--पढाव–पढ़ाना	पढ + आवे – पढावे – पढ़ाना
बिह + आव–बिहाव–डराना	बिह + आवे – बिहावे – डराना
कीण + आव-कीणाव–खरीदवाना	कीण+आवे-कीणावे– खरीदवाना
रुव + आव-रुवाव –रुलाना	रुव + आवे – रुवावे – रुलाना
णच्च + आव-णच्चाव–नचाना	णच्च+ आवे – णच्चावे – नचाना

इस प्रकार अन्य सामान्य क्रियाओं में भी अ, ए, आव तथा आवे प्रत्यय लगाकर प्रेरणार्थक क्रिया बना ली जाती है। इन प्रेरणार्थक क्रियाओं के साथ भी सकर्मक क्रियाओं के समान ही सभी कालों, कृदन्तों व कर्तृवाच्य तथा कर्मवाच्य में वाक्य रचना की जाती है। प्रेरणार्थक क्रिया के सन्दर्भ में यह जानना आवश्यक है –

1. कर्ता जब स्वयं किसी को कार्य करने के लिए प्रेरित करता है तब प्रेरणा रूप कर्ता एक होता है।

2. कर्ता जब अन्य से किसी को क्रिया करवाने हेतु प्रेरित करवाता है तब प्रेरणा रूप कर्ता दो होते हैं।

3. अकर्मक क्रिया से प्रेरणार्थक क्रिया बनाकर उनका प्रयोग कर्तृवाच्य या कर्मवाच्य में किया जाता है तब उसमें कर्म एक होता है।

4. सकर्मक क्रिया से प्रेरणार्थक क्रिया बनाकर उनका प्रयोग कर्तृवाच्य या कर्मवाच्य में किया जाता है तब उसमें कर्म दो हाते हैं।

उपर्युक्त प्रेरणा व कर्म के आधार से प्रेरणार्थक क्रियाओं से वाक्य रचना विभिन्न कालों में निम्न आधारों से की जाती है –

1. एक प्रेरणा व एक कर्म युक्त प्रेरणार्थक क्रियाएँ
2. एक प्रेरणा व दो कर्म युक्त प्रेरणार्थक क्रियाएँ
3. दो प्रेरणा व एक कर्म युक्त प्रेरणार्थक क्रियाएँ
4.. दो प्रेरणा व दो कर्म युक्त प्रेरणार्थक क्रियाएँ

वाक्य रचना : विभिन्न कालों में

1. एक प्रेरणा एवं एक कर्म

इसमें क्रिया करानेवाला प्रेरणा रूप कर्ता एक ही व्यक्ति होता है तथा जिस पर क्रिया का प्रभाव पड़ता है वह कर्म भी एक ही वस्तु या व्यक्ति होता है। यहाँ प्रेरणा रूप कर्ता में प्रथमा तथा कर्म में द्वितीया

विभक्ति होती है तथा प्रेरणार्थक क्रिया में कर्ता के पुरुष व वचनानुसार कालवाची प्रत्यय जोड़ दिये जाते है।

मैं तुमको हँसाता हूँ – अहं – तुमं – हासमि, हसावमि। (वर्तमानकाल)

तुम मुझको हँसावो – तुमं – ममं – हासहि, हाससु, हसावसु, हासिज्जसु, हासिज्जहि, हसावधि। (विधि एवं आज्ञा)

मैं उसको हँसाऊँगी – हं – तं – हासेहिमि, हासेस्सामि, हसावस्सामि, हासस्सं। (भविष्यत्काल)

वे सब उसको हँसाते हैं – ते – तं – हासन्ति, हसावेन्ति। (वर्तमानकाल)

तुम सब उन सबको हँसाते हो – तुम्हे – ता – हासहु, हसावित्था, हसावेध, हसावेज्जा। (वर्तमानकाल)

वे सब उसको हँसावें – ते – तं – हसावेन्तु, हासेज्जा। (विधि एवं आज्ञा)

मामा पुत्र को रुलाता है – माउलो – पुत्तं – रुवावदि। (वर्तमानकाल)

तुम उन सबको हँसाओ – तुमे– ता – हासहि, हाससु, हसावेसु, हासेधि। (विधि एवं आज्ञा)

तुम सब मुझको हँसाओ – तुब्भे –मं, मिमं, णं – हासह, हसावह, हासध। (विधि एवं आज्ञा)

पुत्री माँ को हँसावेगी – सुया – मायं – हासिहिइ, हसाविहिदि (भविष्यत्काल)

2. एक प्रेरणा एवं दो कर्म

इसमें क्रिया करानेवाला प्रेरणा रूप कर्ता एक ही व्यक्ति होता है किन्तु कर्म व्यक्ति व वस्तु के रूप में दो होते हैं। यहाँ कर्ता में प्रथमा

तथा दोनों कर्मों में द्वितीया विभक्ति होती है। तथा प्रेरणार्थक क्रिया में कर्ता के पुरुष व वचनानुसार कालवाची प्रत्यय जोड़ दिये जाते हैं।

मैं तुमको पुस्तक पढ़ाता हूँ	–	अम्मि – तुवं –गंथं – पाढेमि, पढावेमि। (वर्तमानकाल)
तुम मुझको पुस्तक पढ़ावो	–	तुं – मिमं, णं – गंथं – पाढेहि, पढावसु, पाढेधि।(विधि एवं आज्ञा)
मैं उसको पुस्तक पढ़ाऊँगी	–	अहं – तं, णं – गंथ– पाढेहिमि, पाढेस्सामि, पाढस्सं। (भविष्यत्काल)
दादी पोते को गीत सुनाती है	–	पिआमही – पोत्तं – गाणं – सोणइ, सुणावदि।(वर्तमानकाल)
दादी पोते को गीत सुनावे	–	पिआमही – पोत्तं – गाणं – सोणउ, सुणावदु, सोणेज्जा। (विधि एवं आज्ञा)
दादी पोते को गीत सुनावेगी	–	पिआमही पोत्तं – गाणं – सोणिहिइ, सुणाविहिदि। (भविष्यत्काल)

3. दो प्रेरणा एवं एक कर्म

इसमें क्रिया करानेवाले प्रेरणा रूप कर्ता दो व्यक्ति होते हैं किन्तु कर्म एक ही होता है। यहाँ प्रथम प्रेरणा में प्रथमा विभक्ति, द्वितीय प्रेरणा में तृतीया विभक्ति तथा कर्म में द्वितीया विभक्ति होती है। उसके बाद प्रेरणार्थक क्रिया में कर्ता के पुरुष व वचनानुसार कालवाची प्रत्यय जोड़ दिये जाते हैं।

माताएँ बालकों से परमेश्वर की पूजा करवाती है	–	मायाओ बालएहिं परमेसरं अच्चावन्ति। (वर्तमानकाल)
माता बालक से परमेश्वर की पूजा करवाती है	–	माया बालएण परमेसरं अच्चावइ। (वर्तमानकाल)
तुम बालक से परमेश्वर की पूजा करवाओ	–	तुह बालएणं परमेसरं अच्चावहि, अच्चावसु, अच्चावेज्जाहि (विधि एवं आज्ञा)
तुम सब बालकों से परमेश्वर की पूजा करवाओ	–	तुब्भे–बालएहिं परमेसरं अच्चावह, अच्चावध, अच्चावेज्जाह। (विधि एवं आज्ञा)
वह बालक से परमेश्वर की पूजा करवाएगी	–	सा, णा – बालएण – परमेसरं अच्चाविहिइ, अच्चाविस्सदि, अच्चाविस्सिइ। (भविष्यत्काल)
वे सब बालकों से परमेश्वर की पूजा करवाएँगे	–	ते बालएहिं परमेसरं अच्चावेहिन्ति, अच्चाविस्सन्ति, अच्चाविहिन्ते। (भविष्यत्काल)

4. दो प्रेरणा एवं दो कर्म

इसमें क्रिया करानेवाले प्रेरणारूप कर्ता दो व्यक्ति होते हैं तथा कर्म भी दो होते हैं। यहाँ प्रथम प्रेरणा में प्रथमा विभक्ति तथा द्वितीय प्रेरणा में तृतीया विभक्ति एवं प्रथम व द्वितीय दोनों कर्म में द्वितीया विभक्ति होती है। उसके बाद प्रेरणार्थक क्रिया में प्रथम प्रेरणा कर्ता के पुरुष व वचनानुसार कालवाची प्रत्यय जोड़ दिये जाते हैं।

माँ बहिन से पुत्री को पुस्तक पढ़वाती है	–	माया ससाए सुयं गंथं पाढइ, पढावदि।
राजा नागरिकों से साँप को दूध पिलवाता है	–	नरिंदो णयरजणाहिं सप्पं खीरं पेबइ, पिबावइ,पिबावदि।

तुम मुझसे उसको भोजन खिलवाते हो	–	तुह ममए, मए, मइ, तं भोयणं खादावसि, खादावेसि।
माँ बहिन से पुत्री को पुस्तक पढ़वावे	–	माया ससाइ पुत्तीं गंथं पढावउ, पाढेदु, पाढेज्जा, पढावेज्जा।
राजा नागरिकों से साँप को दूध पिलवावे	–	नरिंदे णयरजणाहिं सप्पं खीरं पिबावउ, पिबावेज्जा, पेबदु।
तुम मुझसे उसको भोजन खिलवावो	–	तुं ममए तं भोयणं खादावसि, खादावसु।
माँ बहिन से पुत्री को पुस्तक पढ़वावेगी	–	माया ससाअ सुयं गंथं पाढिहिइ, पढाविहिइ, पाढिहिदि, पढाविहिदि।
राजा नागरिकों से साँप को दूध पिलवावेगा	–	नरिंदे णयरजणेहिं सप्पं खीरं पिबाविहिइ, पिबाविस्सदि, पिबावेस्सदि।
तुम मुझसे उसको भोजन खिलवाओगे	–	तुमं ममए, मइ, तं भोयणं खादाविहिसि, खादावेहिसि।

यहाँ हम देखते हैं कि एक प्रेरणा के अन्तर्गत क्रिया में सुलाने व खिलाने के अर्थ की अभिव्यक्ति होती है तथा दो प्रेरणा में क्रिया में सुलवाने व खिलवाने का अर्थ अभिव्यक्त होता है।

इसी प्रकार पाठ 2 में दिये गये सभी संज्ञा शब्द से व अकर्मक तथा सकर्मक क्रियाओं से प्रेरणार्थक क्रिया बनाकर विभिन्न कालों में कर्तृवाच्य में रचना की जाती है।

पाठ–6

भाववाच्य : अकर्मक क्रिया से

भाववाच्य बनाने के लिए कर्ता में सदैव तृतीया विभक्ति होती है तथा अकर्मक क्रिया में 'इज्ज' 'ईअ, ईय' प्रत्यय जोड़े जाते हैं। इसके पश्चात् सम्बन्धित काल के 'अन्यपुरुष एकवचन' के प्रत्यय भी लगा दिये जाते हैं। क्रिया से भाववाच्य वर्तमानकाल, विधि एवं आज्ञा, भूतकाल तथा भविष्यत्काल में बनाया जाता है। भविष्यत्काल में क्रिया का कर्तृवाच्य का रूप ही रहता है। अर्थात् इसमें कर्ता में तो तृतीया विभक्ति होती है किन्तु उसमें भाववाच्य के इज्ज आदि प्रत्यय नहीं जोड़े जाते।

क. वाक्य रचना : वर्तमानकाल

मेरे द्वारा हँसा जाता है	– मइ, मए, मे, ममए – हसिज्जइ, हसिज्जदि, हसीअइ, हसीअदि।
हम सबके द्वारा हँसा जाता है	– अम्हेहि, अम्हाहि – हसिज्जइ, हसिज्जदि, हसीअइ, हसीअदि।
तुम्हारे द्वारा हँसा जाता है	– तइ, तए, तुए, तुमे, तुमए – हसिज्जइ, हसिज्जदि, हसीअइ, हसीअदि।
तुम सबके द्वारा हँसा जाता है	– तुम्हेहिं, तुब्भेहिं, तुज्झेहिं – हसिज्जइ, हसिज्जदि, हसीअइ, हसीअदि।
उसके द्वारा हँसा जाता है	– तेण, तेणं – हसिज्जइ, हसिज्जदि, हसीअइ, हसीअदि।

उन सबके द्वारा हँसा जाता है	–	तेहि, तेहिं, तेहिँ – हसिज्जइ, हसिज्जदि, हसीअइ, हसीअदि।
उन सब (स्त्रियों) द्वारा हँसा जाता है	–	तीहि, तीहिं, तीहिँ – हसिज्जइ, हसिज्जदि, हसीअइ, हसीअदि।
पुत्र के द्वारा हँसा जाता है	–	पुत्तेण, पुत्तेणं – हसिज्जइ, हसिज्जदि, हसीअइ, हसीअदि।
माता के द्वारा हँसा जाता है	–	मायअ, मायाइ, मायाए – हसिज्जइ, हसिज्जदि, हसीअइ, हसीअदि।

ख. वाक्य रचना : विधि एवं आज्ञा

मेरे द्वारा हँसा जाए	–	मइ, मए, मे, ममए – हसिज्जउ, हसिज्जदु, हसीअउ, हसीअदु।
हम सबके द्वारा हँसा जाए	–	अम्हेहि, अम्हाहि – हसिज्जउ, हसिज्जदु, हसीअउ, हसीअदु।
तुम्हारे द्वारा हँसा जाए	–	तइ, तए, तुए, तुमए – हसिज्जउ, हसिज्जदु, हसीअउ, हसीअदु।
तुम सबके द्वारा हँसा जाए	–	तुम्हेहिं, तुज्झेहिं, तुब्भेहिं – हसिज्जउ, हसिज्जदु, हसीअउ, हसीअदु।
उसके द्वारा हँसा जाए	–	तेण, तेणं – हसिज्जउ, हसिज्जदु, हसीअउ,हसीअदु।

उन सबके द्वारा हँसा जाए	– तेहि, तेहिं, तेहिँ – हसिज्जउ, हसिज्जदु, हसीअउ, हसीअदु।
पुत्र के द्वारा हँसा जाए	– पुत्तेण, पुत्तेणं – हसिज्जउ, हसिज्जदु, हसीअउ, हसीअदु।
माता के द्वारा हँसा जाए	– मायाअ, मायाइ, मायाए – हसिज्जउ, हसिज्जदु, हसीअउ, हसीअदु।

ग. वाक्य रचना : भूतकाल

मेरे द्वारा हँसा गया	– मइ, मए, मे, ममए – हसिज्जईअ, (हसिज्जीअ), हसीअईअ (हसीईअ)
मेरे द्वारा ठहरा गया	– मइ, मए, मे, ममए – ठाइज्जसी, ठाइज्जही, ठाइज्जहीअ, ठाईअसी, ठाईअही, ठाईअहीअ।
हम सबके द्वारा हँसा गया	– अम्हेहि, अम्हाहि – हसिज्जईअ, (हसिज्जीअ), हसीअईअ (हसीईअ)
तुम्हारे द्वारा हँसा गया	– तइ, तए, तुए, तुमए – हसिज्जईअ, (हसिज्जीअ), हसीअईअ (हसीईअ)
तुम सबके द्वारा हँसा गया	– तुम्हेहिं, तुब्भेहिं, तुज्झेहिं – हसिज्जईअ, (हसिज्जीअ), हसीअईअ (हसीईअ)
उसके द्वारा हँसा गया	– तेण, तेणं – हसिज्जईअ, (हसिज्जीअ), हसीअईअ (हसीईअ)

उन सबके द्वारा हँसा गया — तेहि, तेहिं, तेहिँ – हसिज्जईअ, (हसिज्जीअ), हसीअईअ (हसीईअ)

पुत्र के द्वारा हँसा गया — पुत्तेण, पुत्तेणं – हसिज्जईअ, (हसिज्जीअ), हसीअईअ (हसीईअ)

माता के द्वारा हँसा गया — मायाअ, मायाइ, मायाए – हसिज्जईअ, (हसिज्जीअ), हसीअईअ (हसीईअ)

पुत्रों के द्वारा हँसा गया — पुत्तेहि, पुत्तेहिं, पुत्तेहिँ – हसिज्जईअ (हसिज्जीअ), हसीअईअ (हसीईअ)

माताओं के द्वारा हँसा गया — मायाहि, मायाहिं, मायाहिँ – हसिज्जईअ, (हसिज्जीअ), हसीअईअ (हसीईअ)

घ. वाक्य रचना : भविष्यत्काल

मेरे द्वारा हँसा जाएगा — मइ, मए, मे, ममए – हसिहिइ, हसिहिए, हसेहिइ, हसेहिए, हसिहिदि, हसिहिदे, हसिस्सइ, हसिस्सए, हसेस्सइ, हसेस्सए, हसिस्सदि, हसिस्सदे, हसिस्सिदि, हसिस्सिदे।

हम सबके द्वारा हँसा जाएगा — अम्हेहि, अम्हाहि – हसिहिइ, हसिहिए, हसेहिइ, हसेहिए, हसिहिदि, हसिहिदे, हसिस्सइ, हसिस्सए, हसेस्सइ, हसेस्सए,

		हसिस्सदि, हसिस्सदे, हसिस्सिदि, हसिस्सिदे।
तुम्हारे द्वारा हँसा जाएगा	–	तइ, तए, तुए, तुमए – हसिहिइ, हसिहिए, हसेहिइ, हसेहिए, हसिहिदि, हसिहिदे, हसिस्सइ, हसिस्सए, हसेस्सइ, हसेस्सए, हसिस्सदि, हसिस्सदे, हसिस्सिदि, हसिस्सिदे।
तुम सबके द्वारा हँसा जाएगा	–	तुम्हेहिं, तुब्भेहिं, तुज्झेहिं – हसिहिइ, हसिहिए, हसेहिइ, हसेहिए, हसिहिदि, हसिहिदे, हसिस्सइ, हसिस्सए, हसेस्सइ, हसेस्सए, हसिस्सदि, हसिस्सदे, हसिस्सिदि, हसिस्सिदे।
उसके द्वारा हँसा जाएगा	–	तेण, तेणं – हसिहिइ, हसिहिए, हसेहिइ, हसेहिए, हसिहिदि, हसिहिदे, हसिस्सइ, हसिस्सए, हसेस्सइ, हसेस्सए, हसिस्सदि, हसिस्सदे, हसिस्सिदि, हसिस्सिदे।
उन सबके द्वारा हँसा जाएगा	–	तेहि, तेहिं, तेहिँ – हसिहिइ, हसिहिए, हसेहिइ, हसेहिए, हसिहिदि, हसिहिदे, हसिस्सइ, हसिस्सए, हसेस्सइ, हसेस्सए, हसिस्सदि, हसिस्सदे, हसिस्सिदि, हसिस्सिदे।

पुत्र के द्वारा हँसा जाएगा – पुत्तेण, पुत्तेणं – हसिहिइ, हसिहिए, हसेहिइ, हसेहिए, हसिहिदि, हसिहिदे, हसिस्सइ, हसिस्सए, हसेस्सइ, हसेस्सए, हसिस्सदि, हसिस्सदे, हसिस्सिदि, हसिस्सिदे।

माता के द्वारा हँसा जाएगा – मायाअ, मायाइ, मायाए – हसिहिइ, हसिहिए, हसेहिइ, हसेहिए, हसिहिदि, हसिहिदे, हसिस्सइ, हसिस्सए, हसेस्सइ, हसेस्सए, हसिस्सदि, हसिस्सदे, हसिस्सिदि, हसिस्सिदे।

पुत्रों के द्वारा हँसा जाएगा – पुत्तेहि, पुत्तेहिं, पुत्तेहिँ – हसिहिइ, हसिहिए, हसेहिइ, हसेहिए, हसिहिदि, हसिहिदे, हसिस्सइ, हसिस्सए, हसेस्सइ, हसेस्सए, हसिस्सदि, हसिस्सदे, हसिस्सिदि, हसिस्सिदे।

माताओं के द्वारा हँसा जाएगा – मायाहि, मायाहिं, मायाहिँ– हसिहिइ, हसिहिए, हसेहिइ, हसेहिए, हसिहिदि, हसिहिदे, हसिस्सइ, हसिस्सए, हसेस्सइ, हसेस्सए, हसिस्सदि, हसिस्सदे, हसिस्सिदि, हसिस्सिदे।

पाठ–7

कर्मवाच्य : सकर्मक क्रिया से

कर्मवाच्य बनाने के लिए कर्ता में सदैव तृतीया विभक्ति होती है तथा कर्म जो द्वितीया में रहता है वह प्रथमा में परिवर्तित हो जाता है। तत्पश्चात् सकर्मक क्रिया में कर्मवाच्य के इज्ज, ईअ/ईय प्रत्यय लगाकर प्रथमा में परिंवर्तित कर्म के पुरुष व वचन के अनुसार ही सम्बन्धित काल के प्रत्यय और जोड़ दिए जाते हैं। सकर्मक क्रिया से कर्मवाच्य वर्तमानकाल तथा विधि एवं आज्ञा, भूतकाल तथा भविष्यत्काल में बनाया जाता है। भविष्यत्काल में क्रिया का कर्तृवाच्य का रूप ही रहता है। अर्थात् भविष्यत्काल के कर्मवाच्य में कर्ता तो सदैव तृतीया विभक्ति में ही रहता है किन्तु क्रिया में भाववाच्य के प्रत्यय नहीं जोड़े जाते, उसमें क्रिया का कर्तृवाच्य रूप ही रहता है।

क. वाक्य रचना : वर्तमानकाल

मेरे द्वारा पुस्तक पढ़ी जाती है	–	मएं –गंथो, गंथे – पढिज्जइ, पढिज्जदि, पढिज्जति, पढीअइ, पढीअदि, पढीअति।
हम सबके द्वारा पुस्तकें पढ़ी जाती हैं	–	अम्हेहि– गंथा –पढिज्जन्ति, पढिज्जन्ते, पढीअन्ति, पढीअन्ते।
तुम्हारे द्वारा मैं देखा जाता हूँ	–	तइ, तुए –हं – पेच्छिज्जमि, पेच्छीअमि।
तुम सबके द्वारा हम सब देखे जाते हैं	–	तुम्हेहिं– वयं – पेच्छिज्जमो, पेच्छीअमो, पेच्छिज्जमु, पेच्छीअमु।

उसके द्वारा वह देखा जाता है	– तेणं – सो – देखिज्जइ, देखिज्जदि, देखीअइ।
उन सबके द्वारा वे सब देखे जाते हैं	– तेहिं – णे – देखिज्जन्ति, देखीअन्ति।
माता के द्वारा कथा कही जाती है	– मायाए – कहा –कहिज्जइ, कहिज्जति, कहीअदि।
माताओं के द्वारा कथाएँ कही जाती हैं	– मायाहि – कहाओ – कहिज्जन्ति, कहीअन्ति।
पिता के द्वारा बालक को बुलाया जाता है	– बप्पेण – बालओ – कोकिज्जइ, कोकीअइ।
पिता के द्वारा बालकों को बुलाया जाता है	– बप्पेहिं – बालआ – कोकिज्जन्ति, कोकीअन्ति।

ख. वाक्य रचना : विधि एवं आज्ञा

मेरे द्वारा पुस्तक पढ़ी जाए	– मए –गंथो, गंथे – पढिज्जउ, पढिज्जदु, पढीअउ, पढीअदु।
हम सबके द्वारा पुस्तकें पढ़ी जाएँ	– अम्हाहि – गंथा – पढिज्जन्तु, पढीअन्तु।
तुम्हारे द्वारा मैं देखा जाऊँ	– तुमाइ, तुमे – अम्मि – पेच्छिज्जमु, पेच्छीअमु।
तुम सबके द्वारा हम सब देखे जाएँ	– तुब्भेहिं – मो – पेच्छिज्जमो, पेच्छीअमो।
उसके द्वारा वह देखा जाए	– तेणं – सो, स – देखिज्जदु, देखीअदु।
उन सबके द्वारा वे सब देखे जाएँ	– तेहिं –ते – देखिज्जन्तु, देखीअन्तु।
माता के द्वारा कथा कही जाए	– मायाइ – कहा – कहिज्जउ, कहिज्जदु।

माताओं के द्वारा कथाएँ कही जाएँ	– मायाहिँ – कहाओ – कहिज्जन्तु, कहीअन्तु।
पिता के द्वारा बालक बुलाया जाए	– बप्पेणं – बालओ – कोकिज्जउ, कोकीअउ।
पिताओं के द्वारा बालक बुलाए जाएँ	– जणेरेहि–बालआ– कोकिज्जन्तु, कोकीअन्तु।

ग. वाक्य रचना : भूतकाल

मेरे द्वारा पुस्तक पढ़ी गयी	– ममाइ– गंथो – पढिज्जईअ (पढिज्जीअ) पढीअईअ (पढीईअ)
हम सबके द्वारा पुस्तकें पढ़ी गयीं	– अम्हेहि–गंथा – पढिज्जईअ (पढिज्जीअ) पढीअईअ (पढीईअ)
तुम्हारे द्वारा मैं देखा गया	– तुमए– अहं – पेच्छिज्जईअ (पेच्छिज्जीअ) पेच्छीअईअ (पेच्छीईअ)
तुम सबके द्वारा हम सब देखे गये	– तुम्हेहिं–अम्हे– पेच्छिज्जईअ (पेच्छिज्जीअ) पच्छीअईअ (पेच्छीईअ)
उसके द्वारा वह देखा गया	– तेणं – सो – पेच्छिज्जईअ (पेच्छिज्जीअ) पेच्छीअईअ (पेच्छीईअ)
उन सबके द्वारा वे सब देखे गये	– णेहिं – णा – पेच्छिज्जईअ (पेच्छिज्जीअ) पेच्छीअईअ (पेच्छीईअ)
माता के द्वारा कथा कही गयी	– मायाअ – कहा – कहिज्जईअ (कहिज्जीअ) कहीअईअ (कहीईअ)

माताओं के द्वारा कथाएँ कही गयीं	–	मायाहिं – कहाओ – कहिज्जइअ (कहिज्जीअ) कहीअइअ (कहीईअ)

3. वाक्य रचना : भविष्यत्काल

मेरे द्वारा पुस्तक पढ़ी जाएगी	–	मइ, मए, मे, ममए – गंथो – पढिहिइ, पढिहिए, पढेहिइ, पढेहिए, पढिहिदि, पढिहिदे, पढिस्सइ, पढिस्सए, पढेस्सइ, पढेस्सए,पढिस्सदि, पढिस्सिदि, पढिस्सिदे।
हम सबके द्वारा पुस्तकें पढ़ी जाएँगी	–	अम्हेहि– गंथा – पढिहिन्ति, पढिहिन्ते, पढिहिइरे, पढेहिन्ति, पढेहिन्ते, पढिस्सन्ति, पढिस्सन्ते, पढिस्सइरे।
तुम्हारे द्वारा मैं देखा जाऊँगा	–	तइ, तए, तुमए – अहं – पेच्छिहिमि, पेच्छिस्सामि, पेच्छिहामि, पेच्छिस्सिमि, पेच्छिहिमि, पेच्छेस्समि, पेच्छेहामि,पेच्छिस्सं, पेच्छेस्सं।
तुम सबके द्वारा हम सब देखे जाएँगे	–	तुम्हेहिं – वयं – देखिहिमो, देखिहिमु, देखिस्सामो, देखिस्सामु, देखिस्साम, देखिस्सिमो, देखिस्सिमु, देखिस्सिम, देखिहामो, देखिहामु, देखिहाम।

उसके द्वारा वह देखा जाएगा	–	तेणं – सो – देखिहिइ, देखिहिए, देखेहिइ देखेहिए, देखिहिदि, देखिहिदे, देखिस्सइ, देखिस्सए, देखेस्सइ, देखेस्सए, देखिस्सदि, देखिस्सिदि, दैखिस्सिदे।
उन सबके द्वारा वे सब देखे जाएँगे	–	तेहिं – ते – देखिहिन्ति, देखिहिन्ते, देखिहिइरे, देखेहिन्ति, देखेहिन्ते देखिस्सन्ति, देखिस्सन्ते देखिस्सइरे।
माता के द्वारा कथा कही जाएगी	–	मायाए – कहा – कहिहिइ, कहिहिए, कहेहिइ, कहेहिए, कहिहिदि, कहिहिदे, कहिस्सइ, कहिस्सए, कहेस्सइ, कहेस्सए, कहिस्सदि, कहिसिस्सदे, कहिस्सिदि, कहिस्सिदे।
माताओं के द्वारा कथाएँ कही जाएँगी	–	मायाहिं – कहाओ – कहिहिन्ति, कहिहिन्ते, कहिहिइरे, कहेहिन्ति कहिस्सन्ति, कहिस्सन्ते कहिस्सइरे।
पिता के द्वारा बालक बुलाया जाएगा	–	बप्पेणं – बालओ – कोकिहिइ, कोकिहिए, कोकेहिइ, कोकेहिए, कोकिहिदि, कोकिहिदे, कोकिस्सइ, कोकिस्सिदि, कोकिस्सिदे।

पिताओं के द्वारा बालक बुलाए जाएँगे	–	बप्पेहिं – बालआ – कोकिहिन्ति, कोकिहिन्ते, कोकिहिइरे, कोकेहिन्ति कोकिस्सन्ति, कोकिस्सन्ते कोकिस्सइरे।

च. अनियमित कर्मवाच्य

क्रिया में **'इज्ज'**, **'ईअ/ईय'** प्रत्यय के संयोग से बने कर्मवाच्य के नियमित क्रिया रूपों के अतिरिक्त प्राकृत साहित्य में कुछ बने बनाये तैयार रूप में कर्मवाच्य के अनियमित क्रिया रूप भी मिलते हैं। इनमें कर्मवाच्य के **'इज्ज'**, **'ईअ/ईय'** प्रत्यय लगे हुए नहीं होते और न ही इसमें मूल क्रिया को प्रत्यय से अलग करके देखा जा सकता। मात्र इनमें काल, पुरुष और वचन के प्रत्यय लगे होते हैं।

प्राकृत साहित्य से प्राप्त अनियमित कर्मवाच्य के क्रिया रूप

वर्तमानकाल अन्यपुरुष ए.व.

आढप्पइ	–	आरम्भ किया जाता है
घेप्पइ	–	ग्रहण किया जाता है
गम्मइ	–	जाया जाता है
जिव्वइ	–	जीता जाता है
णज्जइ	–	जाना जाता है
थुव्वइ	–	स्तुति की जाती है
बज्झइ	–	बाँधा जाता है
भुज्जइ	–	भोगा जाता है
लिब्भइ	–	चाटा जाता है
विलिप्पइ	–	लीपा जाता है
सीसइ	–	कहा जाता है
सुव्वइ	–	सुना जाता है
हम्मइ	–	मारा जाता है

खम्मइ	–	खोदा जाता है
कीरइ	–	किया जाता है
छिप्पइ	–	छुआ जाता है
डज्झइ	–	जलाया जाता है
णव्वइ	–	जाना जाता है
दीसइ	–	देखा जाता है
दुब्भइ	–	दूहा जाता है
भण्णइ	–	कहा जाता है
रुब्भइ	–	रोका जाता है
लब्भइ	–	प्राप्त किया जाता है
लुव्वइ	–	काटा जाता है
वुच्चइ	–	कहा जाता है
विढप्पइ	–	अर्जित किया जाता है
संप्पज्जइ	–	प्राप्त किया जाता है
सिप्पइ	–	सींचा जाता है
हीरइ	–	हरण किया जाता है

वाक्य रचना

मेरे द्वारा स्तुति प्रारम्भ की जाती है	– मए, मइ, ममए – थुइ–आढप्पइ।
सेनापति के द्वारा शत्रु मारा जाता है	– सेणावइणा – सत्तू – हम्मइ।
महिला के द्वारा व्रत किया जाता है	– महिलाइ – वयो – कीरइ।
साधु द्वारा कथा कही जाती है	– साहुणा – कहा – सीसइ।
पुत्री के द्वारा वृक्ष सींचा जाता है	– पुत्तीए – तरू – सिप्पइ।
माता के द्वारा घर लीपा जाता है	– मायाए – घरो – विलिप्पइ।
बालक के द्वारा मधु चाटा जाता है	– बालएणं – महुं – लिब्भइ।
उसके द्वारा गाय बाँधी जाती है	– तिणा – धेणू – बज्झइ।
बालक द्वारा शिक्षा ग्रहण की जाती है	– बालएणं – सिक्खा – घेप्पइ।

इसी प्रकार सकर्मक क्रियाओं से बने अन्य अनियमित कर्मवाच्य के क्रिया रूपों का प्रयोग किया जाता है।

पाठ–8

कर्मवाच्य : क्रियाओं के प्रेरणार्थक रूप से

अकर्मक व सकर्मक क्रियाओं में '0' और 'आवि' प्रत्यय लगाकर प्रेरणार्थक क्रिया बनाने के पश्चात् इन प्रेरणार्थक क्रियाओं का कर्मवाच्य में प्रयोग किया जाता है। '0' प्रत्यय लगाने पर क्रिया के उपान्त्य 'अ' का आ हो जाता है। जैसे –

0	आवि
हस – 0 = हास–हँसाना	हस – आवि = हसावि – हँसाना
कर – 0 = कार–कराना	कर – आवि = करावि–कराना
पढ – 0 = पाढ–पढ़ाना	पढ – आवि = पढावि – पढ़ाना
बिह – 0 = बिह–डराना	बिह – आवि = बिहावि – डराना
रूस – 0 = रूस–रुसाना	रूस –आवि = रूसावि – रुसाना
लुक्क –0 = लुक्क–छिपाना	लुक्क–आवि = लुक्कावि– छिपाना
ठा – 0 = ठा–ठहराना	ठा – आवि = ठाआवि – ठहराना

प्रेरणार्थक क्रिया से कर्मवाच्य बनाने के लिए कर्ता में सदैव तृतीया विभक्ति होती है तथा कर्म जो द्वितीया में रहता है वह प्रथमा में परिवर्तित हो जाता है। तत्पश्चात् प्रेरणार्थक क्रिया में कर्मवाच्य के **इज्ज, ईअ/ईय** प्रत्यय लगाकर प्रथमा में परिवर्तित कर्म के पुरुष व वचन के अनुसार सम्बन्धित काल के प्रत्यय और जोड़ दिये जाते हैं। प्रेरणार्थक क्रिया से कर्मवाच्य वर्तमानकाल, विधि एवं आज्ञा, भूतकाल तथा भविष्यत्काल में बनाया जाता है। भविष्यत्काल में क्रिया का कर्तृवाच्य का रूप ही रहता है।

1. वाक्य रचना : विभिन्न कालों में

मेरे द्वारा तुम हँसाये जाते हो	–	ममए– तुमं – हसाविज्जसि, हसावीअसि।
तुम्हारे द्वारा मैं हँसाया जाता हूँ	–	तुमे – अम्मि – हासिज्जमि, हसावीअमि।
हम सबके द्वारा वह हँसाया जाता है	–	अम्हाहि–स–हसाविज्जदि, हसावीअदि।
उसके द्वारा अपयश फैलाया जाता है	–	तेण–दुज्जसो– पसराविज्जति, पसरावीअति।
तुम सबके द्वारा वे सब छिपाये जाएँ	–	तुब्भेहिं – ते – लुक्काविज्जन्तु।
तुम्हारे द्वारा वह हँसाया जाए	–	तुमए – से – हासिज्जदु, हासीयदु।
उसके द्वारा अपयश न फैलाया जाए	–	तेणं – दुज्जसो – ण पसराविज्जदु, पसरावीअदु।
मेरे द्वारा तुम हँसाए जाओगे	–	मए–तुमं – हसाविज्जहिसि, हसाविज्जस्ससि।
उसके द्वारा अपयश फैलाया जाएगा	–	तेण – दुज्जसो –पसराविहिइ, पसराविस्सिदि।
मेरे द्वारा वह छिपाया जाएगा	–	मे – सो – लुक्काविहिइ।
मेरे द्वारा तुमको पुस्तक पढ़ाई जाती है	–	ममए – तुवं – गंथो – पढावीयदि।
तुम्हारे द्वारा मुझको पुस्तक पढ़ाई जाए	–	तुए – ममं – गंथो – पढावीयउ, पाढीयदु।
मेरे द्वारा उसको पुस्तक पढ़ाई जाएगी	–	मइ – तं – गंथो पढाविहिइ, पढाविस्सदि।
दादी के द्वारा पोते को गीत सुनाया जाता है	–	पिआमहीए –पोत्तं –गाणं– सुणावीअइ।

दादी के द्वारा पोते को गीत सुनाया जाए	–	पिआमहीइ – पोत्तं – गीअं– सुणावीअदु।
दादी के द्वारा पोते को गीत सुनाया जाएगा	–	पिआमहीए–पोत्तं–गीअं– सुणाविस्सइ।
मेरे द्वारा तुम हँसाए गये	–	मे – तुमं– हसाविज्जीअ, हसाविज्जित्था, हसाविज्जिंसु।
तुम्हारे द्वारा मैं हँसाया गया	–	तुमए –हं – हसाविज्जीअ, हसाविज्जित्था, हसाविज्जिंसु।
हम सबके द्वारा वह हँसाया गया	–	अम्हेहि – सो – हसाविज्जीअ, हसाविज्जित्था, हसाविज्जिंसु।
उसके द्वारा अपयश फैलाया गया	–	तेणं–दुज्जसो–पसराविज्जीअ, पसराविज्जित्था,पसराविज्जिंसु।
तुम सबके द्वारा वे सब छिपाए गये	–	तुज्झेहिं –ते – लुक्काविज्जीअ, लुक्काविज्जित्था, लुक्काविज्जिंसु।
माता के द्वारा पुत्री जगाई गयी	–	मायाए – पुत्ती– जग्गाविज्जीअ, जग्गाविज्जित्था, जग्गाविज्जिंसु।
माता के द्वारा पुत्रियाँ जगाई गयीं	–	मायाए – सुयाओ – जग्गाविज्जीअ, जग्गाविज्जित्था, जग्गाविज्जिंसु।
राजा के द्वारा नागरिक डराया गया	–	नरिंदेण णयरजणु – डराविज्जीअ, डराविज्जित्था, डराविज्जिंसु।

राजा के द्वारा नागरिक डराए गये	–	नरिंदेण – णयरजणाइं, णयरजणाइँ, णयरजणाणि डराविज्जीअ, डराविज्जित्था, डराविज्जिंसु।
मेरे द्वारा तुमको पुस्तक पढ़ाई गयी	–	मइ –तुवं – गंथो – पढाविज्जीअ, पढाविज्जित्था, पढाविज्जिंसु।
तुम्हारे द्वारा मुझको पुस्तकें पढ़ाई गयीं	–	तुमए – ममं – गंथा – पढाविज्जीअ, पढाविज्जित्था, पढाविज्जिंसु।
मेरे द्वारा उसको भोजन कराया गया	–	मए – तं – भोयणं – कराविज्जीअ, कराविज्जित्था, कराविज्जिंसु।
दादी के द्वारा पोते को गीत सुनाए गये	–	पिआमहीए –पोत्तं – गाणाइं –सुणाविज्जीअ, सुणाविज्जित्था, सुणाविज्जिंसु।
दादी के द्वारा पोते को कथा सुनाई गयी	–	पिआमहीए– पोत्तं–कहा – सुणाविज्जीअ, सुणाविज्जित्था, सुणाविज्जिंसु।
दादी के द्वारा पोते को कथाएँ सुनाई गयीं	–	पिआमहिए–पोत्तं–कहाउ – सुणाविज्जीअ, सुणाविज्जित्था, सुणाविज्जिंसु।

पाठ–9

कृदन्त

इस पाठ से पूर्व क्रियाओं के माध्यम से प्राकृत के सभी कालों एवं वाच्यों में वाक्य रचना की गई। इन क्रियाओं के अतिरिक्त प्राकृत में कृदन्त भी उपलब्ध हैं। प्राकृत भाषा को सीखने व समझने के लिए इन कृदन्तों का ज्ञान होना अति आवश्यक है। क्रिया के अन्त में प्रत्यय लगने पर जो शब्द बनता है वह कृदन्त कहलाता है। इस प्रकार कृदन्त सदैव क्रिया से ही बनते हैं संज्ञा से नहीं। प्राकृत भाषा में प्रयुक्त होने वाले आवश्यक कृदन्त हैं – 1. भूतकालिक कृदन्त 2. विधि कृदन्त 3. वर्तमान कृदन्त 4. सम्बन्धक कृदन्त 5. हेत्वर्थक कृदन्त। इनमें भूतकालिक कृदन्त, विधिकृदन्त एवं वर्तमान कृदन्त विशेषण की तरह तथा सम्बन्धक एवं हेत्वर्थक कृदन्त अव्यय की तरह प्रयुक्त होते हैं।

1. भूतकालिक कृदन्त

प्राकृत में भूतकाल का भाव प्रकट करने के लिए भूतकालिक क्रिया के अतिरिक्त भूतकालिक कृदन्त का प्रयोग किया जाता है। प्राकृत साहित्य में भूतकालिक क्रिया की तुलना में भूतकालिक कृदन्त का प्रयोग बहुलता से मिलता है। क्रिया में अ/य, त, द प्रत्यय लगाकर भूतकालिक कृदन्त बनाये जाते हैं। क्रिया में इन प्रत्ययों के लगाने पर क्रिया के अन्त्य 'अ' का 'इ' हो जाता है। जैसे –

हस + अ/य = हसिअ/हसिय
हस + त = हसित
हस + द = हसिद

ये भूतकालिक कृदन्त विशेषण होते हैं। अकर्मक क्रिया से बने भूतकालिक कृदन्त का प्रयोग कर्तृवाच्य व भाववाच्य में होता है किन्तु

सकर्मक क्रिया से बने भूतकालिक कृदन्त का प्रयोग प्रायः कर्मवाच्य में ही होता है, कर्तृवाच्य में नहीं होता है।

भूतकालिक कृदन्त विशेषण के समान प्रयुक्त होते हैं। अतः इनके रूप कर्ता (विशेष्य) के अनुसार चलते हैं। भूतकालिक कृदन्त से कर्तृवाच्य बनाने पर कर्ता प्रथमा विभक्ति में होगा तथा कर्ता पुल्लिग, नपुंसकलिंग, स्त्रीलिंग में से जो भी होगा इन्हीं के अनुसार भूतकालिक कृदन्त के रूप बनेंगे। इन कृदन्तों के रूप पुल्लिग में 'देव' के समान, नपुंसकलिंग में 'कमल' के समान तथा स्त्रीलिंग में 'कहा' के अनुसार चलेंगे। (कृदन्त में 'आ' प्रत्यय जोड़कर आकारान्त स्त्रीलिंग शब्द भी बनाया जा सकता है।)

भूतकालिक कृदन्त से भाववाच्य बनाने पर लिए कर्ता में सदैव तृतीया विभक्ति होती है किन्तु कृदन्त सदैव नपुंसकलिंग प्रथमा एकवचन में ही रहता है।

भूतकालिक कृदन्त से कर्मवाच्य बनाने पर कर्ता में सदैव तृतीया विभक्ति रहती हैं तथा कर्म जो द्वितीया विभक्ति में रहता है वह प्रथमा में परिवर्तित हो जाता है। तत्पश्चात् भूतकालिक कृदन्त के रूप प्रथमा में परिवर्तित कर्म के लिंग व वचन के अनुसार चलते हैं। इन कृदन्तों के रूप पुल्लिग में 'देव' के समान, नपुंसकलिंग में 'कमल' के समान तथा स्त्रीलिंग में 'कहा' के अनुसार चलते हैं। कृदन्त में 'आ' प्रत्यय जोड़कर आकारान्त स्त्रीलिंग शब्द भी बनाया जा सकता है।

1. वाक्य रचना – (कर्तृवाच्य)

मैं (पु. ए.व.) हँसा – अहं – हसिओ, हसियो, हसितो, हसिदो। (पु. ए.व.)

मैं (स्त्री. ए.व.) हँसी – हं – हसिआ, हसिता, हसिदा। (स्त्री. ए.व.)

हम सब (पु. ब.व.) हँसे – अम्हे – हसिआ, हसिता, हसिदा। (पु. ब.व.)

हम सब (स्त्री. ब.व.) हँसीं	–	वयं – हसिआ, हसिता, हसिदा, हसिआउ, हसिताउ, हसिदाउ, हसिआओ, हसिताओ, हसिदाओ (स्त्री. ब.व.)
तुम (पु. ए.व.) हँसे	–	तुमं– हसिओ, हसितो, हसिदो। (पु. ए.व.)
तुम (स्त्री. ए.व.) हँसी	–	तुं– हसिआ, हसिदा, हसिता। (स्त्री. ए.व.)
तुम सब (पु. ब.व.) हँसे	–	तुब्भे – हसिआ, हसिदा, हसिता।
तुम सब (स्त्री. ब.व.) हँसीं	–	तुम्हे – हसिआ, हसिआउ, हसिआओ, हसिता, हसिताउ, हसिताओ हसिदा, हसिदाउ, हसिदाओ। (स्त्री. ब.व.)
वह (पु. ए.व.) हँसा	–	सो – हसिओ, हसितो, हसिदो। (पु. ए.व.)
वह (स्त्री. ए.व.) हँसी	–	सा – हसिआ, हसिता, हसिदा (स्त्री. ए.व.)
वे सब (पु. ब.व.) हँसे	–	ते – हसिआ, हसिता, हसिदा। (पु. ब.व.)
वे सब (स्त्री.ब.व.) हँसीं	–	ताउ – हसिआ, हसिआउ, हसिआओ, आदि। (स्त्री. ब.व.)
राजा हँसा	–	नरिंदो (पु.ए.व.) – हसिओ, हसितो, हसिदो। (पु. ए.व.)
राजा हँसे	–	नरिंदा (पु.ब.व.) – हसिआ, हसिता, हसिदा। (पु. ब.व.)
कमल खिला	–	कमलं (नपुं.ए.व.) – विअसिअं, विअसितं, विअसिदं। (नपुं.ए.व)
कमल खिले	–	कमलाइं, कमलाइँ, कमलाणि (नपुं.ब.व.) – विअसिआइं विअसिआइँ, विअसिआणि। (नपुं.ब.व.)

बहिन हँसी — ससा (स्त्री.ए.व.) – हसिआ, हसिता, हसिदा (स्त्री. ए.व)

बहिनें हँसीं — ससाउ (स्त्री.ब.व.) – हसिआ, हसिता, हसिआउ, आदि।(स्त्री. ब.व.)

इसी प्रकार इकाई 2 में दिये गये सभी संज्ञा शब्द व अकर्मक क्रियाओं का प्रयोग कर विभिन्न कालों में कर्तृवाच्य में वाक्य रचना की जाती है।

2. वाक्य रचना – (भाववाच्य)

मेरे द्वारा हँसा गया — मए, ममए – हसिअं, हसिदं हसितं।

हम सबके द्वारा हँसा गया — अम्हेहि – हसिअं, हसितं, हसिदं।

तुम्हारे द्वारा हँसा गया — तुमइ – हसिअं, हसितं, हसिदं।

तुम सबके द्वारा हँसा गया — तुब्भेहिं – हसिअं, हसितं, हसिदं।

उसके द्वारा हँसा गया — तेणं – हसिअं, हसितं, हसिदं।

उन सबके द्वारा हँसा गया — तेहिं – हसिअं, हसितं, हसिदं।

पुत्र के द्वारा हँसा गया — पुत्तेणं – हसिअं, हसितं, हसिदं।

माता के द्वारा हँसा गया — मायाए – हसिअं हसितं, हसिदं।

पुत्रों के द्वारा हँसा गया — पुत्तेहिं – हसिअं, हसितं, हसिदं।

माताओं के द्वारा हँसा गया — मायाहिं – हसिअं, हसितं, हसिदं।

3. वाक्य रचना (कर्मवाच्य)

मेरे द्वारा पुस्तक पढ़ी गयी — मइ, ममए – गंथो –पढिओ, पढिदो, पढितो।

हम सबके द्वारा पुस्तकें पढ़ी गयीं — अम्हेहि – गंथा – पढिआ, पढिता, पढिदा।

तुम्हारे द्वारा मैं देखा गया — तुमइ – हं – पेच्छिओ, पेच्छितो, पेच्छिदो।

तुम सबके द्वारा हम सब देखे गये — तुब्भेहिं – अम्हे –पेच्छिआ, पेच्छिता, पेच्छिदा।

उसके द्वारा वह देखा गया	– तेणं – सो – देखिओ, देखितो, देखिदो।
उन सबके द्वारा वे सब देखे गये	– तेहिं – ते – देखिआ, देखिता, देखिदा।
माता के द्वारा कथा कही गयी	– मायाइ – कहा – कहिआ, कहिता, कहिदा।
माताओं के द्वारा कथाएँ कही गयीं	– मायाहिं – कहाओ – कहिआओ, कहिताउ, कहिआउ, कहिदाओ आदि।
पिता के द्वारा बालक बुलाया गया	– बप्पेणं – बालओ – कोकिओ, कोकितो, कोकिदो।
पिता के द्वारा बालक बुलाए गये	– बप्पेणं – बालआ – कोकिआ, कोकिता, कोकिदा।

इसी प्रकार इकाई 2 में दिये गये सभी संज्ञा शब्द व अकर्मक क्रिया का प्रयोग कर विभिन्न कालों में कर्मवाच्य में वाक्य रचना की जाती है।

2. अनियमित भूतकालिक कृदन्त

1. अनियमित भूतकालिक कृदन्त

उपर्युक्त अ/य, त, द प्रत्यय के संयोग से बने भूतकालिक कृदन्तों के नियमित रूपों के अतिरिक्त प्राकृत साहित्य में कुछ बने बनाये तैयार रूप में भूतकाल वाचक अनियमित भूतकालिक कृदन्त भी मिलते हैं। इनमें भूतकालिक कृदन्त का अ/य, त, द प्रत्यय नहीं होता और न ही इसमें मूल क्रिया को प्रत्यय से अलग किया जा सकता। नियमित भूतकालिक कृदन्त के समान इनके रूप भी पुल्लिंग में 'देव' नपुंसकलिंग में 'कमल' तथा स्त्रीलिंग में 'कहा' के अनुरूप चलते हैं।

अकर्मक क्रिया से बने भूतकालिक कृदन्त का प्रयोग कर्तृवाच्य व भाववाच्य के अन्तर्गत होता है तथा सकर्मक क्रिया से बने भूतकालिक कृदन्त का प्रयोग कर्मवाच्य के अन्तर्गत होता है। गत्यर्थक अनियमित भूतकालिक कृदन्त का प्रयोग कर्तृवाच्य व कर्मवाच्य दोनों में किया जाता है।

प्राकृत साहित्य से प्राप्त अनियमित भूतकालिक कृदन्त

क. अकर्मक क्रिया से बने अनियमित भूतकालिक कृदन्त –

मुअ – मरा
संतुट्ठ – प्रसन्न हुआ
सुत्त – सोया
भीय – डरा
थिअ – ठहरा
नट्ठ – नष्ट हुआ
बद्ध – बंधा

ख. गत्यर्थक क्रिया से बने अनियमित भूतकालिक कृदन्त –

गअ / गय – गया
पत्त – पहुँचा

ग. सकर्मक क्रिया से बने अनियमित भूतकालिक कृदन्त

दिट्ठ – देखा गया
णिहिय – रक्खा गया
वुत्त – कहा गया
हय – मारा गया
दिण्ण – दिया गया
दड्ढ – जलाया गया
लुअ – काट दिया गया
खद्ध – खा लिया गया
छुद्ध – डाल दिया गया
किय – किया गया
संपुण्ण–पूर्ण कर दिया गया
पवन्न – प्राप्त किया गया
दुम्मिय–कष्ट पहुँचाया गया
णीय – ले जाया गया

1. वाक्य रचना : कर्तृवाच्य –

पुत्र प्रसन्न हुआ – पुत्तो संतुट्ठो।
पुत्र प्रसन्न हुए – पुत्ता संतुट्ठा।

नागरिक प्रसन्न हुआ — णयरजणं संतुट्ठं
नागरिक प्रसन्न हुए — णयरजणाइं संतुट्ठाइं।
माता प्रसन्न हुई — माया संतुट्ठा।
माताएँ प्रसन्न हुई — मायाओ संतुट्ठाओ।
पुत्र घर गया — पुत्तो घरं गओ।
पोते घर गये — पोत्ता घरं गआ।
माता खेत पहुँची — माया खेत्तं पत्ता।
माताएँ खेत पहुँचीं — मायाओ खेत्तं पत्ताओ।
शत्रु मरा — सत्तू – मूओ।
शत्रू मरे — सत्तू,सत्तउ,सत्तओ,सत्तवो,सत्तुणो –मुआ।

इसी प्रकार अन्य अनियमित भूतकालिक कृदन्त का कर्तृवाच्य में प्रयोग किया जाता है।

2. वाक्य रचना :. भाववाच्य

पुत्र के द्वारा प्रसन्न हुआ गया – पुत्तेण – संतुट्ठं।
पुत्रों के द्वारा प्रसन्न हुआ गया – पुत्तेहिं –संतुट्ठं।
नागरिक के द्वारा प्रसन्न हुआ गया – णयरजणें – संतुट्ठं
नागरिकों के द्वारा प्रसन्न हुआ गया – णयरजणाहिं – संतुट्ठं।
माता के द्वारा प्रसन्न हुआ गया – मायाइ –संतुट्ठं।
माताओं के द्वारा प्रसन्न हुआ गया – मायाहिं – संतुट्ठं।
शत्रुओं के द्वारा मरा गया – सत्तूहिं – मुअं

इसी प्रकार अन्य अनियमित भूतकालिक कृदन्त का भाववाच्य में प्रयोग किया जाता है।

3. वाक्य रचना : कर्मवाच्य

राजा द्वारा सेनापति के लिए हाथी दिया गया — नरिंदेण सेणावइणो हत्थी दिण्णो।

मुनि द्वारा पिता के लिए आगम दिये गए	–	मुणिणा बप्पाय आगमा दिण्णा।
माता द्वारा पुत्री के लिए धन दिया गया	–	मायाइ पुत्तीए धणं दिण्णं।
माता द्वारा पुत्री के लिए वस्त्र दिये गए	–	मायाए पुत्तीए वत्थाइं दिण्णाइं।
राजा द्वारा सेनापति के लिए मणि दी गई	–	नरिंदेण सेणावइस्स मणी दिण्णा।
मालिक द्वारा नागरिक के लिए गायें दी गईं	–	सामिणा णयरजणाय धेणूओ दिण्णाओ।

3. विधिकृदन्त

हँसा जाना चाहिए, सोया जाना चाहिए, प्राप्त किया जाना चाहिए, रक्षा की जानी चाहिए आदि विधि एवं आज्ञा के भावों को व्यक्त करने के लिए विधिकृदन्त का प्रयोग किया जाता है। विधिकृदन्त का प्रयोग भाववाच्य और कर्मवाच्य में ही होता है, कर्तृवाच्य में नही होता। अकर्मक क्रिया से विधिकृदन्त का प्रयोग भाववाच्य में होता है तथा सकर्मक क्रिया से विधिकृदन्त का प्रयोग कर्मवाच्य में होता है;

क्रिया से विधिकृदन्त बनाने के लिए क्रिया में अव्व/यव्व, तव्व, दव्व, णीय और णिज्ज प्रत्यय लगाये जाते हैं। इनमें अव्व/यव्व, तव्व, दव्व प्रत्यय अकारान्त व आकारान्त दोनों प्रकार की क्रियाओं में लगते हैं तथा णीय एवं णिज्ज प्रत्यय अकारान्त क्रियाओं में ही लगते हैं। अव्व/यव्व, तव्व, दव्व प्रत्यय क्रिया में लगने पर अकारान्त क्रिया के अन्त्य 'अ' का इ और ए हो जाता है। जैसे –

अव्व/ यव्व	–	हसिअव्व, हसियव्व, पढिअव्व, ठाअव्व, ठायव्व, हसेअव्व, हसेयव्व, पढेअव्व।
तव्व	–	हसितव्व, हसेतव्व, पढितव्व, पढेतव्व, ठातव्व।

दव्व – हसिदव्व, हसेदव्व, पढिदव्व, पढेदव्व, ठादव्व।
णीय – हसणीय, पढणीय।
णिज्ज – हसणिज्ज, पढणिज्ज।

विधिकृदन्त का भाववाच्य में प्रयोग करने पर कर्ता में तृतीया विभक्ति होती है तथा कृदन्त के रूप सदैव नपुंसकलिंग ए.व.(कमल के समान) चलेंगे।

विधिकृदन्त का कर्मवाच्य में प्रयोग करने के लिए कर्ता में सदैव तृतीया विभक्ति रहती है तथा कर्म जो द्वितीया विभक्ति में रहता है वह प्रथमा में परिवर्तित हो जाता है। तत्पश्चात् विधिकृदन्त के रूप प्रथमा में परिवर्तित कर्म के लिंग व वचन के अनुसार चलते हैं। ये रूप पुल्लिग में 'देव' के समान, नपुंसकलिंग में 'कमल' के समान तथा स्त्रीलिंग में 'कहा' के अनुसार चलते हैं।

1. वाक्य रचना : (भाववाच्य)

मेरे द्वारा हँसा जाना चाहिए – ममं, ममए – हसिअव्वं, हसेअव्वं, हसितव्वं, हसेतव्वं, हसिदव्वं, हसेदव्वं, हसणीयं, हसणिज्ज।

हमारे द्वारा हँसा जाना चाहिए – अम्हेहि – हसिअव्वं, हसेअव्वं, हसितव्वं, हसेतव्वं, हसिदव्वं, हसेदव्वं, हसणीयं, हसणिज्ज।

तुम्हारे द्वारा हँसा जाना चाहिए – तुमइ – हसिअव्वं, हसेअव्वं, हसितव्वं, हसेतव्वं, हसिदव्वं, हसेदव्वं,हसणीयं, हसणिज्ज।

तुम सबके द्वारा हँसा जाना चाहिए– तुम्हेहिं – हसिअव्वं, हसेअव्वं, हसितव्वं, हसेतव्वं, हसिदव्वं, हसेदव्वं, हसणीयं, हसणिज्ज।

उसके द्वारा हँसा जाना चाहिए	–	तेणं – हसिअव्वं, हसेअव्वं, हसितव्वं, हसेतव्वं, हसिदव्वं, हसेदव्वं, हसणीयं, हसणिज्ज।
उन सबके द्वारा हँसा जाना चाहिए	–	तेहिं – हसिअव्वं, हसेअव्वं, हसितव्वं, हसेतव्वं, हसिदव्वं, हसेदव्वं, हसणीयं, हसणिज्ज।
पुत्र के द्वारा हँसा जाना चाहिए	–	पुत्तेणं – हसिअव्वं, हसेअव्वं, हसितव्वं, हसेतव्वं, हसिदव्वं, हसेदव्वं, हसणीयं, हसणिज्ज।
पुत्रों के द्वारा हँसा जाना चाहिए	–	पुत्तेहिं – हसिअव्वं, हसेअव्वं, हसितव्वं, हसेतव्वं, हसिदव्वं, हसेदव्वं, हसणीयं, हसणिज्ज।
माता के द्वारा हँसा जाना चाहिए	–	मायाए – हसिअव्वं, हसेअव्वं, हसितव्वं, हसेतव्वं, हसिदव्वं, हसेदव्वं, हसणीयं, हसणिज्ज।
माताओं के द्वारा हँसा जाना चाहिए	–	मायाहिं – हसिअव्वं, हसेअव्वं, हसितव्वं, हसेतव्वं, हसिदव्वं, हसेदव्वं, हसणीयं, हसणिज्ज।
मेरे द्वारा ठहरा जाना चाहिए	–	ममं, ममए – ठाअव्वं, ठायव्वं, ठातव्वं, ठादव्वं।
हमारे द्वारा ठहरा जाना चाहिए	–	अम्हाहि – ठाअव्वं, ठायव्वं, ठातव्वं, ठादव्वं।

2. वाक्य रचना (कर्मवाच्य)

मेरे द्वारा पुस्तक पढ़ी जानी चाहिए –	ममं, ममए– गंथो – पढिअव्वो, पढितव्वो, पढिदव्वो, पढणीयो, पढणिज्ज।
हम सबके द्वारा पुस्तकें पढ़ी जानी चाहिए –	अम्हेहिं –गंथा – पढिअव्वा, पढितव्वा, पढिदव्वा, पढणीया, पढणिज्ज।
तुम्हारे द्वारा मुझको देखा जाना चाहिए –	तुमइ – अहं –पेच्छिअव्वो, पेच्छितव्वो, पेच्छिदव्वो, पेच्छणीयो, पेच्छणिज्ज।
तुम सबके द्वारा हम सब देखे जाने चाहिए–	तुम्हेहिं –अम्हे–पेच्छिअव्वा, पेच्छितव्वा, पेच्छिदव्वा पेच्छणीया, पेच्छणिज्ज।
उसके द्वारा वह देखा जाना चाहिए –	तेणं– सो– पेच्छिअव्वो, पेच्छितव्वो, पेच्छिदव्वो, पेच्छणीयो, पेच्छणिज्ज।
उन सबके द्वारा वे सब देखे जाने चाहिए –	तेहिं– ते– देखिअव्वा, देखितव्वा, देखिदव्वा, देखणीया, देखणिज्ज।
माता के द्वारा कथा कही जानी चाहिए –	मायाए – कहा – कहिअव्वा, कहितव्वा कहणीया आदि।
माताओं के द्वारा कथाएँ कही जानी चाहिए –	मायाहिं – कहाओ – कहिअव्वाओ, कहितव्वाओ कहेअव्वाओ आदि।
पिता के द्वारा बालक बुलाया जाना चाहिए–	बप्पेणं–बालओ–कोकिअव्वो, कोकितव्वो, कोकिदव्वो आदि।

पिताओं के द्वारा बालक बुलाए जाने चाहिए –	बप्पेहिं – बालआ – कोकिअव्वा, कोकितव्वा, कोकिदव्वा, कोकणीया आदि।

4. वर्तमान कृदन्त

4. वर्तमान कृदन्त

प्राकृत में हँसता हुआ, सोता हुआ, नाचता हुआ आदि भावों को प्रकट करने के लिए वर्तमान कृदन्त का प्रयोग किया जाता है। कर्ता एक क्रिया को करता हुआ जब दूसरी क्रिया करता है तब प्रथम क्रिया में, जो करते हुए अर्थ से युक्त है वर्तमान कृदन्त का प्रयोग होता है। क्रिया में **न्त** और **माण** प्रत्यय लगाकर वर्तमान कृदन्त बनाये जाते हैं। ये वर्तमान कृदन्त विशेषण होते हैं। अतः इनके रूप भी कर्ता, कर्म आदि (विशेष्य) के अनुसार चलते हैं। विशेष्य कर्ता पुल्लिग, नपुंसकलिंग स्त्रीलिंग, एकवचन, बहुवचन तथा जिस भी विभक्ति मे होगा उस ही के अनुरूप वर्तमान कृदन्त के रूप चलेंगे। इन कृदन्तों के रूप पुल्लिग में **'देव'** के समान, नपुंसकलिंग में **'कमल'** के समान तथा स्त्रीलिंग में **'कहा'** के अनुरूप चलेंगे। कृदन्त में 'आ' प्रत्यय जोड़कर आकारान्त स्त्रीलिंग शब्द भी बनाया जा सकता है।

वर्तमान कृदन्त के प्रत्यय	**उदाहरण**
न्त / माण	**हसन्त/ हसमाण** **जग्गन्त/ जग्गमाण** **सयन्त/ सयमाण** **लुक्कन्त/लुक्कमाण** **जीवन्त/ जीवमाण** **णच्चन्त/ णच्चमाण**

वाक्य रचना –

मैं हँसता हुआ जीता हूँ	– अहं (पु. प्रथमा, ए.व.)– हसन्तो (पु.प्रथमा, ए.व.) जीवमि।
हम सब हँसते हुए जीते हैं	– अम्हे (पु.प्रथमा,ब.व.) –हसमाणा (पु.प्रथमा, ब.व.) जीवमो।
राजा हँसता हुआ उठता है	– नरिंदो (पु.प्र.ए.व.) हसमाणो (पु. प्रथमा,ए.व.) उट्ठदि।
राजा हँसते हुए उठें	– नरिंदा (पु., प्रथमा, ब.व.) हसन्ता (पु. प्रथमा, ब.व.) उट्ठन्ति।
कमल खिलता हुआ शोभता है	– कमलं (नपुं., प्रथमा, ए.व.) विअसन्तं (नपुं., प्रथमा, ए.व.) सोहदि।
कमल खिलते हुए शोभते हैं	– कमलाइँ (नपुं. प्रथमा, ब.व.) विअसन्ताइँ (नपुं.,प्रथमा, ब.व) सोहन्ति।
माता सोते हुए पुत्र को जगाती है	– माया सयन्तं (पु. द्वितीया, ए.व) पुत्तं (पु.द्वितीया, ए.व.) जग्गावइ।
क्रीड़ा करते हुए बालक के द्वारा वस्तुएँ नष्ट की गयीं	– कीलन्तेण (पु.तृतीया, ए.व.) बालएणं (पु., तृतीया, ए.व.) वत्थूणि नस्सिज्जीअ।
प्रवेश करते हुए बालक के लिए गीत गाया जाता है	– पइसन्तस्स (पु.,चतुर्थी, ए.व.) बालाय (पु. चतुर्थी, ए.व.) गाणं गाईअदि।
आते हुए मुझसे तुमको नहीं डरना चाहिए	– आगच्छत्तो (पु. पंचमी, ए.व.) मइत्तो (पु., पंचमी, ए.व.) तुमए ण डरिअव्वं।

क्या मैं जलती हुई आग में प्रवेश करूँ	–	किं अहं वलन्ते (पु. सप्तमी, ए.व.) हुआसणे (पु., सप्तमी, ए. व) पइसरमु।
पृथ्वी का पालन करते हुए, सगर के साठ हजार पुत्र हुए	–	पिहिमिइ पालन्तस्स (पु.षष्ठी, ए.व.) सायरस्स (पु.षष्ठी, ए.व) सट्ठिसहास पुत्ता हुआ।

5. सम्बन्धक भूत कृदन्त (पूर्वकालिक क्रिया)

कर्ता जब एक क्रिया समाप्त करके दूसरी क्रिया करता है तब पहले की गई क्रिया के जैसे हँसकर, सोकर, जागकर, पढकर, आदि भावों को प्रकट करने हेतु सम्बन्धक भूत कृदन्त का प्रयोग किया जाता है। इसमें पहले की गई क्रिया एवं बाद में की गई क्रिया इन दोनों का सम्बन्ध कर्ता से होता है। सम्बन्धक भूत कृदन्त का प्रयोग अव्यय के समान होता है। अव्यय के समान इनका भी वाक्य प्रयोग में लिंग, वचन व पुरुष के अनुसार रूप परिवर्तन नहीं होता। सम्बन्धक भूत कृदन्त के निम्न प्रत्यय हैं। इनमें अकारान्त क्रिया में ऊण, ऊणं, दूण, दूणं, अ, य, उं, त्ता, त्ताण, त्ताणं और त्तु प्रत्यय जोड़ने पर क्रिया के अन्त्य अ का इ और ए हो जाता है। याण/याणं प्रत्यय जोड़ने पर क्रिया के अन्त्य अ का इ हो जाता है। जैसे –

सम्बन्धक भूत कृदन्त के प्रत्यय		उदाहरण
ऊण / ऊणं	–	हसिऊण, हसिऊणं, हसेऊण, हसेऊणं।
दूण / दूणं	–	हसिदूण, हसिदूणं, हसेदूण, हसेदूणं
अ/ य	–	हसिअ, हसिय।
उं	–	हसिउं, हसेउं।
त्ता	–	हसित्ता, हसेत्ता।

त्ताण / त्ताणं	–	हसित्ताण, हसेत्ताण, हसित्ताणं, हसेत्ताणं।
आय / आए	–	हसाय, हसाए।
याण / याणं	–	हसियाण, हसियाणं।
त्तु	–	हसित्तु, हसेत्तु

वाक्य रचना – कर्तृवाच्य, भाववाच्य, कर्मवाच्य के साथ विभिन्न कालों में

मैं हँसकर जीता हूँ	–	अहं हसिऊण जीवमि।
वह हँसकर पानी पीता है	–	सो हसिदूण सलिलं पिबइ।
वे परमेश्वर की पूजा कर प्रसन्न होंगे	–	ते परमेसरं अच्चित्ता उल्लसिहिन्ति।
राजा शत्रु को मारकर प्रसन्न होता है	–	णरिंदो सत्तुं हणिय हरिसइ।
सेनापति राजा की रक्षा कर प्रसन्न होवे	–	सेणावई णरिदं रक्खिउं उल्लसउ।
पुत्रियाँ डरकर भागी	–	पुत्तीउ डरित्ताण पलाही।
माता पुत्र को सुलाकर सोती है	–	माया पुत्तं सयावेत्ताणं सयइ।
पुत्र माँ की सेवा कर प्रसन्न होता है	–	पुत्तो मायं सेवाय हरिसदि।
साँप बालक को डसकर मारता है	–	सप्पो बालअं डंकेउं मारइ।
विमान ठहरकर उडेगा	–	विमाणं ठाऊण उड्डिहिइ।
बालक गिरकर मूर्च्छित हुआ	–	बालओ पडियाणं मुच्छिओ।
मेरे द्वारा हँसकर जीया जाता है	–	ममए हसित्तु जीवीयदि।
उसके द्वारा थककर सोया जाएगा	–	तेणं थक्केत्ता सयिहिइ।
तुम्हारे द्वारा प्रसन्न होकर नाचा जाए	–	तुमए उल्लसेत्तु णच्चीयदु।
बालकों द्वारा डरकर रोया गया	–	बालएहिं डराए रुविअं।

ससुर के द्वारा थककर बैठा गया	–	ससुरेण थक्किय अच्छितं।
मामा के द्वारा झगडकर अफसोस किया जाता है	–	माउलेण जगडाय खिज्जीयइ।
बालक के द्वारा गिरकर रोया जाता है	–	बालएणं पडिउं रुवीयइ।
बालक के द्वारा छटपटाकर मूर्च्छित हुआ गया	–	बालएणं तडफडियाणं मुच्छिज्जीअ।
पुत्रियों द्वारा डरकर भागा गया	–	पुत्तिहिं डरेऊणं पलाइज्जसी।
माता द्वारा पुत्र को सुलाकर सोया जाता है	–	मायाइ पुत्तं सयाविऊण सयिज्जइ।
पुत्र द्वारा माँ की सेवा कर प्रसन्न हुआ जाता है	–	पुत्तेण मायं सेवेदूण हरिसीयइ।
पुत्र द्वारा प्रसन्न होकर माँ की सेवा की जाती है	–	पुत्तेण उल्लसित्ता माया सेवीयइ।

6. हेत्वर्थक कृदन्त –

प्रथम क्रिया के प्रयोजनार्थ जब दूसरी क्रिया की जाती है तब उस प्रथम क्रिया में जैसे हँसने के लिए, सोने के लिए, पढने के लिए आदि भावों को प्रकट करने हेतु हेत्वर्थक कृदन्त का प्रयोग किया जाता है। सम्बन्धक कृदन्त के समान इन प्रथम व द्वितीय दोनों क्रियाओं का सम्बन्ध कर्ता से होता है तथा हेत्वर्थक कृदन्त का प्रयोग अव्यय के समान होता है। अव्यय के समान इनका भी वाक्य प्रयोग में लिंग, वचन व पुरुष के अनुसार रूप परिवर्तन नहीं होता। हेत्वर्थक कृदन्त हेतु निम्न प्रत्यय हैं– अकारान्त क्रिया में हेत्वर्थक कृदन्त के निम्न **उं, दुं** और **त्तए** प्रत्यय क्रिया में लगाने पर क्रिया के अन्त्य अ का इ और ए हो जाता है। जैसे–

हेत्वर्थक कृदन्त के प्रत्यय	**उदाहरण**
उं	हसिउं, हसेउं।
दुं	हसिदुं, हसेदुं।
त्तए	हसित्तए, हसेत्तए।

वाक्य रचना –

मैं हँसने के लिए जीता हूँ	–	अहं हसिउं जीवमि।
वह जल पीने के लिए उठता है	–	सो सलिलं पीबेउं उट्ठदि।
वह प्रसन्न होने के लिए परमेश्वर की पूजा करेगा	–	सो उल्लसिदुं परमेसरं अच्चेसइ।
राजा शत्रु को मारने के लिए लड़ेगा	–	नरिंदो सत्तुं हणित्तए जुज्झिस्सइ।
सेनापति राजा की रक्षा करवाने के लिए प्रयास करेगा	–	सेणावई णरिंदं रक्खाविउं उज्जमिहिइ।
तुम्हारे द्वारा प्रसन्न होने के लिए नाचा जाए	–	तुब्भेहिं हरिसेदुं णच्चीयउ।
दादा के द्वारा सोने के लिए प्रयास किया गया	–	पिआमहेणं सयित्तए उज्जमिअं।
साँप बालक को मारने के लिए डसता है	–	सप्पो बालअं हणिदुं डंकेइ।
पुत्रियाँ खेलने के लिए खुश होएँगी	–	सुयाउ खेलेदुं उल्लसिहिन्ति।
माता द्वारा सोने के लिए पुत्र को सुलाया जाता है	–	मायाइ सयिदुं पुत्तो सयाविज्जइ।
पुत्र द्वारा प्रसन्न होने के लिए माँ की सेवा की गयी	–	पुत्तेण उल्लसिदुं माया सेवीअईअ।
तुम्हारे द्वारा प्रसन्न होने के लिए जीया जाना चाहिए	–	तुज्झेहिं हरिसित्तए जीविअव्वं।

पाठ–10

कारक

प्रथमा विभक्ति : कर्ता कारक

कर्तृवाच्य के कर्ता में प्रथमा विभक्ति होती है।

कर्मवाच्य के कर्म में प्रथमा विभक्ति होती है।

वाक्य में जब एक से अधिक कर्ता संज्ञाएँ हों तो क्रिया बहुवचन की होगी।

जब अनेक संज्ञाएँ एक साथ मिलकर एक विचार को प्रकट करती हैं तो क्रिया एकवचन की होगी।

वाक्य में जब एक कर्ता दूसरे कर्ता से अथवा से जुड़ा हो तो क्रिया एकवचन की होगी।

कर्ता जब भिन्न–भिन्न वचनों में हो तो क्रिया निकटतम कर्ता के अनुसार लगेगी।

जब कर्ता उत्तम, मध्यम तथा अन्य पुरुष में हो तो क्रिया उत्तम पुरुष बहुवचन की लगेगी।

कर्ता जब मध्यम तथा अन्य पुरुष में हो तो क्रिया मध्यम पुरुष बहुवचन की होगी।

जब भिन्न भिन्न पुरुषों के दो या दो से अधिक कर्ता अथवा से जुड़े हों तो क्रिया का पुरुष और वचन निकटतम कर्ता के अनुसार होगा।

द्वितीया विभक्ति : कर्म कारक

कर्तृवाच्य के कर्म में द्वितीया विभक्ति का प्रयोग होता है।

द्विकर्मक क्रियाओं के योग में मुख्य कर्म में द्वितीया विभक्ति होती है तथा गौण कर्म में करण, अपादान, अधिकरण, सम्प्रदान, सम्बन्ध आदि विभक्तियों के होने पर भी द्वितीया विभक्ति होती है।

सभी गत्यार्थक क्रियाओं के योग में द्वितीया विभक्ति होती है।

आर्ष प्राकृत में कभी कभी प्रथमा विभक्ति के स्थान पर द्वितीया विभक्ति का प्रयोग पाया जाता है।

सप्तमी विभक्ति के स्थान पर कभी कभी द्वितीया विभक्ति होती है।

वस क्रिया के पूर्व उव, अनु, अहि और आ में से कोई भी उपसर्ग हो तो क्रिया के आधार में द्वितीया विभक्ति होती है अन्यथा कारक के अनुरूप विभक्ति का प्रयोग होता है।

उभओ (दोनों ओर) सव्वओ (सब ओर) धि (धिक्कार) समया (समीप) के साथ द्वितीया विभक्ति होती है।

अन्तरेण (बिना), विणा (बिना) और अन्तरा (बीच में, मध्य में) के योग में द्वितीया विभक्ति होती है।

पडि (की ओर, की तरफ) के योग में द्वितीया विभक्ति होती है।

समय एवं मार्गवाची शब्दों में द्वितीया विभक्ति होती है।

दूर (नपुं.) व अंतिय (समीप) (नपुं.) तथा इनके समानार्थक शब्द द्वितीया विभक्ति में रखे जाते हैं।

कभी कभी संज्ञा शब्द की द्वितीया विभक्ति का एकवचन क्रियाविशेषण के रूप में प्रयुक्त होता है।

तृतीया विभक्ति : करण कारक

कर्ता के लिए अपने कार्य की सिद्धि में जो अत्यन्त सहायक होता है वह करण कारक कहा जाता है। करण कारक में तृतीया विभक्ति होती है।

भाववाच्य व कर्मवाच्य में तृतीया विभक्ति होती है।

कारण व्यक्त करनेवाले शब्दों में तृतीया विभक्ति होती है।

फल प्राप्त या कार्य सिद्ध होने पर कालवाचक और मार्गवाचक शब्दों में तृतीया विभक्ति होती है।

सह, सद्धिं, समं (साथ) अर्थवाले शब्दों के योग में तृतीया विभक्ति होती है।

विणा शब्द के साथ तृतीया विभक्ति होती है।

तुल्य (समान, बराबर) का अर्थ बतानेवाले शब्दों के साथ तृतीया विभक्ति होती है। (षष्ठी विभक्ति भी होती है)

शरीर के विकृत अंग को बताने के लिए तृतीया विभक्ति होती है।

क्रिया विशेषण शब्दों में तृतीया विभक्ति होती है।

कभी कभी सप्तमी विभक्ति के स्थान पर तृतीया विभक्ति का प्रयोग होता है।

प्रयोजन प्रकट करनेवाले शब्दों के योग में तृतीया विभक्ति होती है।

चतुर्थी विभक्ति : सम्प्रदान कारक

दान आदि कार्य या कोई क्रिया जिसके लिए की जाती है उसे सम्प्रदान कहते हैं। सम्प्रदान में चतुर्थी विभक्ति होती है।

जिस प्रयोजन के लिए जो वस्तु या क्रिया होती है उसमें चतुर्थी विभक्ति होती है।

रोअ (अच्छा लगना) अर्थ की धातुओं के साथ चतुर्थी विभक्ति होती है।

कुज्झ (क्रोध करना) दोह (द्रोह करना) ईस (ईर्ष्या करना) असूय (घृणा करना) क्रिया के योग में तथा इसके समानार्थक क्रिया के योग में चतुर्थी विभक्ति होती है।

णमो (नमस्कार) क्रिया के योग में चतुर्थी विभक्ति होती है।

कह (कहना) अर्थ की क्रियाओं के योग में चतुर्थी विभक्ति होती है।

अलं (पर्याप्त के अर्थ में) चतुर्थी विभक्ति होती है।

सिह (चाहना) क्रिया के योग में चतुर्थी होती है।

चतुर्थी के अर्थ में अत्थं (अव्यय) का प्रयोग भी होता है।

पंचमी विभक्ति : अपादान कारक

जिससे कोई वस्तु आदि अलग हो उसे अपादान कहते हैं। अपादान में पंचमी विभक्ति होती है।

गुणवाचक पुल्लिग, नपुंसकलिंग संज्ञा शब्द जो किसी क्रिया या घटना का कारण बताता है उसमें तृतीया या पंचमी विभक्ति होती है। किन्तु यदि वह शब्द गुणवाचक न हो तो वह तृतीया में ही रखा जाएगा तथा स्त्रीलिंग शब्द में तृतीया विभक्ति ही होगी।

भय अर्थवाली धातुओं के साथ भय के कारण में पंचमी विभक्ति होती है।

जिससे छिपना चाहता है उसमें पंचमी विभक्ति होती है।

जिस वस्तु से किसी को हटाया जाए उसमें पंचमी विभक्ति होती है।

जिससे विद्या पढी जाए उसमें पंचमी विभक्ति होती है।

दुगुच्छ (घृणा) विरम (हटना) पमाय (भूल, असावधानी) तथा इनके समानार्थक शब्दों व धातुओं के साथ पंचमी विभक्ति होती है।

उपज्ज, पभव (उत्पन्न होना) क्रिया के योग में पंचमी विभक्ति होती है।

जिससे किसी वस्तु की तुलना की जाए उसमें पंचमी विभक्ति होती है।

विणा के योग में पंचमी विभक्ति होती है।

षष्ठी विभक्ति : सम्बन्ध कारक

सम्बन्ध का बोध कराने के लिए षष्ठी विभक्ति का प्रयोग होता है।

हेउ (प्रयोजन या कारण अर्थ में) शब्द के साथ षष्ठी विभक्ति होती है।

एक समुदाय में से जब एक वस्तु विशिष्टता के आधार से छाँटी जाती है तब जिसमें से छाँटी जाती है उसमें षष्ठी व सप्तमी विभक्ति होती है।

आशीर्वाद देने की इच्छा होने पर आउस, भद्द, कुसल, सुख, हित तथा इनके पर्यायवाची शब्दों के साथ चतुर्थी या षष्ठी विभक्ति होती है।

द्वितीया व तृतीया आदि विभक्ति के स्थान पर कभी–कभी षष्ठी विभक्ति होती है।

स्मरण करना, दया करना अर्थवाली क्रिया के साथ कर्म में षष्ठी विभक्ति का प्रयोग होता है।

सप्तमी विभक्ति : अधिकरण कारक

किसी क्रिया या कर्म के आधार को अधिकरण कहते हैं। जहाँ पर या जिसमें कोई कार्य किया जाता है उस आधार या अधिकरण में सप्तमी विभक्ति होती है।

जब एक कार्य के हो जाने पर दूसरा कार्य होता है तब हो चुके कार्य में सप्तमी विभक्ति का प्रयोग होता है। हो चुके कार्य के वाक्य में

अकर्मक क्रिया का प्रयोग होने पर वाक्य कर्तृवाच्य में होगा और सकर्मक क्रिया का प्रयोग होने पर वाक्य कर्मवाच्य में होगा। कर्तृवाच्य में कर्ता और कृदन्त में सप्तमी विभक्ति होती है तथा कर्मवाच्य में कर्ता में तृतीया और कर्म व कृदन्त में सप्तमी विभक्ति होती है।

द्वितीया और तृतीया विभक्ति के स्थान में कभी–कभी सप्तमी विभक्ति का भी प्रयोग होता है।

पंचमी के स्थान पर कभी कभी सप्तमी विभक्ति का प्रयोग होता है।

फैंकने के अर्थ की क्रियाओं के साथ सप्तमी विभक्ति होती है।

वाक्य रचना –

1. प्रथमा विभक्ति : कर्ता कारक

बालओ (1/1) हसइ (कर्तृवाच्य)	– बालक हँसता है।
पुत्ती (1/1) कुल्लइ (कर्तृवाच्य)	– पुत्री कूदती है।
तुम्हे (1/2) जग्गह (कर्तृवाच्य)	– तुम सब जागो।
सो (1/1) हसउ (कर्तृवाच्य)	– वह हँसे।
तुमं (1/1) झाअसि (कर्तृवाच्य)	– तुम ध्यान करते हो।
महिलाहिं गीआइं (1/2) गाइज्जन्ति (कर्मवाच्य)	– महिलाओं के द्वारा गीत गाए जाते हैं।
बालएण गंथो (1/1) पढिज्जउ (कर्मवाच्य)	– बालक के द्वारा ग्रन्थ पढ़ा जाए।
मायाइ कहा (1/1) सुणिज्जइ (कर्मवाच्य)	– माता के द्वारा कथा सुनी जाती है।
रामो हरी य चिट्ठन्ति (एक से अधिक कर्ता)	– राम और हरि बैठते हैं।

कोहो माणो माया लोहो संति णासेइ (अनेक संज्ञाएँ)	– क्रोध, मान, माया और लोभ शांति को नष्ट करते हैं।
राया मंती **वा** वियारइ (कर्ता अथवा से जुडा है)	– राजा अथवा मंत्री विचार करता है।
ससा वा भाई वा **बालआ आगच्छन्ति** (निकटतम कर्ता के अनुसार)	– बहिन अथवा भाई अथवा बालक आते हैं।
सो, तुमं अहं च **उट्ठमो** (कर्ता अ.म. उ.पु)	– वह, तुम और मैं उठते हैं।
सो, तुमं च उट्ठह (कर्ता म. तथा अ. पु)	– वह और तुम उठते हो।
सो, **अम्हे** वा कज्जं **करमो** (निकटतम पद)	– वह अथवा हम कार्य करते हैं।
अम्हे **सो** वा कज्जं **करइ** (निकटतम पद)	– हम अथवा वह कार्य करता है।

2. द्वितीया विभक्ति : कर्म कारक

अहं गंथं (2/1) पढमि	– मैं पुस्तक पढ़ता हूँ।
मायाउ पुत्तिउ (2/2) पालन्तु	– माताएँ पुत्रियों को पालें।
सो अग्गिं धण्णं पचइ **(करण)**	– वह अग्नि से धान पकाता है।
सो गाविं (2/1) दुद्धं (2/1) दुहइ **(अपादान)**	– वह गाय से दूध दुहता है।
सो नरिंदं (2/1) धणं (2/1) मग्गइ **(अपादान)**	– वह राजा से धन मांगता है।
सो रुक्खं (2/1) फलाणि (2/2) चुणइ **(सम्बन्ध)**	– वह वृक्ष के फलों को इकट्ठा करता है।

सो रत्तिं विज्जु पयासं सुमरइ **(अधिकरण)**	–	वह रात्रि में विद्युत प्रकाश को याद करता है।
गुरु सिस्सं धम्मं उवदिसइ **(सम्प्रदान)**	–	गुरु शिष्य के लिए धर्म का उपदेश देता है।
सो घरं (2/1) गच्छइ **(गत्यर्थक)**	–	वह घर जाता है।
चउवीसं पि जिणवरा (प्रथमा के स्थान पर)	–	चौबीसों ही जिनवर (तीर्थंकर)
सूरपयासो दिणं (2/1) पसरइ (सप्तमी अर्थ)	–	सूर्य का प्रकाश दिन में फैलता है।
हरि सग्गं (2/1) उववसइ, अनुवसइ, अहिवसइ	–	हरि स्वर्ग में रहता है।
परिजणो रायं (2/1) उभओ, सव्वओ चिट्ठइ	–	परिजन राजा के दोनों ओर, सब ओर बैठता है।
धि दुज्जणं (2/1)	–	दुर्जन को धिक्कार।
मायं (2/1) विणा सिक्खा ण होदि	–	माता के बिना शिक्षा नहीं होती।
जलं (2/1) विणा णरो ण जीवइ	–	जल के बिना मनुष्य नहीं जीता।
णाणं (2/1) अन्तरेण ण सुहं	–	ज्ञान के बिना सुख नहीं है।
गंगं (2/1) जउणं (2/1) य अन्तरा पयागो अत्थि	–	गंगा और यमुना के बीच में प्रयाग है।
मायं (2/1)पडि तुमं सनेहं करसि, करसे	–	माया के प्रति तुम स्नेह करते हो।

सो पंच दिणाणि (2/2) खेत्तं सिंचीअ, सिचिंसु	–	वह पाँच दिन तक खेत सींचता रहा।
सो कोसं (2/1) चलइ	–	वह कोस भर चलता है।
गामत्तो दूरं (2/1) णइं अत्थि	–	गाँव से दूर नदी है।
सरिआए अंतियं (2/1) जई वसइ	–	नदी के समीप यति बसता है।
सो सुहं विहरइ (क्रियाविशेषण के रूप में)	–	वह सुखपूर्वक रमण करता है।

3. तृतीया विभक्ति : करण कारक

महिला सलिलेण (3/1)वत्थाइं धोवइ	–	महिला पानी से वस्त्र धोती है।
रामो बाणेण (3/1) रावणं मारइ	–	राम बाण से रावण को मारता है।
पुत्तो जलेण (3/1) वत्थं पच्छालइ	–	पुत्र जल से वस्त्र धोता है।
माउलें (3/1) हसिज्जइ (भाववाच्य)	–	मामा के द्वारा हँसा जाता है।
माउसीए (3/1) कहा सुणिज्जइ (कर्मवाच्य)	–	मौसी के द्वारा कथा सुनी जाती है।
सो अवराहेण (3/1) लुक्कइ	–	वह अपराध के कारण छिपता है।
विज्जाइ (3/1) पइट्ठा होदि	–	विद्या के कारण प्रतिष्ठा होती है।
सो दसहि (3/2) दिणेहि (3/2) गंथं पढीअ	–	उसने दस दिनों में ग्रन्थ पढ़ा।

एकेण कोसेण (3/1) कज्जं होहीअ	– एक कोस पर कार्य हुआ।
सो मित्तेण (3/1)सह, समं गच्छइ	– वह मित्र के साथ जाता है।
जलेण (3/1) विणा णरो ण जीवइ	– जल के बिना मनुष्य नहीं जीता है।
सो देवेण (3/1) तुल्लो अत्थि	– वह देव के समान है।
सो कण्णेणं (3/1) बहिरो अत्थि	– वह कान से बहरा है।
नरिंदो सुहेण (3/1) जीवइ	– राजा सुख पूर्वक जीता है।
तेणं (3/1) कालेणं (3/1) (सप्तमी के स्थान पर)	– उस समय में
मूढेण (3/1) मित्तेण (3/1) किं	– मूर्ख मित्र से क्या लाभ है?
को अत्थो तेण (3/1) पुत्तेण(3/1) जो ण विउसो ण धम्मिओ	– उस पुत्र से क्या प्रयोजन जो न विद्वान है न धार्मिक।

4. चतुर्थी विभक्ति : सम्प्रदान कारक

राओ णिद्धणाय (4/1) धणं देइ	– राजा निर्धन के लिए धन देता है।
सो धणस्स (4/1) चेट्ठइ	– वह धन के लिए प्रयत्न करता है।
बालअस्स (4/1) पुप्फाणि रोअन्ति	– बालक को फूल अच्छे लगते हैं।
लक्खणो रावणाय (4/1) कुज्झइ	– लक्ष्मण रावण पर क्रोध करता है।

महिला हिंसाए (4/1) असूसइ	–	महिला हिंसा से घृणा करती है।
दुट्ठो मणुसो सज्जणाय (4/1)दोहइ	–	दुष्ट मनुष्य सज्जन से द्रोह करता है।
णमो अरिहंताणं (4/2)	–	अरिहंतों को नमस्कार।
अहं तुज्झ (4/1) कहं कहमि	–	मैं तुम्हारे लिए कथा कहता हूँ।
झाणो मोक्खाय (4/1) अलं अत्थि	–	ध्यान मोक्ष के लिए पर्याप्त है।
सो जसाय (4/1) सिहइ	–	वह यश को चाहता है।
सो णाणत्थं चेट्ठइ (अव्यय)	–	वह ज्ञान के लिए प्रयत्न करता है।

5. पंचमी विभक्ति : अपादान कारक

रुक्खत्तो (5/1) फलं पडइ	–	वृक्ष से फल गिरता है।
सो मुक्खत्तो/मुक्खाओ (5/1) ण सोहइ (गुणवाचक पुल्लिंग)	–	वह मूर्खता के कारण नहीं शोभता है।
बालओ सप्पत्तो (5/1) बीहइ	–	बालक सर्प से डरता है।
सो गुरुत्तो (5/1) लुक्कइ	–	वह गुरु से छिपता है।
गुरु सिस्सं पावाओ (5/1) रोक्कइ	–	गुरु शिष्य को पाप से रोकता है।
सो गुरुत्तो (5/1) गंथं पढइ	–	वह गुरु से ग्रन्थ पढ़ता हैं।
सज्जणो पावत्तो (5/1) दुगुच्छइ	–	सज्जन पाप से घृणा करता है।

मुक्खो अज्झयणत्तो (5/1) विरमइ	–	मूर्ख अध्ययन से हटता है।
तुमं सज्झायत्तो (5/1) पमायसि	–	तुम स्वाध्याय से प्रमाद करते हो।
खेत्तत्तो (5/1) धन्नं उपज्जइ	–	खेत से धान उत्पन्न होता है।
लोभत्तो (5/1) कोहो पभवइ	–	लोभ से क्रोध उत्पन्न होता है।
धणत्तो (5/1) णाणं गुरुतरं अत्थि	–	धन से ज्ञान बड़ा है।
रामत्तो (5/1) विणा सीया ण सोहइ	–	राम के बिना सीता नहीं शोभती।

6. षष्ठी विभक्ति : सम्बन्ध कारक

मायाहे (6/1) पुत्तो	–	माता का पुत्र।
सो अन्नस्स हेउस्स (6/1)गामे वसइ	–	वह अन्न के प्रयोजन से गाँव में रहता है।
पुप्फेसु (6/2) कमलं अईव सोहइ	–	फूलों में कमलका फूल अत्यन्त शोभता है।
सो मायाए (6/1) सुमरइ	–	वह माता का स्मरण करता है।
रामस्स (6/1) आउसं,	–	राम चिरंजीवी हो।
रामस्स (6/1) भद्दं, कुसलं, हितं, सुखं	–	राम का कल्याण हो, कुशल हो, हित हो, सुख हो।
अहं सीमंधरस्स (6/1) वन्दामि (द्वितीया के स्थान पर)	–	मैं सीमन्धर की वन्दना करता हूँ।

धणस्स (6/1)सो लद्धो (तृतीया के स्थान पर)	–	धन से वह प्राप्त किया गया।
सो बालअस्स (6/1) दयइ	–	वह बालक पर दया करता है।
सो मायाए (6/1) सुमरइ	–	वह माता का स्मरण करता है।

7. सप्तमी विभक्ति : अधिकरण कारक

सो आसणे (7/1) चिट्ठइ	–	वह आसन पर बैठता है।
सो थालीए (7/1) ओदणं पचइ	–	वह हाँडी में भात पकाता है।
सूरे (7/1) उग्गिए (7/1) कमलं विअसइ (कर्तृवाच्य)	–	सूर्य के उगने पर कमल खिलता है।
तुमए (3/1) भोयणे (7/1) खाए (भूकृ 7/1) सो हरिसइ (कर्मवाच्य)	–	तुम्हारे द्वारा भोजन खा लेने पर वह प्रसन्न होता है।
तेण गंथे (7/1) पढिए (7/1) तुमं गाअसि (कर्तृवाच्य)	–	उसके ग्रन्थ पढ़ लेने पर तुम गाते हो।
अहं नयरे (7/1) न जामि (द्वितीया के अर्थ में)	–	मैं नगर नहीं जाता हूँ।
तेसु तीसु (7/2) पुहइ अंलकिया (तृतीया के स्थान पर)	–	उन तीनों के द्वारा पृथ्वी अलंकृत हुई।
अन्तेउरे (7/1) रमिउं राया आगओ (पंचमी के स्थान पर)	–	अन्तःपुर से रमण करके राजा आ गया।
सो बालं सायरे (7/1) खिवइ	–	वह बालक को समुद्र में फैंकता है।

पाठ–11

अव्यय

(क) स्थानवाची अव्यय

यहाँ – एत्थ, एत्थं इह

वहाँ – तत्थ

कहाँ – कत्थ, कहिं

जहाँ – जत्थ

यहाँ से – इओ

कहाँ से – कओ

सब ओर से – सव्वओ

चारों ओर से – अभितो, अभिदो

सब जगह में – सव्वत्थ

दूसरी जगह में – अण्णत्त

कहीं पर– कत्थइ

ऊपर – उवरि, उवरिं, अवरि, अवरिं, उप्पिं

नीचे – अह, अहे अहत्ता

आगे – पुरओ, अग्गओ

बाहर–बहिया,बहि,बहिं, बहित्ता

दूर – दूरं

भीतर – अन्तो

पास – समया

पीछे की ओर – पच्छा

(ख) कालवाची अव्यय

जब – जइया, जं

कब – कइया, काहे

तब – तइया, ता

जब तक – जाव

अभी, इस समय–अहुणा, इयाणिं, इयाणि

उस समय – तंयाणि, तयाणिं

फिर – पुणो

तब तक – ताव

कल – कल्लिं

एक समय में–एक्कसि,एगया, एक्कसिअं

आगामी कल – सुवे

प्रातः काल, प्रभात–पगे, पायं
संध्या समय– सायं
रात में –णत्तं, दोसा
पूर्व में, पहले– पुरं,पुव्वि,पुव्विं
बाद में –पच्छा, अणंतर
दीर्घ काल तक – चिरं

आज – अज्ज, अज्जं
प्रति दिन – पइदिणं
दिन में – दिवा
शीघ्र – लहुं, एक्कसरियं, सज्ज, सज्जं, झत्ति, झडत्ति
कभी नहीं – कयावि न
सदा, नित्य – णिच्चं

(ग) प्रकारवाची अव्यय

इस प्रकार – इत्थं, एवं
जिस प्रकार– जहा, जह,जहेव
भली प्रकार – सम्मं
बहुत प्रकार से – बहुसो
अन्यथा – अण्णहा
प्रायः – बहुहा

उस प्रकार – तहा, तह
उसी प्रकार – तहेव
किस प्रकार – कहं, कह
धीरे–धीरे – सणिअं
जैसे – तैसे – जह, तहा

(घ) समुच्चय बोधक अव्यय

दो या अधिक शब्दों या वाक्यों को जोडने वाले अव्यय समुच्चयबोधक अव्यय कहे जाते हैं। जैसे –

य – और
जाव – जब तक
किन्तु, परं – लेकिन
तहवि – फिर भी
जेण – चूँकि
किण्णा – कैसे

वा – अथवा
ताव – तब तक
जइ – यदि
तेण – इसलिए
किं – क्या
आम, आमं – हाँ

(ङ) मनोविकार सूचक अव्यय

हर्ष, खेद, दया शोक, क्रोध आदि विभिन्न भावों की सूचना देने वाले अव्यय मनोविकार सूचक अव्यय कहे जाते हैं। जैसे –

हा, हंदि – खेद, विषाद
हा हा – शोक
अरे, अम्मो, खु–आश्चर्य,विस्मय
धि – धिक्कार
आ – खेद, दुख, क्रोध

(च) अतिरिक्त अव्यय

अवसं, णूणं, ख़लु– अवश्य, निश्चय, निश्चयपूर्वक
ईसीं, ईसिं,ईसि, मणयं, किंचि – थोड़ा
अहवा – अथवा
उत्तरओ – उत्तर से
पुह, पिहं – अलग
अलं – बस, पर्याप्त
सयं – स्वयं
अओ – इसलिए, इस कारण से
सह, सद्धिं, समं, समयं– साथ
समया – समीप
मुहा – व्यर्थ
किण्णं, किणो– क्यों
विणा – बिना
णवरं, णवर – केवल
णवरि – बाद में
सहसा, सहसत्ति – एकदम
एव – ही
तं जहा – उदाहरणार्थ
जं – क्योंकि
णो, ण, णवि – नहीं
तओ,ततो,तत्तो–इसके पश्चात्
तए – तत्पश्चात्
परोप्परं, परुप्परं –परस्पर में, आपस में
अतीव – बहुत
सया – सदा
पुण – पुण, मुहु, मुहुं– बार बार
एयहुत्तं – एक बार
सुहं – सुखपूर्वक
दुहं – दुःखपूर्वक
णेहेण – स्नेहपूर्वक
सव्वायरेण – पूर्ण आदरपूर्वक

(क) वाक्य रचना – स्थानवाची अव्यय

मैं यहाँ रहता हूँ – अहं **एत्थ** वसमि।

तुम वहाँ रहो – तुमं **तत्थ** वसहि।

परमेश्वर सब जगह में है – परमेसरो **सव्वत्थ** अत्थि।

वह दूसरी जगह गया – सो **अण्णत्तो** गओ।

यहाँ मनुष्य के द्वारा क्रोध नहीं किया जाना चाहिए – **इह** नरेण कोहो न करिअव्वो।

तुम कहाँ से मेरे लिए फलों को प्राप्त करोगे – तुमं **कओ** मज्झ फलाणि लहिहिसि।

विमान यहाँ से उडेगा – विमाणं **इओ** उड्डिहिइ।

वह कहाँ रहता है? – सो **कत्थ** वसइ ?

मैं जहाँ रहता हूँ वहाँ वह भी रहता है – अम्मि **जत्थ** वसमि **तत्थ** सो वि वसइ।

कहीं पर मेघ गरजते हैं – **कत्थइ** मेहा गज्जन्ति।

जब तक तुम पढ़ोगे तब तक मैं तुमको पालूँगा – **जाव** तुमं पढिहिसि **ताव** अहं तुमं पालिहिमि।

शत्रुओं के द्वारा वह सब ओर से रोक लिया गया – सत्तूहिं सो **सव्वओ** पडिरुद्धो।

यह पक्षी ऊपर उडता है – एसो पक्खी **उवरि** उड्डइ।

पत्थर नीचे देखे गये – पत्थरा **अहे** देक्खिआ।

तुम रथ के पीछे जाओ – तुमं रहस्स **पच्छा** गच्छहि।

वह रथ के आगे चलेगा – सो रहस्स **अग्गओ** चालिहिइ।

बालक दौडता हुआ घर से बाहर गया – बालओ धावन्तो घराओ **बहिया** गओ।

वह दौडता हुआ मेरे पास आता है – सो धावन्तो ममं **समया** आवइ।

उसका घर गाँव से दूर है – तस्स घरो गामाओ **दूरं** अत्थि।

तुम भीतर क्यो गये? – तुमं **अन्तो** किं गओ ?

बालक ऊपर कक्षा में जाता है – बालओ **उप्पिं** कक्खाए गच्छइ।

नागरिकों के द्वारा कुत्ते चारों ओर बाँध दिये गये – णयरजणेहिं कुक्कुरा **अभितो** बंधिआ

(ख) वाक्य रचना – कालवाची अव्यय

जब वह विद्यालय जाये तब तुम उसको यह पुस्तक दे देना – **जइया** सो विज्जालयं गच्छउ, **तइया** तुमं तस्स एअं गंथं देहि।

जब तुम घर पहुँचे उस समय मैं घर पर नहीं था – **जाव** तुमं घरं पत्तो **तयाणि** अहं घरे न आसि।

तुम घर पर कब जाओगे – तुमं घरं **काहे** गच्छिहिसि ?

इस समय तुम घर पर ही ठहरो – इयाणिं तुमं गिहे एव चिट्ठ।

तुम कल कहाँ गये थे – तुमं **कल्लिं** कत्थ गच्छीअ।

एक समय वे फिर चारों मिल गये – **एगया** ते पुणो चउरा मिलिआ।

मैं प्रातःकाल बगीचे में भ्रमण करता हूँ – अहं **पगे** उज्जाणे भमामि।

तुम आज उसका उपकार करो – तुमं **अज्ज** तं उवयरहि।

संध्या समय द्वार मत खोलो, कीडे अन्दर आ जायेंगे – **सायं** दारं मा उग्घाडहि, कीडगा अन्तरा आगमिस्सन्ति।

प्रतिदिन तुम्हारे द्वारा फल खाये जाने चाहिए – पइदिणं तइ फलाइं खाअव्वाइं।

रात के समय वह प्रभु का स्मरण करता है – णत्तं सो पहुं सुमरइ।

बालक रात में शीघ्र सोने के लिए गया – बालओ **दोसा लहुं** सयिउं गओ।

दिन में सूर्य का प्रकाश तेज होता है – **दिवा** सूर पयासो तिव्वो भवइ।

चोर दीर्घकाल तक दुःखों को पायेंगे – चोरा **चिरं** दुक्खाणि पाविस्सन्ति।

पहले तुम भोजन करो बाद में सोना – **पुव्वि** तुमं भोयणं करहि **पच्छा** सयहि।

हिंसावादी कभी भी मत बनो – हिंसावाई **कयावि** न भव।

पहले तुम जाओ बाद में मैं जाऊँगा – **पुव्विं** तुमं गच्छहि **अणंतरं** अहं गच्छिस्सामि।

सदा सत्य बोलो – **णिच्चं** सच्चं वदहि।

(ग) वाक्य रचना : प्रकारवाची अव्यय

तुम इस प्रकार कार्य करो – तुमं **इत्थं** कज्जं करहि।

जिस प्रकार वह सुख चाहता है, उसी प्रकार मैं भी सुख चाहता हूँ – **जह** सो सुहं इच्छइ **तहेव** अहं वि सुहं इच्छमि।

जिस प्रकार माता पुत्र को पालती है उसी प्रकार राजा राज्य को पालता है – **जहेव** माया पुत्तं पालइ **तहेव** नरिंदो रज्जं पालइ।

हे पुत्र ! धीरे चलो, अन्यथा गिर जाओगे – हे पुत्त **सणियं** चल **अण्णहा** पडिहिसि।

वह जैसे तैसे घर गया – सो **जह – तहा** घरं गओ।

मुनि भली प्रकार से ध्यान करते हैं – मुणि **सम्मं** झाअन्ति।

कार्य करने से पहले तुम किस प्रकार चिन्तन करते हो? – कज्ज करणेण **पुव्विं** तुमं कहं चिंतसि।

हम बहुत प्रकार से अपने प्रियजन को बधाई देते हैं – वयं **बहुसो** अप्पपियजणं वद्धावमो।

प्रायः बालक माता की तरफ स्नेह करता है – **बहुहा** बालओ मायं **पडि** सणेहं करइ।

(घ) वाक्य रचना – समुच्चयबोधक अव्यय

माता और पुत्री बैठती हैं – माया पुत्ती **य** चिट्ठन्ति।

राजा और मंत्री विचार करते हैं – राया मंती **वा** वियारइ।

मेरे द्वारा वह पढ़ाया गया लेकिन वह नहीं पढ़ा –मइ सो पढाविओ **किन्तु** सो ण पढिओ।

यदि तुम कहते हो तो मैं गाँव जाऊँगा – **जइ** तुमं कहसि ता अहं गामं गच्छिहिमि।

जब तक तुम सोवोगे तब तक मैं जागूँगा – **जाव** तुमं सयिहिसि **ताव** अहं जग्गिहिमि।

बालक कहता है – हाँ मैं खेलूँगा – बालओ कहइ – **आम** अहं खेलिहिमि।

तुम्हारे द्वारा क्या प्राप्त किया जाता है – तुमए **किं** लब्भइ ?

तुम्हारे द्वारा ग्रन्थ कैसे प्राप्त किये गये – तुमए गंथा **किण्णा** लद्धा।

चूंकि यहाँ भवरों की आवाज सुनी जाती है, इसलिए यह कमलवन जाना जाता है – **जेण** अत्थ भमर रुअं सुणिज्जइ **तेण** णं – कमलवणं जाणिज्जइ।

यदि कौआ कमल समूह में रहता है, फिर भी बेचारा कौवा कौवा ही है – जइ काओ पंकयवणम्मि वसइ **तहवि** काओ, काओ च्चिअ वराओ।

(ङ) वाक्य रचना : मनोविकार सूचक अव्यय

दुर्जन को धिक्कार – **धि** दुज्जणं।

खेद है कि महिला महिला से ईर्ष्या करती है – **हा** महिला महिलाइ ईसइ।

विस्मय है कि दुष्ट मनुष्य सज्जन से भी द्रोह करता है – **अरे** दुट्ठो मणुसो सज्जणस्स वि दोहइ।

खेद है कि उसका आचरण पशु के समान है – **आ** तस्स आयारो पसु सरिसो अत्थि।

च. वाक्य रचना : अतिरिक्त अव्यय

इन फलों को अलग करो – इमाणि फलाणि **पिहं** करहि।

थोडा थोडा धर्म करो जिससे परलोक सफल हो जायेगा – **ईसीं ईसिं** धम्मं कुणेह जओ परभवो सफलो भविस्सइ।

मेरे द्वारा उसको थोडे फल दिये गये – मइ तस्स **किंचि** फलाणि दिण्णाइं।

अवश्य ही मैं परमेश्वर की शरण में जाऊँगा – **अवसं** अहं परमेसर सरणं गमिस्सामि।

तुम इस पुस्तक को पढ़ो अथवा मैं पढ़ूँगा – तुमं इमं गंथं पढहि **अहवा** अहं पढिस्सं।

ध्यान मोक्ष के लिए पर्याप्त है – झाणो मोक्खाय **अलं** अत्थि।

मैं स्वयं दुःखी मनुष्यों की सेवा करूँगा – अहं **सयं** दुहियजणाणं सेवं करिस्सं।

वह मित्र के साथ जाता है – सो मित्तेण **समं** गच्छइ।

गाव के समीप एक तालाब है – गामं **समया** एक्को तडागो अत्थि।

वह सहसा जाने के लिए उठा – सो **सहसा** गच्छिउं उट्ठिओ।

तुम विद्या ग्रहण करो क्योंकि विद्या से प्रतिष्ठा होती है – तुमं विज्जं गेण्हहि **जओ** विज्जाए पइट्ठा होइ।

उसके द्वारा अनेक ग्रन्थ पढ़े गये – तेण **अतीव** गंथा पढिआ।

स्वाध्याय में प्रमाद नहीं किया जाना चाहिए – सज्झाये पमायो **ण** करिअव्वो।

संपत्ति स्थिर नहीं होती परन्तु धर्म सदा स्थिर होता है – संपई थिरा ण होइ, **परं** धम्मो **सया** थिरो होइ।

वे आपस में लड़ते हैं – ते **परोप्परं** जुज्झन्ति।

तुम उसको क्यों मारते हो – तुमं तं **किण्णा** मारसि।

उसके पश्चात् बीता हुआ जीवन याद किया गया – **तए** तीअं जीवणं सुमरिअं।

हे परमेश्वर एक बार आप मुझे क्षमा करें – परमेसरा **एयहुत्तं** तुब्भे ममं खमह।

बालक माता को देखकर बार–बार कूदता है – बालओ मायं देक्खिऊणं **पुण पुण** कुद्दइ।

बार–बार झूठ मत बोलो – **मुहु** मुसं ण वदहि।

वह सुखपूर्वक रमण करता है – सो **सुहं** रमइ।

वह दुखपूर्वक जीता है – सो **दुहं** जीवइ।

वह स्नेहपूर्वक मित्र को बुलाता है – सो **णेहेण** मित्तं कोक्कइ।

शिष्य के द्वारा गुरु पूर्ण आदरपूर्वक प्रणाम किया गया – सिस्सेण गुरु **सव्वायरेण** पणमिओ।

(काव्यों में प्रयुक्त अन्य प्रकार के अव्यय देखें **इकाई – 14**)

पाठ–12

विशेषण

1. गुणवाचक विशेषण

जो शब्द किसी संज्ञा या सर्वनाम के गुण, दोष, दशा, रंग, आकार, स्थिति आदि का बोध कराते हैं वे गुणवाचक विशेषण होते हैं। पुल्लिग गुणवाचक विशेषण में 'आ' और 'ई' प्रत्यय जोड़कर स्त्रीलिंग गुणवाचक विशेषण बना लिए जाते हैं। पुल्लिग गुणवाचक विशेषण और नपुंसकलिंग गुणवाचक विशेषण समान होते हैं। जैसे –

विशेषण शब्द

आराहग – आराधक
असढ – निष्कपट
महुर – मधुर
उग्ग – उग्र
वेस – अप्रीतिकर
उज्जुकड–माया रहित आचरण वाला
सुंदर – शोभन
माइल्ल – मायावी
मेज्झ – पवित्र
पवित्त – पवित्र
मणोहर – सुन्दर
सार – श्रेष्ठ
धीर – धर्यवान

आराहिय – आराधित
समत्थ – समर्थ
णिव्विण्ण – खिन्न
सागडिअ – गाड़ीवान
अंजु – सरल
णिक्खंत – गृहस्थाश्रम से निर्गत
बुह – विद्वान
वराय – बेचारा
तुसिणीय – मौनी
वल्लह – प्रिय
विसाल – विशाल
वित्थिण्ण – विस्तार वाला
दुल्लह – दुर्लभ

उण्ह – गर्म
सुण्ण – शून्य
णिम्मल – निर्मल
पण्डुर – सफेद
किविण – कंजूस
किस – दुर्बल

वाक्य रचना – (गुणवाचक)

इस पवित्र ग्रन्थ को पूर्ण आदरपूर्वक रखो – इमं **पवित्तं** गंथं सव्वायरेण रक्खह।

तुम्हारे द्वारा यह पवित्र ग्रन्थ आदरपूर्वक रखा जाए – पइं एहो **पवित्तो** गंथो सव्वायरेण रक्खिज्जदु।

दादा प्रिय पोते को अत्यन्त लाड प्यार करते हैं – पिआमहो **वल्लहं** पोत्तं सुट्ठु लड्डन्ति।

तुमको सुन्दर नगर में जाकर बसना चाहिए – तुमए **मणोहरम्मि** णयरम्मि गच्छूणं वसिदव्वं।

शीतल जल को इस प्रकार मत फैंको – **सीयलं** जलं एम मं खिवसु।

यह स्त्री अत्यन्त सुन्दर है –इमा तिया सुट्ठु **मणोहरा** अत्थि।

निर्मल भाव से मन शान्त होता है – **णिम्मलेण** भावेण मणं उवसमइ।

तम्हा मिच्छादिट्ठी णाणस्सा**राहओ** णेव (भगवती आराधना–5) इसलिए मिथ्यादृष्टि ज्ञान का आराधक नहीं ही होता।

सो चेव जिणेहिं तवो भणिदो **असढं** चरंतस्स (भगवती आराधना–10) जिनेन्द्र के द्वारा वह ही छल कपट त्याग करने वाले का तप कहा गया है।

तो जिदकरणे जुद्धे कम्म **समत्थो** भविस्सदि हि (भगवती आराधना – 20) उसके पश्चात् शस्त्र प्रहार रूप क्रिया को अपने अधीन करके युद्ध करने में समर्थ होता है।

ण य धम्मं रोचेदि हु **महुरं** खु रसं जहा जरिदा (भगवती आराधना – 40) जैसे ज्वर से ग्रस्त व्यक्ति को मधुर रस नहीं रुचता वैसे ही उसे धर्म नहीं रुचता।

सो मरणं पच्छिंतो होदि दु साम**णणिव्विण्णो** (भगवती आराधना – 75) वह यदि मरण की प्रार्थना करता है तो मुनिधर्म से विरक्त ही होता है।

उग्गो तवो य लोचो तहेव दुक्खस्स सहणं च (भगवती आराधना – 91) उसी प्रकार लोंच उग्र तप है और दुःख का सहन है।

एवमणुद्धुददोसो **माइल्लो** तेण दुक्खिदो होइ (भगवती आराधना – 539) इस प्रकार जो काँटे की तरह दोष को नहीं निकालता वह मायावी उससे दुखी होता है।

घोसादकीं य जह किमि खंतो मधुरित्ति मण्णदि **वराओ** (भगवती आराधना – 1247) जैसे बेचारा कीट घोषा नामक लता को खाते हुए उसे मीठी मानता है।

णवरि हु धम्मो **मेज्झो** धम्मत्थस्स वि णमंति देवा वि (भगवती आराधना – 1813) केवल धर्म ही पवित्र है, धर्म में स्थित को देव भी नमस्कार करते हैं।

आयरिएहिं वाहिन्तो **तुसिणीओ** न कयाइ वि (उत्तराध्ययन 1–20) आचार्यों के द्वारा बुलाया जाने पर कभी भी मौनी न हो।

जहा **सागडिओ** जाणं समं हिच्चा महा पहं (उत्तराध्ययन 5–14) विसमं म्रग्ग मोइण्णो अक्खे भग्गंमि सोयइ।। अर्थ–जैसे कोई गाड़ीवान सम महामार्ग को जानता हुआ भी उसे छोड़कर विषम मार्ग में उतर जाता है तो गाड़ी की धरा टूट जाने पर शोक करता है।

हियं तं मन्नए पण्णो **वेसं** होइ असाहुणो (उत्तराध्ययन 1 – 28) प्राज्ञ शिष्य उसे हितकारक मानता है वही असाधु के लिए द्वेष का कारण बन जाता है।

धम्मविदु त्ति **अंजू** आवट्टसोए संगमभिजाणति (आचारांग सूत्र भाग – 1, 107) वह धर्मवेत्ता और सरल होता है। वह आसक्ति को आवर्तस्रोत के रूप में बहुत निकट से जान लेता है।

जहा वि अणगारे **उज्जुकडे** णियाग पडिवण्णे (आचारांग सूत्र – भाग –1, 19) माया रहित आचरणवाला अनगार मोक्षमार्ग के प्रति एकनिष्ठ होकर चलता है।

जाए सद्धाए **णिक्खंतो** तमेव अणुपालिज्जा विजहित्ता विसोत्तिय (आचारांग भाग –1, 20) जिस श्रद्धा के साथ ग्रहस्थाश्रम से निर्गत हुए हैं उसी श्रद्धा के साथ सयंम का पालन करें।

एयत्त णिच्छय गदो समओ सव्वत्थ **सुंदरो** लोगे (समयसार –3) एकत्व निश्चय को प्राप्त शुद्ध आत्मा ही लोक में सर्वत्र सुन्दर है।

को णाम भणेज्ज **बुहो** पर दव्वं मम इदं हवदि दव्वं (समयसार – 207) कौन ज्ञानी पुरूष कहेगा कि यह परद्रव्य मेरा द्रव्य है।

2. संख्यावाची विशेषण

जिन शब्दों द्वारा संख्या का बोध होता है वे शब्द संख्यावाचक विशेषण कहे जाते हैं। ये संख्यावाची शब्द गणनावाचक एवं क्रमवाचक होते हैं।

एक्क से लेकर दहकोडि तक निम्नलिखित सभी निश्चित संख्यावाची शब्द गणनाबोधक विशेषण हैं। इनके लिंग, वचन और विभक्ति प्रयोग को निम्न प्रकार से समझना चाहिए।

(क) गणनावाचक संख्या शब्द –

1. एक्क, इक्क, एग, एअ = एक
2. दो, दुवे, वे = दो
3. ति = तीन
4. चउ = चार
5. पंच = पाँच

6. छट्ठ = छः
7. सत्त = सात
8. अट्ठ = आठ
9. णव = नौ
10. दह, दस = दस
11. एक्कारह, इक्कारह, एगारह, एआरह, = ग्यारह
12. एक्कारस, इक्कारस, एगारस, एआरस
बारह, बारस, दुवालस = बारह
13. तेरह, तेरस = तेरह
14. चउद्दह, चउद्दस, चोद्दस = चौदह
15. पण्णरह, पण्णरस = पन्द्रह
16. सोलह, सोलस, छद्दस = सोलह
17. सत्तरह, सत्तरस, सत्तद्दस = सत्तरह
18. अट्ठारह, अट्ठारस, अट्ठदस, अट्ठदह = अठारह
19. एगूणवीस, अउणवीस, एगुणवीसइ अउणवीसइ = उन्नीस
20. वीस, वीसइ = बीस
21. एगवीस, एगवीसइ = इक्कीस
22. बावीस, बावीसइ, बाइस = बाइस
23. तेवीस, तेवीसइ = तेईस
24. चउवीस, चउवीसइ = चौबीस
25. पण्णवीस, पण्णवीसइ, पणुवीस = पच्चीस
26. छव्वीस = छब्बीस
27. सत्तवीस, सत्तावीस,, सत्तवीसइ, सत्तावीसइ = सत्ताईस
28. अट्ठवीस, अट्ठावीस, अट्ठावीसइ = अट्ठाईस
29. एगूणतीस, एगूणतीसइ, अउणतीस, अउणतीसइ = उनतीस
30. तीस, तीसइ = तीस
31. एक्कतीस = इकत्तीस
32. बत्तीस = बत्तीस
33. तेत्तीस, तित्तीस, तेत्तीसइ = तैंतीस

34.	चउतीस, चउतीसइ	=	चौंतीस
35.	पण्णतीस, पंचतीस, पण्णतीसइ, पंचतीसइ	=	पैंतीस
36.	छत्तीस, छत्तीसइ	=	छत्तीस
37.	सत्ततीस, सत्ततीसइ	=	सैंतीस
38.	अट्ठतीस, अट्ठतीसइ	=	अड़तीस
39.	एगूणचत्तालीस, अउणचत्तालीस	=	उनतालीस
40.	चत्तालीस, चालीस	=	चालीस
41.	एक्कचत्तालीस, इगयाल	=	इकतालीस
42.	बायालीस, बायाल	=	बयालीस
43.	तेआलीस	=	तैंतालीस
44.	चउआलीस, चोयालीस	=	चौंवालीस
45.	पणयालीस, पणयाल, पंचतालीस	=	पैंतालीस
46.	छायालीस,	=	छियालीस
47.	सत्तचत्तालीस, सीयालीस, सत्तचालीस	=	सैंतालीस
48.	अट्ठचत्तालीस, अट्ठतालीस, अट्ठयाल, अढयाल, अढयालीस	=	अड़तालीस
49.	एगूणपण्णास, अउणापण्ण	=	उनचास
50.	पण्णास	=	पचास
51.	एगपण्णास, एक्कपण्णास, एगावण्ण	=	इक्यावन
52.	बावण्ण	=	बावन
53.	तेवन्न	=	तिरेपन
54.	चउवण्ण, चउपण्ण, चउपण्णास	=	चौवन
55.	पणपण्ण, पणवण्ण	=	पचपन
56.	छप्पन्न	=	छप्पन
57.	सत्तावन्न	=	सत्तावन
58.	अट्ठावण्ण	=	अट्ठावन
59.	एगूणसट्ठि, अउणसट्ठि, अउणट्ठि	=	उनसठ
60.	सट्ठि	=	साठ
61.	एगसट्ठि	=	इकसठ

62. बासट्ठि, बावट्ठि, बिसट्ठि = बासठ
63. तेसट्ठि, तेवट्ठि, तिसट्ठि = तिरेसठ
64. चउसट्ठि = चौंसठ
65. पंचसट्ठि, पणसट्ठि = पैसठ
66. छसट्ठि = छियासठ
67. सत्तसट्ठि, सत्तट्ठि = सड़सठ
68 अट्ठसट्ठि, अट्ठासट्ठि, अडसट्ठि = अड़सठ
69. एगूणसत्तरि, अउणत्तरि = उनहत्तर
70. सत्तरि, सयरि = सत्तर
71. एक्कसत्तरि, एगसत्तरि, इक्कसत्तरि, एहत्तरि = इकहत्तर
72. बावत्तरि, बाहत्तरि, बिसत्तरि, बिसयरि = बहत्तर
73. तेवत्तरि, तेवुत्तरि = तिहत्तर
74. चउहत्तरि = चौहत्तर
75. पञ्चहत्तरि = पचहत्तर
76. छहत्तरि, छस्सयरि, छाहत्तरि = छिहत्तर
77. सत्तहत्तरि, सत्तहुत्तरि = सतहत्तर
78. अट्ठहत्तरि = अठहत्तर
79. एगूणासीइ = उनासी
80. असीइ = अस्सी
81. एगासीइ, एक्कासीइ = इक्कासी
82. बासी, बासीइ = बयासी
83. तेसीइ, तेआसी = तिरासी
84. चउरासी, चउरासीइ, चउरासीय = चौरासी
85. पणसीइ, पंचासीइ = पचासी
86. छासीइ, छलसीइ = छियासी
87. सत्तासीइ = सत्तासी
88. अट्ठासीइ, अट्ठासी = अठासी

89. एगूणणउइ = नवासी
90. णवइ, णउइ = नब्बे
91. एक्काणउइ = इक्यानवे
92. बाणउइ, बाणुवइ = बानवे
93. तेणवइ, तेणउइ, तिणवइ = तिरानवे
94. चउणवइ, चउणउइ = चौरानवे
95. पंचाणउइ, पण्णाउइ = पंचानवे
96. छण्णवइ, छण्णउइ, छणुवइ = छियानवे
97. सत्तणउइ, सत्ताणउइ = सत्तानवे
98. अट्ठाणवइ, अट्ठाणउइ = अट्ठानवे
99. णवणवइ, णवणउइ = निन्यानवे
100. सय = सौ
200 दुसय = दो सौ
300 तिसय, तिण्णि सय = तीन सौ
400 चत्तारि सय = चार सौ
500 पणसय, पञ्चसय = पाँच सौ
600 छसय, छस्सय = छः सौ
700 सत्तसय = सात सौ
800 अट्ठसय = आठ सौ
900 नवसय = नौ सौ
1000 सहस्स = एक हजार
10000 दससहस्स = दस हजार
100000 लक्ख = एक लाख
1000000 दहलक्ख = दस लाख
10000000 कोडि = करोड़
100000000 दहकोडि = दस करोड़

एक्क से लेकर दहकोडि तक ये सभी निश्चित संख्यावाची शब्द गणनाबोधक विशेषण हैं। इनके लिंग, वचन और विभक्ति प्रयोग को निम्न प्रकार से समझना चाहिए।

1. 'एक्क' संख्यावाची शब्द के रूप पुल्लिग में पुल्लिग 'सव्व' के अनुसार नपुंसकलिंग में नपुंसकलिंग 'सव्व' के अनुसार तथा स्त्रीलिंग में स्त्रीलिंग 'सव्वा' के अनुसार होते हैं।

2. दो से अट्ठारह तक के शब्द सदैव तीनों लिंगों में बहुवचन में ही प्रयुक्त होते हैं। दो से लेकर पाँच तक के रूप पीछे इकाई –2 गणनावाचक संख्या शब्द रूप में दिए गए हैं। छ से लेकर अट्ठारह तक के रूप 'पंच' की भाँति ही चलते हैं।

3. उन्नीस से लेकर आगे तक के सभी जितने भी संख्यावाची शब्द हैं वे सब सामान्यतः एकवचन में ही प्रयुक्त होते हैं। किन्तु जब ये संख्यावाची शब्द अपनी अनेकता बताते हैं तब वे बहुवचन में प्रयुक्त होते हैं। जैसे तीस फल खाओ – तीस फलाइं खाहि। यहाँ तीस एकवचन में है। तीन तीस फल खाओ – तिण्णि तीसउ फलाइं खाहि में **तीसउ** अपनी अनेकता बताने के कारण बहुवचन में प्रयुक्त हुआ है। इसी प्रकार सय, सहस, कोडि आदि शब्द एकवचनान्त और बहुवचनान्त होंगे।

4. उन्नीस से अट्ठावन तक के शब्द ह्रस्व अकारान्त होते हुए भी स्त्रीलिंग 'कहा' के अनुसार चलेंगे । जैसे – (प्रथमा एकवचन) एगूणवीसा (प्रथमा बहुवचन) एगुणवीसा, एगूणवीसाउ, एगूणवीसाओ।

5 उनसठ से निन्यानवे तक के रूप 'मइ' या 'लच्छी' के समान चलेंगे।

6. सय (सौ) दुसय (दो सौ) से लेकर लक्ख (लाख) के रूप 'कमल' की भाँति चलेंगे। कोडि, दहकोडि, सयकोडि के रूप स्त्रीलिंग के समान प्रयुक्त होते है।

7. संख्या बनाने के लिए सौ, दो सौ, तीन सौ, आदि संख्यावाचक शब्दों के बीच 'अहिय' या 'उत्तर/उत्तरीय शब्द लघु संख्या के साथ लगा दिए जाते हैं। जैसे – एक सौ आठ = अट्ठोत्तर सय, एक हजार आठ = अट्ठोत्तर सहास, एक सौ पाँच = पंचाहिय सय, दस हजार करोड = कोडि सहास दहुत्तरिय, दो हजार बारह = बारहाहिअ दो सहास।

8. दो सौ आदि संख्या के लिए दो आदि संख्यावाचक शब्द पहले रखकर सय, सहास, लक्ख आदि बाद में लगाकर संख्या बनाई जाती है। जैसे – दो सौ = दो सय, तीन सौ = ति सय, दो हजार = दो सहास, तीन लाख = ति लक्ख आदि।

9. दो प्रकार, तीन प्रकार आदि शब्दों को प्रकट करने के लिए संख्यावाची शब्दों में 'विह' शब्द लगाया जाता है। जैसे – दुविह, तिविह, चउविह, पंचविह, छविह आदि।

10. कइ (कितना) शब्द का प्रयोग तीनों लिंगों के बहुवचन में होता है।

(ख) क्रमवाचक संख्यावाचक शब्द

गणनावाचक संज्ञा शब्द में प्रायः म/अ प्रत्यय जोड़कर क्रमवाचक संख्या शब्द बनाये जाते है। सभी क्रमवाचक विशेषण शब्द के रूप विशेष्य के लिंग, वचन के अनुरूप प्रयुक्त होंगे। इनके रूप पुल्लिग में 'देव' नपुंसकलिंग में 'कमल' तथा स्त्रीलिंग में 'कहा' या 'लच्छी' के समान चलेंगे। पुल्लिग व नपुंसक विशेषण में 'आ' और 'ई' प्रत्यय जोड़कर स्त्रीलिंग वाचक विशेषण बना लिये जाते हैं। जैसे –

1.	**क्रमवाचक संख्या** (पु, नपुं.)	**क्रमवाचक संख्या** (स्त्री.)
1.	पढम, पढमिल	पढमा
2.	बीअ, बिइअ	बीआ, बिइआ
3.	तइअ, तिइय, तिइज्ज	तइआ

4.	चउत्थ	चउत्थी
5.	पंचम	पंचमी
6.	छट्ठ	छट्ठी
7.	सत्तम	सत्तमी, सत्तमिया
8.	अट्ठम	अट्ठमी
9.	णवम	णवमी
10.	दहम, दसम	दहमी, दसमी
11.	एगारहम, एगारसम, एक्कारसम, एआरसम	एगारसी, एगारहमी, एगारसमी, एक्कारसमी, एआरहमी
12.	बारहम, बारस, बारसम, दुवालसम	बारसी, बारहमी, बारसमी, दुवालसमी
13.	तेरहम, तेरसम	तेरसी, तेरहमी, तेरसमी
14.	चउद्दहम, चउद्दसम, चोद्दसम	चउद्दसी, चउद्दहमी, चउद्दसमी, चोद्दसमी
15.	पण्णरहम, पण्णरसम	पण्णारसी, पण्णारहमी, पण्णरसमी
16.	सोलहम, सोलसम,छद्दसम	सोलहमी, सोलसमी, छद्दसमी
17.	सत्तरहम, सत्तरस, सत्तरसम, सत्तद्दसम	सत्तरहमी, सत्तरसमी, सत्तद्दसमी
18.	अट्ठारसम, अट्ठारहम, अट्ठदसम, अट्ठदहम	अठ्ठारसमी, अट्ठारहमी, अट्ठदसमी, अट्ठदहमी
19.	एगूणवीसम, अउणवीसम, एगगूणवीसइम, अउणवीसइम	एगूणवीसमी, अउणवीसमी, एगूणवीसइमी,अउणवीसइमी
20.	वीसम, वीसइम	वीसमी, वीसइमी
21.	एगवीसम, एगवीसइम	एगवीसमी, एगवीसइमी
22.	बावीस, बावीसम, बावीसइम, बाइसम	बावीसमी, बावीसइमी, बाइसमी
23.	तेवीस, तेवीसम, तेवीसइम	तेवीसमी, तेवीसइमी

24.	चउवीस,चउवीसम,चउवीसइम	चउवीसमी, चउवीसइमी
25.	पण्णवीसम, पण्णवीसइम, पणुवीसम	पण्णवीसमी, पण्णवीसइमी, पणुवीसमी
26.	छव्वीसम, छव्वीसइम,	छव्वीसमी
27.	सत्तवीसम, सत्तावीसम, सत्तवीसइम, सत्तावीसइम	सत्तवीसमी, सत्तावीसमी, सत्तवीसइमी, सत्तावीसइमी
28.	अट्ठवीसम, अट्ठावीसम, अट्ठावीसइम	अट्ठवीसमी, अट्ठावीसमी, अट्ठावीसइमी
29.	एगूणतीसम, एगूणतीसइम, अउणतीसम,अउणतीसइम	एगूणतीसमी, एगूणतीसइमी, उणतीसमी,अउणतीसइमी
30.	तीसम, तीसइम	तीसमी, तीसइमी
31.	एक्कतीसम	एक्कतीसमी
32.	बत्तीसम, बत्तसइम	बत्तीसमी, बत्तीसइमी
33.	तेत्तीसम, तित्तीसम, तेत्तीसइम	तेत्तीसमी, तित्तीसमी, तेत्तीसइमी
34.	चउतीसम, चउतीसइम	चउतीसमी, चउतीसइमी
35.	पण्णतीसम, पण्णतीसइम, पंचतीसम, पंचतीसइम	पंचतीसमी, पंचतीसइमी, पण्णतीसमी,पण्णतीसइमी
36.	छत्तीसम, छत्तीसइम	छत्तीसमी, छत्तीसइमी
37.	सत्ततीसम, सत्ततीसइम	सत्ततीसमी, सत्ततीसइमी,
38.	अट्ठतीसम, अट्ठतीसइम	अट्ठतीसमी, अट्ठतीसइमी
39.	एगूणचत्तालीसम, अउणचत्ताल, एगूणचत्तालीसइम	एगूणचत्तालीसमी
40.	चत्ताल, चत्तालीसम, चालीसम	चत्तालीसमी, चालीसमी
41.	एगचत्ताल, एक्कचत्तालीसम, इगयालम	एक्कचत्तालीसमी इगयालमी
42.	बायालीसम बायालीस, बायालीसइम	बायालीसमी
43.	तेआलीसम, तेआलीसइम	तेआलीसमी

44.	चउआलीसम, चउत्तालीस, चोयालीसम	चउआलीसमी, चोयालीसमी
45.	पणयालीसम, पंचतालीसम, पणयाल	पणयालीसमी,पंचतालीसमी
46.	छायालीसम, छायालीस	छायालीसमी
47.	सत्तचत्ताल, सत्तचत्तालीसम, सीयालीसम,सत्तचालीसम	सत्तचत्तालीसमी, सीयालीसमी, सत्तचालीसमी
48.	अट्टचत्ताल, अट्ठचत्तालीसम, अट्ठतालीसम, अट्ठयालम, अढयालम, अढयालीसम	अट्ठचत्तालीसमी, अट्ठतालीसमी,अट्ठयालमी, अढयालमी, अढयालीसमी
49.	एगूणपण्णास, एगूणपण्णासइमा, एगूणपण्णासम,अउणापण्णम	एगूणपण्णासमी, अउणापण्णमी
50.	पण्णासइम, पण्णासम	पण्णासमी
51.	एगपण्णासइम, एक्कपण्णासइम, एगपण्णासम,एक्कपण्णासम, एगावण्णम, एक्कावण्णम	एगपण्णासमी, एक्कपण्णासमी, एगावण्णमी, एक्कावण्णमी
52.	बावण्ण, बावण्णम	बावण्णमी
53.	तेपंचासइम,तेवन्नम,तिपंचासइम	तेवन्नमी
54.	चउपण्णइम,चउपण्णासइम, चउवण्णम, चउपण्णम, चउपण्णासम	चउवण्णमी, चउपण्णमी, चउपण्णासमी
55.	पणपण्णइम, पणपण्णम, पणवन्नम	पणपण्णमी, पणवन्नमी
56.	छप्पन्न, छप्पन्नम	छप्पन्नमी
57.	सत्तावन्न, सत्तावन्नम	सत्तावन्नमी
58.	अट्ठावण्ण, अट्ठावण्णम	अट्ठावण्णमी
59.	एगूणसट्ठिम, अउणसट्ठिम, अउणट्ठिम	अउणट्ठिमी
60.	सट्ठिम	सट्ठिमी
61.	एगसट्ठिम	एगसट्ठिमी

62.	बासट्ठिम,बावट्ठिम,बिसट्ठिम	बासट्ठमी, बावट्ठमी, बिसट्ठिमी
63.	तेसट्ठिम, तेवट्ठिम, तिसट्ठ, तिसट्ठिम	तेसट्ठिमी तेवट्ठिमी, तिसट्ठिमी
64.	चउसट्ठिम	चउसट्ठिमी
65.	पंचसट्ठिम, पणसट्ठिम	पंचसट्ठिमी, पणसट्ठिमी
66.	छसट्ठिम	छसट्ठिमी
67.	सत्तसट्ठिम, सत्तट्ठिम	सत्तसट्ठिमी, सत्तट्ठिमी
68.	अट्ठसट्ठिम, अट्ठासट्ठिम, अडसट्ठिम	अट्ठसट्ठिमी, अट्ठासटिठमी,अडसट्ठिमी
69.	एगूणसत्तरिम, अउणत्तरिम	एगूणसत्तरिमी, अउणत्तरिमी
70.	सत्तरिम, सयरिम	सत्तरिमी, सयरिमी
71.	एक्कसत्तरिम, एगसत्तरिम, इक्कसत्तरिम, एहत्तरिम	एक्कसत्तरिमी, एगसत्तरिमी इक्कसत्तरिमी,एहत्तरिमी
72.	बावत्तरिम, बाहत्तरिम, बिसत्तरिम, बिसयरिम	बावत्तरिमी,बाहत्तरिमी, बिसत्तरिमी,बिसयरिमी
73.	तेवत्तरिम, तेवुत्तरिम	तेवत्तरिमी, तेवुत्तरिमी
74.	चउहत्तरिम,	चउहत्तरिमी
75.	पञ्चहत्तरिम	पञ्चहत्तरिमी
76.	छहत्तरिम, छस्सयरिम, छाहत्तरिम	छहत्तरिमी, छस्सयरिमी, छाहत्तरिमी
77.	सत्तहत्तरिम, सत्तहुत्तरिम	सत्तहत्तरिमी, सत्तहुत्तरिमी
78.	अट्ठहत्तरिम, अट्ठत्तरिम	अट्ठहत्तरिमी, अट्ठत्तरिमी
79.	एगूणासीइम, एगूणासीम	एगूणासीइमी, एगूणासीमी
80.	असीइम	असीइमी
81.	एगासीइम, एक्कासीइम	एगासीइमी,एक्कासीइमी
82.	बासीम, बासीइम	बासीमी, बासीइमी
83.	तेसीइम, तेआसीइम, तेआसीम	तेसीइमी, तेआसीमी

84.	चउरासीम, चउरासीइम, चउरासीयम	चउरासीमी, चउरासीइमी, चउरासीयमी
85.	पणसीइम, पंचासीइम	पणसीइमी, पंचासीइमी
86.	छासीइम, छलसीइम	छासीइमी, छलसीइमी
87.	सत्तासीइम	सत्तासीइमी
88.	अट्ठासीइम, अट्ठासीम	अट्ठासीइमी, अट्ठासीमी
89.	एगूणणउइम, एगूणणउय	एगूणणउइमी
90.	णवइयम, णवइम, णउइम	णवइमी, णउइमी
91.	एक्काणउइम	एक्काणउइमी
92.	बाणउइम, बाणुवइम	बाणउइमी, बाणुवइमी
93.	तेणवइम , तेणउइम, तिणवइम	तेणवइमी, तेणउइमी, तिणवइमी
94.	चउणवइम, चउणउइम	चउणवइमी, चउणउइमी
95.	पण्णणउइम, पंचाणउइम	पंचाणउइमी, पण्णणउइमी
96.	छण्णवइम, छण्णउइम, छणुवइम	छण्णउइमी, छणुवइमी
97.	सत्तणउइम, सत्ताणउइम	सत्तणउइमी, सत्ताणउइमी
98.	अट्ठाणवइम, अट्ठाणउइम	अट्ठाणवइमी, अट्ठाणउइमी
99.	णवणवइम, णवणउइम	णवणवइमी,, णवणउइमी
100.	सयम	सयमी

वाक्य रचना : गणनावाचक व क्रमवाचक संख्या शब्द

दो कन्याएँ जाती हैं	– दोण्णि कन्नाउ जाइरे।
वहाँ चौदह नदियाँ हैं	– तहिं चउद्दह सरिआ अत्थि।
बीस कौए उडे	– वीसा वायसा उड्डिआ।
दो बीस कौए उडे	– दुवे वीसाउ वायसा उड्डिआ
पच्चीस मित्र प्रसन्न होने के लिए खेले	– पण्णवीसई मित्ता हरिसेदुं खेलिआ।

चौतीस बेटियाँ प्रसन्न होवें	– चउतीसा, चउतीसई धूआओ हरिसन्तु।
तीस कन्याएँ रुकती हैं	– तीसा कन्नाउ थंभन्ति।
तीन तीस कन्याएँ रुकती हैं	– तिण्णि तीसाओ कन्नाओ थंभन्ति।
बासठ रत्न शोभते हैं	– बासट्ठी रयणा सोहिरे।
पैंसठ फूल खिलते हैं	– पण्णसट्ठी पुप्फा विअसन्ते।
तिहत्तर नागरिक ठहरें	– तेवत्तरी णयरजणा चिट्ठन्तु।
अठहत्तर महिलाएँ प्रसन्न होवेंगी	– अट्ठत्तरी महिलाउ हरिसिहिन्ति।
सौ लकड़ियाँ जलती हैं	– सयं लक्कुडाइं जलन्ति।
दो सौ बालक खेलेंगे	– दुसयं बालआ खेलिस्सन्ति।
तीन दोसौ बालक खेलेंगे	– तिण्णि दुसयाइं बालआ खेलिस्सन्ति।
हजार मनुष्य बसते हैं	– सहस्सं णरा वसन्ति।
वहाँ दस लाख महिलाएँ रहती हैं	– तहिं दहलक्खं महिलाउ वसन्ति।
करोड़ रत्न शोभेंगे	– कोडी रयणा सोहिहिन्ति।
दो करोड़ रत्न शोभेंगे	– दो कोडीउ रयणा सोहिहिन्ति।
वह चार प्रकार के कर्मों का नाश करता है	– सो चउविहाइं कम्माइं णस्सइ।
तुम नाना प्रकार की इच्छाएँ करते हो	– तुमं नानाविहाउ इच्छाउ करहि।
उसकी चौथी परीक्षा होगी	– तासु चउत्थी परिक्खा होहिइ।
सातवीं युवती प्रसन्न होकर जीती है	– सत्तमिया जुवई हरिसित्ता जीवइ।
मैं दसवीं पुस्तक पढ़ती हूँ	– अहं दहमं गंथं पढमि।
इक्कीसवीं गुफा में मुनि ध्यान करते हैं	– एगवीसमीइ गुहाइ मुणउ झाअन्ति।
तीसवाँ कवि आता है	– तीसमो कई आवइ।

पाठ–13

स्वार्थिक प्रत्यय

स्वार्थिक प्रत्यय वे होते हैं जो भावों की सटीक सफल अभिव्यक्ति करने हेतु संज्ञा शब्दों में जोड़े जाते हैं। अपनी बात को छन्द में (गेयपूर्ण रूप में) कहने हेतु इन स्वार्थिक प्रत्ययों का लोकजीवन में बहुलता से प्रयोग होता दिखाई देता है। जिन स्वार्थिक प्रत्ययों का प्राकृत भाषा में प्रयोग मिलता हैं उनमें से संज्ञा शब्दों में कुछ इस प्रकार हैं – र, ल, ल्ल, अ, इल्ल, उल्ल आदि। स्वार्थिक प्रत्यय लगाने के पश्चात् उससे सम्बन्धित विभक्ति जोड़ दी जाती है। स्त्रीलिंग में संज्ञा शब्दों के स्वार्थिक प्रत्यय के अन्त में 'ई' प्रत्यय जोड़ दिया जाता है।

वाक्य रचना –

यह मनुष्य लम्बा है	–	सो णरो **दीहरो (र)** अत्थि।
उसका वस्त्र पीले रंग का है	–	तस्स वत्थं **पीअलं (ल)** अत्थि।
उस महिला का भाई अन्धा है	–	ताए महिलाए बंधू **अन्धलो (ल)** अत्थि।
वह घर में अकेला रहता है	–	सो घरे एकल्लो **(ल्ल)** वसइ।
वह अकेला वहाँ गया	–	सो **एकल्लो (ल्ल)** तेत्थु गच्छीअं
तुम अभी से वैराग्य मत धारो	–	तुमं अहुणा **वेरग्गअ (अ)** ण धारहि।

बालक चन्द्रमा को देखता है	–	बालओ **चन्दओ (अ)** देखइ।
उस राजा के द्वारा बीस हजार गाँव जीते गये	–	तेण **राउल्लेण (उल्ल)** बीस सहास गामा जिणिआ।
दादा प्रिय पोते को बुलाता है	–	पिआमहो वल्लहं **पोत्तुल्लं (ल्ल)** कोक्कइ।
माता के द्वारा पुत्री स्नेहपूर्वक पाली जानी चाहिए	–	जणेरीए **पुत्तील्लि (ल्ल)** णेहेण पालिअव्वा।

पाठ–14

प्राकृत जैन आगम साहित्य में व्याकरणिक प्रयोग

1. आचार्य पुष्पदन्त कृत षट्खंडागम : भाग : 1, सत्प्ररूपणा

अंगों और पूर्वों के एकदेश ज्ञाता, श्रुत रक्षक धरसेनाचार्य के चरणों में बैठकर पुष्पदन्त और भूतबलि मुनि ने कर्मशास्त्र और सिद्धान्त ग्रन्थों का अध्ययन किया। अध्ययन करने के पश्चात् पुष्पदन्त मुनि ने 'कर्म प्रकृति प्राभृत' का छः खण्डों में उपसंहार कर जीवस्थान के प्रथम अधिकार की रचना की। तदनन्तर भूतबलि ने श्रुतनदी के प्रवाह के विच्छेद के भय से भव्य जीवों के उद्धार के लिए पुष्पदन्त विरचित सूत्रों को मिलाकर पाँच खंडों के छः हजार सूत्र रचे और तत्पश्चात् महाबंध नामक छठे खंड की तीसहजार सूत्र ग्रन्थ रूप रचना की। इस प्रकार पुष्पदन्ताचार्य ने षट्खंडागम की रूपरेखा निर्धारित कर सत्प्ररूपणा के सूत्रों की रचना की थी और शेष भाग की रचना भूतबलि ने की।

प्रस्तुत ग्रन्थ षट्खंडागम भाग : 1 – सत्प्ररूपणा रचना की दृष्टि से तीन भागों में विभाजित है। प्रथम पुष्पदन्ताचार्य के सूत्र, दूसरे वीरसेनाचार्य की टीका तथा तीसरे टीका में स्थान–स्थान पर उद्धृत किये गये प्राचीन गद्य और पद्य। इनमें सूत्रों की भाषा आदि से अन्त तक प्राकृत है और इन सूत्रों की संख्या 177 हैं। वीरसेनाचार्य की टीका का लगभग तृतीय भाग प्राकृत में और शेष भाग संस्कृत में है। यहाँ आचार्य पुष्पदन्त के सूत्र में निहित कुछ प्राकृत व्याकरणिक प्रयोगों को तथा उसके बाद वीरसेनाचार्य की प्राकृत भाग वाली टीका में निहित प्राकृत व्याकरणिक प्रयोगों का उल्लेख किया गया है। **कोष्टक में सूत्र**

व गाथा संख्या दी गयी है। इस रचना के आधार पर हम इस ग्रन्थ की शौरसेनी भाषा के स्वरूप से अवगत हो सकेंगे।

(1) आचार्य पुष्पदन्त के सूत्रों में प्रयुक्त व्याकरणिक प्रयोग –

1. विभक्ति प्रयोग

(क) प्रथमा ए.व.

अकारान्त पुल्लिग संज्ञा, विशेषण शब्द ('ए' 'ओ' प्रत्यय प्रयुक्त)

इंदिए (4) काए (4) जोगे (4) वेदे (4) अणुगमो (7) णिद्देसो (7) जोगो (49) चउव्विहो

इकारान्त विशेषण शब्द ('0' प्रत्यय प्रयुक्त)

मिच्छाइट्ठी (9) सम्माइट्ठी (10)

स्त्रीलिंग संज्ञा, विशेषण ('0' प्रत्यय प्रयुक्त)

गइ (4) परूवणा (7) गदी (24)

(ख) प्रथमा ब.व.

अकारान्त पुल्लिग संज्ञा, विशेषण शब्द (सर्वत्र 'आ' प्रत्यय प्रयुक्त)

संजदा (13) वसमा (16) खवा (16) छदुमत्था (19) णेरइया (25) तिरिक्खा (26) देवा (28) मिस्सा (30) मणुस्सा (31) इंदिया (34) दुविहा (34) बादरा (34) सुहुमा (34) पज्जत्ता (34) काइया (39) मणुसा (162) अवसेसा(169) आहारा (175)

इकारान्त पुल्लिग संज्ञा, विशेषण शब्द ('0' प्रत्यय प्रयुक्त)

सण्णी (35) असण्णी (35) जोगी (47) कसाई (111) णाणी (115) दंसणी (131)

नपुंसकलिंग संज्ञा, विशेषण एवं सर्वनाम शब्द : ('णि' प्रत्यय प्रयुक्त)

सर्वनाम – इमाणि (2) ठाणाणि (2) द्वाराणि (15) णाणाणि (119) मिस्साणि (119)

स्त्रीलिंग संज्ञा, विशेषण शब्द ('ओ', 'आओ' प्रत्यय प्रयुक्त)

पज्जतीओ (70) पज्जतिआओ (81) अवसेसिआओ (169)

(ग). तृतीया ए.व.

अकारान्त पुल्लिग, नपुं. शब्द ('एण' प्रत्यय प्रयुक्त)

ओघेण (8) आदेसेण (8) अणुवादेण (33) अण्णाणेण (119)

सर्वनाम – तेण (33)

(घ) पंचमी ए.व.

सर्वनाम – एत्तो (2)

(ङ) षष्ठी ब.व.

पुल्लिग एवं नपुं. लिंग शब्द (आण, आणं णं प्रत्यय प्रयुक्त)

समासाणं (2) चोद्दसण्हं (57) मणुस्साणं (57) णेरइयाणं (58) पत्ताण (59) समावण्णाणं (60) केवलीणं (60) इंदियाणं (67) पज्जत्ताणं (68) पज्जत्ताण (69) मिच्छाइट्ठीणं (117)

सर्वनाम – इमेसिं (2) एदेसिं (5)

(च) सप्तमी ए.व.

पुल्लिग एवं नपुं. लिंग शब्द (ए, म्मि, प्रत्यय प्रयुक्त)

एकम्मि (36) ठ्ठाणे (36)

स्त्रीलिंग संज्ञा एवं विशेषण शब्द – ('ए' प्रत्यय प्रयुक्त)

अट्ठदाए (2) पढमाए (81) पुढवीए (81) सत्तमाए (155)

(छ) सप्तमी ब.व.

पुल्लिग नपुं. लिंग, स्त्रीलिंग शब्द ('सु' प्रत्यय प्रयुक्त)

संजदेसु (16) चदुसु (25) ठ्ठाणेसु (25) पंचसु (26) जोणिणीसु (87) दोसु (126) चदुसु (128) तिसु (137) सत्तसु (152) पुढवीसु (152) समुद्देसु (157)

2 कृदन्त प्रयोग

(क) अनियमित भूतकृदन्त

गदाणं (60)

(ख) विधिकृदन्त ('अव्व' प्रत्यय प्रयुक्त)

णायव्वाणि (2, 5)

3. अव्यय –

णमो – नमस्कार (1) तत्थ – वहाँ (2) जहा – जैसे (3) पहुडि – से लेकर (29) जाव – तक (29) परं – आगे, परे (33) णत्थि – नहीं (68) वि – भी (69) णियमा – नियम से (80) एवं – इसी प्रकार (91) वा – तथा (117)

(ख) आचार्य वीरसेन की टीका में प्रयुक्त व्याकरणिक प्रयोग –

1. विभक्ति प्रयोग

(क) प्रथमा ए.व.

अकारान्त पुल्लिग संज्ञा, विशेषण शब्द ('ए'' 'ओ' प्रत्यय प्रयुक्त)

मणो (4) सीहो (4) णयो (4) ववहरो (6) दविए (9) भावो (9) णिक्खेवो (9) परमट्ठो (9) सेदो (13) वण्णो (13) आदंसणो (13) कदिविधो (18) सूरो (29) वज्जो (29) कुसलो (30) एरिसो (30) उदयों (35) पुसओ (50) सुहयो (50) अत्थो (52) दाणे (58) लाभे (58) भोगे (58) विप्पो (68) पईवो (66) वच्छओ (66) पोग्गलो (82) जोगो (88) वेओ (89) संजमो (92) विरुओ (112) सरिसो (116) जीवो (133) परिणामो (148) मोसो (156) पुरिसो (177) कोहो (174) संजदो (187) उज्जोवो (197) चंडो (200) भावो (217) परिणामिओ (217)

इकारान्त व उकारान्त पुल्लिग संज्ञा व विशेषण शब्द (सर्वत्र '0' प्रत्यय प्रयुक्त)

आऊ (12) झुणी (60) हेऊ (213)

सर्वनाम शब्द – एस (9) जो (156)

नपुंसकलिंग संज्ञा, विशेषण एवं सर्वनाम शब्द (सर्वत्र अनुस्वार) प्रयुक्त)

अणवज्जं (1) तिमिरं (1) णामं (9) अट्ठं (15) मंगलं (19) अंतियं (34) वेणइयं (34) णाणं (47) चरित्तं (47) सुत्तं (68) लक्खणं (145) वक्कमणं (146) पमुहं (183) सद्दहणं (212)

सर्वनाम शब्द – तं (213)

स्त्रीलिंग संज्ञा, विशेषण एवं सर्वनाम शब्द (शून्य प्रत्यय)

ठवणा (9) कण्णा (13) वत्ता (32)

सर्वनाम शब्द – सा (132)

(ख) प्रथमा ब.व.

अकारान्त पुल्लिग संज्ञा, विशेषण शब्द (सर्वत्र 'आ' प्रत्यय प्रयुक्त)

णया (3) सिस्सा (20) पारया (20) विणिग्गिया (23) अचला (23) पयावा (24) अणवज्जा (27) संठाणा (28) विमग्गया (33) जावदिया (67) वहा (67) तावइया (68) णिउणा (68) दिट्ठंता (101) किदकिच्चा (127) तेरिच्छया (129) णारया (128) माणुसा (130) जोगा (155) उज्जोवा (197)

इकारान्त, उकारान्त पुल्लिग संज्ञा, विशेषण शब्द : ('0' एवं 'णो' प्रत्यय प्रयुक्त)

रविणो (3) तरुणो (23) साहू (33) मुणिणो (68)

नपुंसकलिंग संज्ञा, विशेषण शब्द : ('इं' प्रत्यय प्रयुक्त)

सुहाइं (49) सयलाइं (49) खइयाइं (59)

स्त्रीलिंग संज्ञा शब्द – लद्धीओ (58)

(ग) द्वितीया ए.व.

पु. नपुं. स्त्रीलिंग विशेषण एवं सर्वनाम शब्द : (सर्वत्र ं (अनुस्वार) प्रयुक्त)

जिणं (1) पसरं (6) पदं (3) विसयं (28) दिवायरं (51) पणमं (65) कावोडिं (87) मेरं (90) वासं (148) अप्पाणं (188) सावज्जं (189) पच्चक्खं (196) वेरं (200) मिच्छत्तं (217)

सर्वनाम – तं (215)

(घ) द्वितीया ब.व.

पुल्लिग संज्ञा शब्द ('ए' प्रत्यय प्रयुक्त)

पयत्थे (34)

नपुं. संज्ञा शब्द ('इं' प्रत्यय प्रयुक्त)

वदाइं (169)

(ङ) तृतीया ए.व.

पुल्लिग एवं नपुं. लिंग शब्द (अकारान्त शब्दों में 'एण' एवं उकारान्त शब्दों में 'ण' प्रत्यय प्रयुक्त)

नियमेण (6) तेएण (35) गोत्तेण (61) किट्टेण (144) जोएण (144) कालेण (147) अहिगमेण (212) चक्खूण (195)

सर्वनाम – केण (18)

स्त्रीलिंग संज्ञा शब्द – ए प्रत्यय प्रयुक्त

(च) तृतीया ब.व.

पुल्लिग एवं नपुं. लिंग शब्द ('हि' एवं 'हिं प्रत्यय प्रयुक्त)

संकिलेसेहि (12) जिणिंदेहिं (19) णयणेहिं (24) अवयवेहिं (28) वीयरायेहिं (123) पाणेहि (141)

(छ) चतुर्थी ए.व.

पुल्लिग संज्ञा शब्द ('स्स' प्रत्यय प्रयुक्त)

वसहस्स (65) वड्ढमाणस्स (65)

सर्वनाम शब्द – महु (14)

(ज) चतुर्थी ब.व.

पु. नपुं. स्त्रीलिंग संज्ञा, विशेषण शब्द : ('णं' 'आणं' प्रत्यय प्रयुक्त)

अरिहंताणं (1) सिद्धाणं (1) आइरियाणं (1) उवज्झायाणं (1) साहूणं (1) इत्थीणं (32) सेसाणं (65) जिणाणं (65)

(झ) पंचमी ए.व.

(पुल्लिग, नपुं. लिंग व सर्वनाम शब्द ('दो' प्रत्यय प्रयुक्त)

णिरोहदो (12) पवयणादो (49) सिहरादो (108) पमाणदो (147) संसारादो (211) उवसमदो (216) सम्मत्तादो (217)

सर्वनाम – तत्तो (49)

(ञ) षष्ठी ए.व.

पुल्लिग एवं नपुं. लिंग संज्ञा, विशेषण शब्द ('स्स' प्रत्यय प्रयुक्त)

दव्वट्ठियस्स (9) जीवस्स (88) किण्हस्स (200)

इकारान्त पुल्लिग – रविणो (35)

सर्वनाम – कस्स (18)

(ट) षष्ठी ब.व.

पुल्लिग, नपुं. लिंग संज्ञा शब्द ('आण' 'आणं' प्रत्यय प्रयुक्त)

इंदियाण (28) सिद्धंताणं (47) खयराणं (49) कसायाणं (92) जीवाणं (142) तसाण (148)

सर्वनाम – जेसिं (155)

(ठ) सप्तमी ए.व.

पुल्लिंग, नपुं. लिंग संज्ञा एवं विशेषण शब्द (ए, म्मि, म्हि प्रत्यय प्रयुक्त)

मज्झे (19) आदिम्हि (20) चरिमे (20) पुरे (52) समाइण्णे (52) पक्खम्हि (56) जोए (57) खीणे (59) उप्पण्णम्हि (60) णट्ठम्मि (60) मदम्हि (67) समए (93) समयम्हि (112) लोगम्हि (171) कम्मम्हि (191) मोहणीयम्हि (191) परिमियम्हि (197) खेतम्हि (197)

सर्वनाम – जिस्से (132)

(ड) सप्तमी ब.व.

पुल्लिंग,नपुं. लिंग,स्त्रीलिंग संज्ञा, विशेषण शब्द ('सु' प्रत्यय प्रयुक्त)

कालंतरेसु (5) छसु (133) हेट्ठिमासु (133) पुढवीसु (133) इत्थीसु (133)

2. क्रिया प्रयोग

(क) वर्तमानकाल

उत्तमपुरुष एकवचन (सर्वत्र 'मि' प्रत्यय प्रयुक्त)

पणमामि (5) पवक्खामि (19) करेमि (65)

अन्यपुरुष एकवचन (दि, दे, इ, ई प्रत्यय प्रयुक्त)

णयदि (4) छिज्जदे (12) होइ (32) हवइ (47) उप्पज्जइ (48) वक्खाणइ (62)बज्झई (70) वहइ ((87) सद्दहदि (110) कुणदि (135) मुंचइ (144) वक्कमदि (146) सिज्झइ (167) लहइ (169) छादेदि (170) सेदे (171) पवत्तइ (179) उच्चइ (185) ठवेइ (188) परिहरइ (189) पस्सइ (196) मुयदि (200) रुसदि (203) णिंददि (203) दूसदि (203) परिभवदि (203) पसंसदि (203) पत्तियइ (204) गणइ (203) जायइ (219) मीमंसदि (221) 3863 (220)

अन्यपुरुष बहुवचन (न्ति, न्ते प्रत्यय प्रयुक्त)

उप्पजंति (8) वियंति (8) लभन्ते (21) परिलंघयंति (21) होंति (38) बेंति

(90) दिव्वंति (137) जीवंति (141) मुंचंति (148) सिज्झंति (211) इच्छंति (220) छंति/णयंति (3)

(ख) विधि एवं आज्ञा

मध्यम पुरुष एकवचन ('हि' '0' 'सु' प्रत्यय प्रयुक्त)

वियाणाहि (45) जाण (156) मुणसु (215)

मध्यमपुरुष बहुवचन – ('ह' प्रत्यय प्रयुक्त)

णमह (1) भजह (51)

अन्यपुरुष एकवचन ('उ' 'ज्जा' 'ए' 'दु' 'ऊ' प्रत्यय प्रयुक्त)

पसियउ (2) जाणिज्जा (14) पउंजे (34) जयऊ (66) हवेदु (174)

अन्यपुरुष बहुवचन ('न्तु' प्रत्यय प्रयुक्त)

हवंतु (20) पस्संतु (35)

3 कृदन्त प्रयोग

(क) सम्बन्धक भूतकृदन्त (त्तुं, ऊण, इय प्रत्यय प्रयुक्त)

मेलिया (38) गेण्हिऊण (87) छेत्तूण (188) दट्ठूण (3, अनि. संकृ) मोत्तुं (169, अनि. संकृ)

(ख) हेत्वर्थक कृदन्त (दुं प्रत्यय प्रयुक्त)

कारिदुं (109)

(ग) वर्तमानकालिक कृदन्त (न्त, माण प्रत्यय प्रयुक्त)

अजाणमाणो (110) समुव्वहंतो (187) वेदंतो (190) अभित्थुवंतो (204)

(घ) भूतकालिक कृदन्त (अ/य, द भूतकालिक कृदन्त प्रयुक्त)

उच्चारियं (3) भणिया (3)भाविय (47) कहिओ (52) भणिओ (73) णासिय (108) वण्णिया (131) वण्णिदो (171) वड्ढाविअ (प्रे. भू.कृ)

(ङ) अनियमित भूतकृदन्त

कयं (3) पण्णत्त (19) निद्दद्ध (23) णिहय (23) दिट्ठ (24) णिद्दिट्ठो (88) गयं (144) पत्तो (148) संपत्ता (209)

(च) विधिकृदन्त (अव्व, दव्व प्रत्यय प्रयुक्त)

मुणेयव्वो (57) णादव्वो (195)

4. कर्मवाच्य प्रयोग (इज्ज प्रत्यय प्रयुक्त)

मग्गिज्जंते (83) दरिसिज्जंतं (143)

अनियमित कर्मवाच्य – भण्णदे (93)

5. अव्यय

सुइरं – चिरकाल (2) कु – विशेष (3) सया – सर्वदा (5) णमो – नमस्कार (1) णियमा – नियम से (14) जत्थ – जहाँ (14) तत्थ – वहाँ (14) किं – क्या (18) केवचिरं – कितने समय तक (18) णो – नहीं (28) व्व – की तरह (29) णिच्चं – नित्य (34) इय – इसलिए (35) तहेव – उसी प्रकार, तथा (45, 82) सरिच्छं – सदृश (47) चिरं – चिरकाल तक (63) कधं – किस तरह (70) एमेव – उसी प्रकार (87) जह – जिस प्रकार (119) जम्हा – जिस कारण से (128) तम्हा – इसलिए (128)तेण – इसलिए (135) सम्मं – भली प्रकार (143) पहुडि – उसी समय से लेकर (143) अत्थि – है (148) ण – नहीं (148) णत्थि – नहीं (178)

2. आचार्य कुन्दकुन्द : समयसार

जैन आचार्य परम्परा में आचार्य कुन्दकुन्द का स्थान शीर्षस्थ है। प्रत्येक शुभ कार्य हेतु किये गये मंगलों में इनका नाम सम्मिलित है। ये दीर्घ तपस्वी, अनेक ऋद्धियों के धारी और अतिशय ज्ञान सम्पन्न श्रमण थे। इनके द्वारा रचित समयसार ग्रन्थ आत्मानुभूति का दिव्य प्रकाश होने से अध्यात्म का अनुपम ग्रन्थ तो है ही साथ में उत्तम कोटि का दर्शनशास्त्र भी है। इस ग्रन्थ में साम्प्रदायिक या नारी – पुरुष विषयक किसी भी

प्रकार की आलोचना को स्थान नहीं दिया गया। इस ग्रन्थ की सबसे बड़ी विशेषता यह है कि इसमें आत्मधर्म जैसे गूढ विषयों को विभिन्न दृष्टान्तों के माध्यम से इतनी सरल ओर सुबोध रीति से प्रतिपादित किया गया है कि जिससे गूढ विषय भी सहज हो गये हैं। मानवमात्र के लिए यह ग्रन्थ उपयोगी सिद्ध होता है।

आचार्य कुन्दकुन्द सिद्धान्त और अध्यात्म के साथ साथ भाषा शास्त्र के भी अधिकारी और प्रवर्तक विद्वान थे। ये शौरसेनी प्राकृत के आद्यकवि और रचनाकार माने जाते हैं। व्याकरणिक प्रयोग हेतु इनके द्वारा रचित इनकी विभिन्न कृतियों में से समयसार को लिया गया है। इसमें यह देखेंगे कि इस समयसार रचना में संज्ञा, सर्वनाम एवं विशेषण हेतु विभक्तियों के किन किन रूपों को तथा क्रिया एवं कृदन्त के किन किन प्रत्ययों को स्थान मिला है। **कोष्ठक में शब्द से सम्बन्धित गाथा संख्या भी दी गयी है।** इस रचना के आधार पर हम शौरसेनी भाषा के स्वरूप से अवगत हो सकेंगे।

1. विभक्ति प्रयोग

(क) प्रथमा ए.व.

अकारान्त पुल्लिंग संज्ञा, विशेषण शब्द (सर्वत्र 'ओ' प्रत्यय प्रयुक्त)

जीवो (2, 40, आदि) समओ (3) सुंदरो (3) उवलंभो (4) सुलहो (4) अपमत्तो (6) पमत्तो (6) अणज्जो (8) ववहारो (11, 48 आदि) अभूदत्थो (11) भूदत्थो (11) सुद्धो (12, 38 आदि) पुरिसो (17, 35) खीणो (33) मोहो (33, 36, 51 आदि) एक्को (37, 73 आदि) आदेसो (47) वण्णो (50) गंधो (50) रसो (50) फासो (50) रागो (51) दोसो (51) संबंधो (57) पंथो (58) संचओ (70) बंधो (70) कारगो (92) परिणामो (139) परमट्ठो (151) अधिगमो (155) णिरोहो (166, 192 आदि) आहारो (171) संजुत्तो (179) परिहीणो (180) कोहो (181) वेज्जो (195) धरो (200) बुहो (207) अणिच्छो (212) णिरालंबो (214) ससंकिदो–ससंकिओ (301) अवराहो (303) णिरावराहो (303) कुंभो (306) पस्सगो (315, 317) अभव्वो (317) एयंतो (346) सिद्धंतो (347) जाणगो (355, 356) विणिच्छिओ (365)

घादो–घायो (369) उप्पादो (372) फासो (379) गुणो (380) धम्मो (398) सेवगो (197) धरो (200) बुहो (207) सिप्पिओ (349) अबुद्धो (374)दुक्खिदो (355)

इकारान्त व उकारान्त पुल्लिग संज्ञा व विशेषण शब्द (सर्वत्र '0' प्रत्यय प्रयुक्त)

सम्मादिट्ठी (11) णाणी (35, 151 आदि) आदी (37) अण्णाणी (69) मुणि (151) केवलि (151) हेदू (190) विण्हू (321)

सर्वनाम शब्द

जो (9) अहं (20, 36 आदि) एदं (20) सो (33, 69 आदि) एसो (58) एस (59, 347 आदि) तुमं (248)

नपुंसकलिंग संज्ञा, विशेषण एवं सर्वनाम शब्द (सर्वत्र (अनुस्वार) प्रयुक्त)

पाहुडं (1) छलं (5) णाणं (34) पच्चक्खाणं (34) अण्णं (38) मेत्तं (38) दुक्खं (45) संठाणं (49) सरीरं (50) सहणणं (50) णोकम्मं (51) कारणं (72) हेदुं (80) णियलं (146) पावं (263) अज्झवसाणं (265) उद्देसियं (287) रट्ठं (325) कम्मं (339) पडिकम्मणं (383) पचक्खाणं (384) आलोयणं (385)

सर्वनाम शब्द– इणं (415)

स्त्रीलिंग संज्ञा, विशेषण शब्द ('0' प्रत्यय प्रयुक्त)

कहा (4) मदी (259) पयडी (328) सुदी (336) सेडिया (356)

सर्वनाम –एसा (259) एरिसी (336)

(ख) प्रथमा ब.व.

अकारान्त पुल्लिग संज्ञा, विशेषण शब्द (सर्वत्र 'आ' प्रत्यय प्रयुक्त)

भावा (44,46 आदि) लोगा (58) पज्जत्ता (67) सुहुमा (67) वादरा (67) जीवसण्णा (67) गुणट्ठाणा (68)

विदुसा (156) पच्चया (169) सहावा (198) दोसा (286) अवसेसा (298) पण्णया (317)

इकारान्त पुल्लिग संज्ञा, विशेषण शब्द ('0' एवं 'णो' प्रत्यय प्रयुक्त)

साहू (31) इसिणो (9) परवादिणो (39) ववहारी (58) मुणिणो (272)

सर्वनाम शब्द

अवरे (40) एदे (44,46) सव्वे (44,46) जे (68) इमे (68)

नपुंसकलिंग संज्ञा शब्द : (सर्वत्र 'णि' प्रत्यय प्रयुक्त)

चरित्ताणि (16) कम्माणि (311) वयणाणि (373) लिंगाणि (408)

सर्वनाम शब्द – ताणि (325)

स्त्रीलिंग शब्द.

पयडीओ (65)

(ग) द्वितीया ए.व.

पु. नपुं. स्त्री लिंग, विशेषण एवं सर्वनाम शब्द (सर्वत्र ं (अनुस्वार) प्रयुक्त)

धुवं (1) अचलं (1) अणोवमं (1) गदिं(1) पाहुडं (1) भासं (8) अप्पाणं (9, 15 आदि) इणं (9) केवलं (9) सुदणाणं (10) सव्वं (10) जिणसासणं (15) आदं (31) अधियं (31) साहुं (32) कम्मं (39) अज्झवसाणं (39) उदयं (41) वण्णं (59) विसेसं (69) अंतरं (69) असुचितं (72) णियत्तिं (72) सहावं (185, 293 आदि) णिज्जरं (194) मज्जं (196) णिव्वुदिं (204) परिगहं (207) कंखां (215) उवघादं (238) छेदं (289) पयडिं (317) चेट्ठं (354) वत्तव्वं (360) मं (375) तं (375) गंधं (377) रसं (378) फासं (379) गुणं (380) उवसमं (382) अप्पयं (383) पच्चक्खणं (386) वीयं (387) सत्थं (390) ममत्तं (413)

(घ) द्वितीया ब.व.

पुल्लिग संज्ञा, विशेषण एवं सर्वनाम शब्द ('ऐ' प्रत्यय प्रयुक्त)

सिद्धे (1) जे (12) इंदिये (31) भावे (34) सव्वे (35, 73 आदि) भावे (35, 300 आदि) पराइए (300) लिंगे (411)

नपुं.लिंग संज्ञा, विशेषण एवं सर्वनाम शब्द ('आइं' 'आणि' प्रत्यय प्रयुक्त)

पराणि (96) दव्वाणि (96) सत्थाणि (317) कम्माइं (319) बहुप्पयाराइं (319)

सर्वनाम शब्द – ताणि (16)

(ङ) तृतीया ए.व.

पुल्लिग एवं नपुं. लिंग अकारान्त व उकारान्त शब्द (अकारान्त शब्दों में 'एण' एवं उकारान्त शब्दों में 'णा' प्रत्यय प्रयुक्त)

सविहवेण (5) ववहारेण (8, 48 आदि) सुदेण (9) भूदत्थेण (13) पयत्तेण (17) संजोगेण (42) कारणेण (82) भावेण (82) रागेण (147) रयेण (160, 247 आदि) उदयेण (162) सरीरेण (169) पुरिसेण (179) णिरोहेण (192) अज्झवसिदेण (262) उवदेसेण (283) सहावेण (361) दविएण (372) साहुणा (16)

सर्वनाम शब्द – मए (28) एदेण (82, 206 आदि) तए (251)

स्त्रीलिंग शब्द – (ए, इ प्रत्यय प्रयुक्त)

बुद्धिए (96) आराहणाइ (305)

(च) तृतीया ब.व.

पुल्लिग, नपुं. लिंग, स्त्रीलिंग शब्द ('हि' एवं 'हिं प्रत्यय प्रयुक्त)

दरिसीहिं (12) विदूहिं (33) णिच्छयवादीहि (43) जिणेहि (44) भूदाहिं (66) जोधेहि (106) गुणेहिं (170) करणेहिं (239) कम्मेहिं (332) पज्जयेहिं (345) पयडीहिं (66 स्त्रीलिंग) हेदूहिं (138)

सर्वनाम शब्द– एदाहि (66) ताहि (66) तेहिं (252)

(छ) चतुर्थी ए.व.

सर्वनाम शब्द – तुह (206) तुहं (252)

(ज) पंचमी ए.व.

पुल्लिग एवं नपुं. लिंग व सर्वनाम शब्द ('दो' प्रत्यय प्रयुक्त)

णिच्छयदो (16, 239 आदि) ववहारदो (59, 67 आदि) जहण्णादो (171) णाणगुणादो (171) वत्थुदो (265) वित्थरदो (343)

सर्वनाम – तदो (72) एत्तो (247) तत्तो (342)

(झ) षष्ठी ए.व.

पुल्लिग एवं नपुं. लिंग शब्द('स्स' एवं णो' प्रत्यय प्रयुक्त)

एयत्तस्स (4) साहुस्स (6) समयस्स (36) कम्मस्स (41) ववहारस्स (44,60 आदि) णामकम्मस्स (65) दुक्खस्स (72) णिच्छयणयस्स (83) उवओगस्स (89) भावस्स (94) वत्थस्स (157) संखस्स (220) दव्वस्स (286) अप्पणो (344)

इकारान्त पुल्लिग– केवलिणो (29)

सर्वनाम – सव्वस्स (4) एदस्स (20) मम (20, 207 आदि) मज्झं (25, 208, 300 आदि) मज्झ (38) जस्स (45)तुज्झ (63) तस्स (70, 90 आदि) तुहं (249, 251 आदि) तुम्हं (337, 341 आदि) तुम्ह (339)

(ञ) षष्ठी ब.व.

पुल्लिग एवं नपुं. लिंग शब्द (आण, आणं णं प्रत्यय प्रयुक्त)

कम्माणं (42, 59 आदि) णोकम्माणं (59) जीवाणं (61) संसारत्थाण (61) पमुक्काणं (61)आसवाण (69) दोण्हं (69) आसवाणं (72) भावाणं (82, 280 आदि) दव्वाणं (193) चेदणाणं (193) इदराणं (193) रागादीणं (201) धम्माणं (233) बंधाणं (293) समणाणं (321) रहिदाणं (327)

इकारान्त पु. – जदीण (156)

सर्वनाम शब्द – जेसिं (270) तेसिं (100, 155 आदि)

(ट) सप्तमी ए.व.

पुल्लिग एवं नपुं. लिंग शब्द (ए, म्मि, म्हि प्रत्यय प्रयुक्त)

लोगे (3) एयत्ते (3) अपरमे (12) भावे (12) णोकम्मम्हि (19) कालम्हि (21) णिच्छये (29) णयरम्मि (30) पंथे (58) जीवे (59) भवे (61) सुत्ते (67, 309 आदि) पज्जाए (76)दव्वे (103) जीवम्हि (105) सहावे (151) परमट्ठम्मि (152) फलम्मि (168) विंटे (168) उवओगे (181) कोहे (181) वियप्पे (182) उवओगम्हि (182) अण्णम्हि (187) उवभोगे (196) अलिये (263) अदत्ते (263) अबंभचरे (263) रागम्हि (281) दोसम्हि (281) बंधणयम्हि (288) जणम्हि (301) जणवदे (302) अचेदणे (366) विसए (366) भावम्हि (384)

सर्वनाम शब्द– तम्हि (91, 104 आदि) जम्हि (103, 384 आदि) एदम्हि (206) मज्झे (219)

(ठ) सप्तमी ब.व.

पुल्लिग एवं नपुं. लिंग शब्द ('सु' प्रत्यय प्रयुक्त)

कोहादिसु (69) कम्मेसु (150) जोगेसु (187) विसयेसु (217, 366 आदि) उदयेसु (217) भावेसु (232) पहेसु (236) चिट्ठासु (242) पज्जयेसु (365) कायेसु (368) लिंगेसु (413) पयारेसु (413)

सर्वनाम – एदेसु (90)

(ड) सम्बोधन – मूढमदी (64)

2. क्रिया प्रयोग

(क). वर्तमानकाल

उत्तमपुरुष एकवचन ('मि' प्रत्यय प्रयुक्त)

वोच्छामि (1) होमि (20) णेमि (73) हिंसामि (247) करमि (253) मारेमि (261) करेमि (260)

मध्यमपुरुष एकवचन ('सि एवं 'से' प्रत्यय प्रयुक्त)

भणसि (24) मण्णसे (62) इच्छसि (205) हरसि (248) देसि (251) मण्णसि (341) रुससि (374) करेसि (267)

अन्यपुरुष एकवचन (दि, दे, ए, एज्ज प्रत्यय प्रयुक्त)

होदि (3,6 आदि) अहिगच्छदि (9) जाणदि (10,75 आदि) हवदि (11,41 आदि) पस्सदि (14,362) सद्दहदि (17, 275) अणुचरदि (17) करेदि (22) भणदि (23) भासदि (27) थुणदि (29) मुणदि (31, 185) हवेज्ज (33) मुयदि (35,200) विमुच्चदे (35) बुज्झदि (36) विज्जदे (51) वट्टदे (69) कुणदि (72) णिवत्तदे (74) अहिलसदि (336) परिणमदि (76) गिण्हदि (76,341) उपज्जदि (76,302 आदि) कुव्वदि (81) परिणमदे (135,172 आदि) लहदि (144, 146) वज्जेदि (148) धारयदि (152) णासदि (157) वेदयदि (83) वेदयदे (84) परिणामए (103) जम्पदे (106) उप्पादेदि (107) उवेदि (168) परिच्चयदि (184) जहदि (184) झायदि (188)चिंतेदि (188) जायदि (191) उवयदि (195) भुंजदि (195) मज्जदे (196) विणस्सदे (216) उपज्जदे (217) लिप्पदि (218) गच्छेज्ज (322) पजहे (222) गच्छे (223) सेवदे (224) देदि (224) छिंदंदि (229) ठवेदि (234) भमदि (236) भिंददि (238) मण्णदि (247) अधीयेज्ज (274) फासेदि (275) पावदि (289) मुच्चदि (290) संपावदि (292) विरज्जदि (293) विणस्सदि (312) हवे (313) घाददि (338) विजहदि (363) रूसदि (373) तूसदि (373) एदि (375) गच्छदे (382) णियत्तदे (383) चेददि (385) पडिकम्मदि(386) आलोचेयदि (386) यावदे (391)

अन्यपुरुष बहुवचन (न्ति, न्ते प्रत्यय प्रयुक्त)

भणंति (6,9) होंति (29,63 आदि) विंति (32) मण्णंति (40) इच्छंति (41,154 आदि) वदंति (43) परुविंति (39, 340)वुच्चंति (44) हवंति (56) ववदिसंति (60) परिणमंति (80,373)कुव्वंति (86) जायंते (130) वज्जंति (149) पावंति (151,272) विंदंति (153) पवट्टन्ति (156) बंघते (173) बज्झंति (178) बज्झंते (180) लहंते (205) हरंति (249) लिप्पंति (270) उप्पजंते (372) सेवंते (409)

(ख) विधि एवं आज्ञा

उत्तमपुरुष एकवचन ('एज्ज' प्रत्यय प्रयुक्त)

दाएज्ज (5) चुक्केज्ज (5)

मध्यमपुरुष एकवचन (ए, उ, 0,हि, सु, एज्ज, एज्जा प्रत्यय प्रयुक्त)

जाणे (2) जाण (2,343 आदि) वियाणहि (14) मुणसु (120) काहि (147) रज्ज (150) गिण्ह (205) होहि (206) चिंतेज्ज (239) मारेहि (262) जाणसु (308) जाणेज्जा (327) सुणु (353) सुणसु (375) पेच्छ (376) जिग्घ (377) फास (379) बुज्झ (380) जुंज (411) इवेहि (412) चेदयहि (412)झायहि (412) विहर (412) विहरसु(412) करेज्ज (99) गच्छेज्ज (208)

मध्यमपुरुष बहुवचन –(ह प्रत्यय प्रयुक्त)

जाणह (245)

अन्यपुरुष एकवचन ('एज्ज' एवं 'दु' प्रत्यय प्रयुक्त)

करेज्ज (99) छिज्जदु (209) भिज्जदु (209) णिज्जदु (209) जादु (209)

(ग) भविष्यत्काल

उत्तमपुरुष एकवचन (हं, स्स, प्रत्यय प्रयुक्त)

दाएहं (5) होस्सामि (21)

अन्यपुरुष एकवचन (हि एवं ज्ज प्रत्यय प्रयुक्त)

होहिदि (21,206,415) होज्ज (99) भणेज्ज (300) ठाहिदि (415)

3 कृदन्त प्रयोग

(क) सम्बन्धक भूतकृदन्त (त्तु, दुं, त्ता, दूण, ऊण प्रत्यय प्रयुक्त)

वंदित्तु (1) जाणिदूण (17, 382) थुणित्तु (28) जिणित्ता (31) णादूण (34,35 आदि) जाणिदुं (35) पस्सिदूण (58,105) पस्सिदुं (59) वियाणित्ता (148) मोत्तूण (अनि.संकृ. 203) होदूण (175) रुंधिदूण (187) लहिदुं

(204) पजहिदूण (222) ठाइदूण (237) छेत्तूण (अनि.सकृ, 292) वियाणिदुं (293) णादुं (300,415) अज्झाइदूण (317) णच्चा (अनि संकृ, 327) सुणिदूण (373) मुइत्तु (409) जहित्तु (411) पढिदूण (415)

(ख) हेत्वर्थक कृदन्त (दुं, त्तुं प्रत्यय प्रयुक्त)

गाहेदुं (8) बज्झिदुं (302) गहिदुं (375) घेत्तुं (406) विमोत्तुं (अनि. हेकृ 406)

(ग) वर्तमानकालिक कृदन्त (न्त, माण प्रत्यय प्रयुक्त)

जाणंतो (22) थुव्वंत (30) अयाणंता (39, 154) विपच्चमाणस्स (45) मुस्संत (58) वट्टंतस्स (70) करंतो (92) असंकंतो (103) कुव्वंतो (104,241) धरंता (153) कुव्वंता (153) अबंधंतो (166) झायंतो (189) उवभुंजंते (194) उवभुंजंतो (195) पिबमाणो ((196) सेवंतो (197) असेवमाणो (197) वियाणंतो (200, 305) भुंजंतस्स (220) गच्छंतं (234) कुव्वंतस्स (239) असद्दहंतो (274) असद्दहंतस्स (274) परिणमंतो (281) चिंतंतो (291) वियरंतो (301) पिबंता (317)कुव्वंताणं (323) भणंतस्स (341) चेट्ठंतो (355) वेदंतो (387,388 आदि)

(घ) भूतकालिक कृदन्त (अ, द भूतकालिक कृदन्त प्रयुक्त)

भणिदं (1,339) देसिदो 11,342) देसिदा (12) वंदिदो (28) भणिदा (44) वण्णिदो (46,198) वण्णिदो (283) भणिदो (70,108) आलविदो (108) कहिदं (161) पडिदे (168) गहिदो (179) तवियं (184) तविदो (184) मिस्सिए (220) उदिदं (316) णिंदिद (373) आगदं (375) गहिदे (411)णादं (413)

(ङ) अनियमित भूतकृदन्त

पत्ते (1) ठिदो (2) गदो (3) अणुभूदा (4) अस्सिदो (11) ठिदा (12, 267) अभिगदा (13) अबद्धं (14) अपुट्ठं (14) संथुदो (28) णिद्दिट्ठा (43) णिप्पण्णा (44) णिग्गदो (47) उत्तो (59) आवण्णा (63, 294) उवगदो (64) पत्तो (64) णिव्वत्ता (66) उत्ता (67) कदं (105) कदे (106) ओच्छण्णो (157) समावण्णो (160,318) णिबद्धे (166) कदो (167) णिबद्धा (169) विरदो (127) मुक्को (188) उदिण्णं (194) परिणदो (223) आरूढो

(236) पण्णत्तं (248) पडिसिद्धो (272) वुत्तं (287) पडिबद्धो (288) छिण्णा (294) विहत्तो (296) उप्पण्णा (310) पत्ता (328) णिद्दिट्ठो (369) अपत्तो (382) उदिण्णं (385)

(च) विधिकृदन्त (तव्व, दव्व प्रत्यय प्रयुक्त)

घेतव्वं (5) णादव्वो (12,89 आदि) सेविदव्वाणि (16) सद्दहेदव्वो (18) अणुचरिदव्वो (18) मुणेदव्वं (34) मुणेदव्वो (57) बोद्धव्वा (109) णादव्वं (127) छेदेदव्वो (295) घेतव्वो (295) णादव्वा (297) विण्णेयं (अनि.विकृ 240)

4. कर्मवाच्य प्रयोग (इज्ज प्रत्यय प्रयुक्त)

(क) कर्मवाच्य

वेदिज्जदि (216) हिंसिज्जामि (247) रंगिज्जदि (278) रागिज्जदि (279) किज्जदि (332) घादिज्जदि (338)

(ख) अनियमित कर्मवाच्य

वुच्चदि (47) मुस्सदि (48) भण्णदे (66) भण्णदि (105,338) कीरदि (263,264) छिज्जंति (294) घेप्पदि (296) दिस्सदे (311) दिस्सदि (323) कीरदे (372)

5. प्रेरणार्थक क्रियाएँ

जीविस्सामि (250) जीवेमि (250) बंधेमि (266) विमोचेमि (266) सुवाविज्जदि (333) जग्गाविज्जदि (333) सुहाविज्जदि (333) दुक्खाविज्जदि (333) भमाडिज्जदि (334) णिज्जदि (333) बज्झामि (303)

6. अव्यय

तेण = इसलिए (3,170) सव्वत्थ = सर्वत्र (3,214) णवरि = केवल (4, 167) णवरिं = केवल (143) ण = नहीं (4) णवि = नहीं (6) णेव = नहीं (51) णो = नहीं (54) णवि = कभी नहीं (8) जदि = यदि (5, 62) जह = जैसे (8)जहेव = समान (57) विणा = बिना (8) तह = वैसे ही, उसी प्रकार (8,35) तहेण = उसी प्रकार (196) हि = वास्तव में (9,62) हि = क्योंकि (29) जम्हा = क्योंकि (57, 170) तु = ही, निश्चयवाचक अव्यय

(9) दु = ही, और, परन्तु, निश्चयवाचक अव्यय (11,12,56) खलु = निश्चय ही, वास्तव में (11,70) पुण = और (12) य = और (13) तहा = और (39) पुणो = फिर (21) अध = फिर (194) जा = जबतक (19) ताव = तबतक (19) वा = भी (20) पुव्वं = पहले (21) एवं = इस प्रकार (22) एमेव = इसी प्रकार किह = किस प्रकार (22,44) कहं = कैसे (104) कदावि = कभी भी (27) कयावि = कभी भी (302) सुट्ठु = भली प्रकार (317)जइया = जब (33) तइया = तब (33) सया = सदा (38) णिच्चं = सदा ही (215) अत्थि = है (38) किंचि = कुछ (38) त्ति = यह (33,40) णियमा = नियम से (34) पि = भी (38) तत्थ = वहाँ, उसमें (61) अह = अथवा (63) सयं = अपने आप (91) सव्वदो = पूर्ण रूप से (160) समये समये = प्रति समय (170) अचिरेण = शीघ्र (189) तम्हा = इसलिए (208) तदो तु = तब तो (208) तहावि = तो भी (209) जम्हा तम्हा = जैसे तैसे (209) कुदोचि = किसी से (310) पडुच्च = आश्रय करके (311) मिच्छा = असत्य (257) पुण = किन्तु (319) संपडि = वर्तमान काल में (385) केई = कोई (370)

3. स्वामी कुमार (कार्तिकेय) कृत कार्तिकेयानुप्रेक्षा

स्वामी कुमार कृत कार्तिकेयानुप्रेक्षा में कुल 491 गाथाएँ हैं। इनमें अध्रुव, अशरण, संसार, एकत्व, अन्यत्व, अशुचित्व, आस्रव, संवर, निर्जरा, लोक, बोधिदुर्लभ, और धर्म इन बारह अनुप्रेक्षाओं का विस्तार पूर्वक वर्णन किया गया है। इन गाथाओं में प्रसंगवश जीव, अजीव, आस्रव, बन्ध, संवर, निर्जरा और मोक्ष इन सात तत्त्वों का स्वरूप, जीवसमास तथा मार्गणा का निरूपण, बारहव्रत, पात्रों के भेद, दान की श्रेष्ठता एवं महत्ता, दस धर्म, सम्यक्त्व के आठ अंग, बारह प्रकार के तप, ध्यान के भेद, प्रभेदों का कथन मिलता है। श्रावकधर्म एवं मुनिधर्म को सहज एवं सम्यक् रूप से अवगत करने के लिए यह ग्रन्थ अत्यन्त उपयोगी है।

इस ग्रन्थ की अभिव्यंजना बड़ी ही सशक्त है। ग्रन्थकार ने छोटी सी गाथा में महत्त्वपूर्ण तथ्यों का सहज एवं बहुत ही दृढता के साथ प्रतिपादन किया है। इस रचना के आधार पर यह सिद्ध होता है कि स्वामीकुमार आचार्य कुन्दकुन्द के समान ही सिद्धान्त और अध्यात्म

के साथ साथ भाषा शास्त्र के भी अधिकारी और प्रवर्तक विद्वान थे। इनके ग्रन्थ की भाषा शौरसेनी प्राकृत है। आगे हम देखेंगे कि इन्होंने अपने इस बारह अनुप्रेक्षा ग्रन्थ में प्राकृत के विभिन्न रूपों में से संज्ञा, सर्वनाम एवं विशेषण हेतु विभक्तियों के किन किन रूपों को तथा क्रिया एवं कृदन्तों के किन किन प्रत्ययों को अपनी रचना में ग्रहण किया है। **कोष्ठक में शब्द से सम्बन्धित गाथा संख्या भी दी गई है।** इस रचना के आधार पर हम शौरसेनी भाषा के स्वरूप से अवगत हो सकेंगे।

1. विभक्ति प्रयोग

(क) प्रथमा ए.व.

अकारान्त पुल्लिग संज्ञा, विशेषण शब्द (सर्वत्र 'ओ' प्रत्यय प्रयुक्त)

विणासो (4) संजाओ (8)देहो (9,51 आदि) पुरिसो (14) बलिओ (21) माहप्पो (21) विलओ (23) देविंदो (28) कसायविट्ठो (31) जीवो (32) संसारो (33,66 आदि) सुयणो (39) कुविदो (39) संहट्ठो (41) अण्णो (42) तिसिदो (43) णरो (44)जणो (47) भरहो (49) साहिमाणो (49) परिज्जिओ (49) णीरोओ (52) वसणिओ (53) पुत्तो (54) सधणो (56) निधणो (56) ईसरो (56) भिच्चो (56) सब्भावो (57) कीडओ (63) जाओ (64) भावो (64) देवरो (64)जणणो (64) भत्तारो (64) विहो (66) देसो (68)णिहिणो (72)एक्को (74) जुवाणो (74) वुड्ढो (74) वराओ (75) सुयणो (77) मूढो (80)विरत्तो (87) सुरत्तो (87)लीणो (94) जओ (95) णिरोहो (97) पहाणो (97) विजओ (98) संत्ततो (100) संवरो (101) विवाओ (103) सहलो (119) जम्मो (113) णिलीणो (114) लोओ (119) समो (120) भेओ (173) पमाणो (176) सहावो (178) उण्हवो (178) संकप्पो (184) राओ (187) परिणदो (190) पवेसो (203) णिलओ (203) बंधो (203) कालो (216) उवयारो (218) अत्थो (237) पज्जावो (240)वियप्पो (263) झुट्ठो (250) सद्दो (265)णओ (269) णेगमो (271) संगहो (272) परमत्थो (277) तिरिक्खो (287) रुद्दो (265) भव्वो (307)सावओ (328) अवलोओ (344) विहलो (346) पसत्थो (353) वावारो (346) सुरिंदो (351) पोसहो (376) णिग्गंथो (386) सूरो(404) वीसासो (430) चंडालो (431) भुयंगो (432) सज्झाओ (462) णिप्पडीयारो (467) काओसग्गो (468)

इकारान्त व उकारान्त पुल्लिग संज्ञा व विशेषण शब्द (सर्वत्र '0' प्रत्यय प्रयुक्त)

बंधू (53) सद्दिट्ठी (105) विजई (112) णाणी (178) सिहामणि (283) सण्णी (307) अणुराई (315) अणुव्वदी (334) साहु (364) सच्चवाई (398)

सर्वनाम शब्द – जो (13,14 आदि) सो (13,14,33 आदि) एसो (47,57 आदि) सव्वो (47) को (72) एसो (374)

नपुंसकलिंग संज्ञा, विशेषण एवं सर्वनाम शब्द (सर्वत्र (अनुस्वार) प्रयुक्त)

सासयं (4) सयणं (6) सरणं (23) मरणं (28) असुहं (38) माणसं (58) कलत्तं (80) देहं (85) करणं (92) धरणं (92) सुइरं (92) सम्मत्तं (94) वयं (95) उक्किट्ठं (95) चारित्तं (96) हेदूं (96) वज्जणं (97) सहणं (98) फलं (110)पुण्णं (113)सोक्खं (113)अच्छणं (116) खलणं (127)आउसं (162)पउमं (166) णाणं (254) तित्थं (191) दव्वं (208) पुग्गलं (208) आयासं (208) सददं (243) पच्चक्खं (254) परोक्खं (257) उवजुत्तं (259) अणेयंतं (261) एयंतं (261)माणं (281) झाणं (299) निव्वाणं (299) उवसमियं (309) अणुव्वदं (340) पमाणं (341) गहणं (344) समीहणं (344) आलोयणं (344) अलियं (407) णिग्गंथं (402)

सर्वनाम शब्दः जं (98,110 आदि) एदं (110) तं (180)

स्त्रीलिंग : संज्ञा, विशेषण एवं सर्वनाम शब्द (सर्वत्र '0' प्रत्यय प्रयुक्त)

लच्छी (10) सासया (10) माया (42) संपत्ती (51) दुहिदा (53) दुच्चरिया (53) महिला (54) इट्ठा (54) सवत्ती (64) जणणी (80) भावणा (87) अणुवेक्खा (93) णिरत्थया (93) गुत्ती (96) समिदी (96) वड्ढी (105) परमा (114) वणप्फदी (124) वाणी (208) पहावणा (422) उप्पत्ती (243) विहला (243) वाही (363) जीहा (381) खमा (394) णिम्मला (394) हिंसा (405) सुहुमा (405) विसोहि (411) वंछा (413) णिस्संका (414) णिक्खंखा (416) अग्गी (432) संपया (433) लेसा (483)

सर्वनाम शब्द –ता (12)

(ख) प्रथमा ब.व.

अकारान्त पुल्लिग संज्ञा, विशेषण शब्द (सर्वत्र 'आ' प्रत्यय प्रयुक्त)

तिरिया (42) दुहावहा (60) संबंधा (65) अणुरत्ता (85) आसवा (88) परिणामा (89) सच्छा (90) असच्छा (90) णामा (95) अत्था (121) पुण्णा (123) थूला (123) साहारा (123) सुहुमा (123) मणुस्सा (133) सिद्धा (150) अभव्वा (150) सेसा (152) णिरंतरया (152) उक्किट्ठा (195) महासत्ता (196) पज्जाया (221) सावेक्खा (266) णिरवेक्खा (266) मणुवा (387) सुयणा (433)

सर्वनाम शब्द : एदे (65) जे (194)

नपुंसकलिंग संज्ञा, विशेषण एवं सर्वनाम शब्द – (आ, 'णि' प्रत्यय प्रयुक्त)

लिंगाणि (92) दव्वाणि (117) आऊणि (127) साहारणाणि (126) भवणाणि (145) विमाणा (146) सेसाणि(205) सव्वाणि (215) भिण्णाणि (236) सरूवाणि (247) सुपसिद्धाणि (248) पुण्णाणि(411)

स्त्रीलिंग शब्द (ओ, आ प्रत्यय प्रयुक्त)

अणुपेहाओ (2) सहला (19) अउव्वा (211)

(ग) द्वितीया ए.व.

पु. नपुं. स्त्रीलिंग विशेषण एवं सर्वनाम शब्द (सर्वत्र ं (अनुस्वार) प्रयुक्त)

तिलयं (1) देवं (1) सव्वं (5) भंगुरं (13) अप्पाणं (13) अणवरयं (13) रइं (70) मोहं (22) मणं (22) उत्तमं (22)णिव्विसयं (22) सरणं (23) सारंगं (24) जीवं (24) मरणं (28) आउं (28) सग्गं (29) एक्कं (32) सरीरं (32) सयलं (37) भीमं (42) दारुणं (42) दुक्खं (42) पावं (47)पुण्णं (47) लच्छिं (13) गिहं (24) कुडंबं (54) मइं (55) आरंभं (55)माहप्पं (63) सरूवं (73) देहं (74) सोक्खं (76) ममत्तं (77) अणुरायं (87) वत्थुं (99) सडणं (103) हीलणं (109) उवसग्गं (109) रिउं (109) मोयणं (110) परीसहं (110) जणयं (111) बहुमाणं (112) णिच्चत्तं (116) पज्जत्तिं

(136) सद्दं (186) भेयं (187) मोक्खं (188) विवायं (189) उवयारं (208) पयारं (208) णिस्सासं (208) अवगासं (213) परिणामं (216) लोयं (254) अणेयंतं (262) अणुमाणं (267) अविणाभूदं (269) उज्जुयं (274) अहिरूढं (276) गंथं (282) सहावं (283) सारीरं (288) माणसं (288) जीवियं (293) सुइरं (293)सीलं (293) संसग्गं (294) कसायं (296) जमं (298) आयरं (301) इंदियं (303) अत्थं (303) विणासं (310) सद्दहणं (324) गुरुं (317) अवयारं (319) तच्चं (324) महिलं (338) लोहं (341) संवरणं (367) सल्लिहणं (369) काउसग्गं (371) बिंबं (372) विवायं (372) उववासं (377) भोज्जं (382) भुत्तिं (283) अहिलासं (384) अणुमणणं (388) कज्जं (389) आराहणं (391) वंकं (396) पुंजं (397) अलियं (398) हेदुं (401) वसदिं (401) दोसं (419) तत्तिं

सर्वनाम : तं (20, 37, 99 आदि)

(घ) द्वितीया ब.व.

पुल्लिग संज्ञा, विशेषण एवं सर्वनाम शब्द (ए, आ प्रत्यय प्रयुक्त)

विसए (22) भंगुरे (22) पुग्गला (67) दुज्जणे (91) भावा (94) कसाए (297) पज्जाए (323)

सर्वनाम शब्द – सव्वे (22, 183 आदि) एदे (94) ते (127) इयरा (127)

नपुंसकलिंग संज्ञा शब्द (इं, आणि प्रत्यय प्रयुक्त)

दुक्खाइं (55) दुक्खाणि (183) इंदियाणि (208) कज्जाणि (83) दव्वाणि (323)

स्त्रीलिंग संज्ञा, शब्द (ओ प्रत्यय प्रयुक्त)

अणुपेहाओ (1) जणणीओ (1)

(ङ) तृतीया ए.व.

पुल्लिग, नपुंसकलिंग संज्ञा, विशेषण एवं सर्वनाम शब्द (एं, एण, एणं प्रत्यय प्रयुक्त)

नियमेण (4) सरुवेण (4) निंदेण (16) पहाणेण (12) कट्ठेण (16) खएण (28) अप्पेण (31) उदयेण (34) सहावेण (38) हुयासेण (43) पावेण (47) वसेण (47) भावें (48) भावेण (49) कमेण (69) दोसेण (72) आयरेण (79) विसेसेण (96) तवेण (104) पवेसेण (116) णाणेण (178) कसाएण (193) भेएण (213) णेयेण (247) संगहेण (268) मयणेण (281) मल्लेण (335) रसायणेण (339) बलेण (364) कोहेण (394) जलेणं (397) बीएण (428) पहावेण (434) समासेण (438)

सर्वनाम शब्द – जेण (227) केण (115) तेण (365) मया (110)

स्त्रीलिंग संज्ञा शब्द ('ए' प्रत्यय प्रयुक्त)

सद्धाए (30) तिसाए (42) भुक्खाए (43) णावाए (191) विवक्खाए (245) तण्हाए (411)

सर्वनाम शब्द – जाइ (सर्व. 211)

(च) तृतीया ब.व

पुल्लिग, नपुंसक संज्ञा, विशेषण शब्द (हि, हिं प्रत्यय प्रयुक्त)

सुयंधेहिं (9) भक्खेहिं (9) भावेहिं (31) कसाएहिं (33) दुक्खेहिं (34) तिरिएहिं (41) मनुस्सेहिं (41) वएहिं (48) गरहाहिं (48) रागादिएहिं (99) दोसेहिं (92) हरादिहिं (119) इंदिएहिं (122) तोएहिं (127) सुहुमेहिं (206) बायरेहिं (206)जुत्तेहिं (206) जिणेंदेहि (224) अच्छीहिं (250) पहुदीहि (262) पज्जएहिं (302)

स्त्रीलिंग संज्ञा शब्द (हि, हिं प्रत्यय प्रयुक्त)

बुद्धिहिं (17) वाएहिं (127) जुत्तीहि (423)

(छ) चतुर्थी ब.व.

पुल्लिग (आणं प्रत्यय प्रयुक्त)

जणाणं (421)

(ज) पंचमी ए.व

पुल्लिग नपुंसकलिंग, स्त्रीलिंग संज्ञा, विशेषण एवं सर्वनाम शब्द (उ, दो, त्तो दु प्रत्यय प्रयुक्त)

मरणाउ (28) तत्तो (40) जोणीदो (45) वसादो (57) तण्हादो (59) दुक्खादो (60) सुणिच्छयदो (62) सरीरदो (79) कम्मादो (80) तच्चदो (82) सुक्कादो (105) मिच्छादो (105) णिच्चत्तो (116) सहावादो (117) परिणामादो (117) उत्तरदो (119) पडलादु (158) जीवादो (179) णिच्छयदो (204) रासीदो (207) मेलणादो (233) अप्पादो (248) णयादो (266) बलादो (269) उवसमदो (308) खयदो (308) मोहादो (378) सरीरादु (465) सरीरदु (466)

सर्वनाम शब्द – कुदो (59) तत्तो (106)

(झ) पंचमी ब.व.

पुल्लिग शब्द ('हिंतो' प्रत्यय प्रयुक्त)

पज्जएहिंतो (268)

(ञ) षष्ठी ए.व.

पुल्लिग, नपुंसकलिंग संज्ञा, विशेषण एवं सर्वनाम शब्द ('स्स' प्रत्यय प्रयुक्त)

सीहस्स (24) जीवस्स (33) जुत्तस्स (33) पुण्णस्स (50) जुदस्स (60) दुक्खस्स (61) मोहस्स (63) णिरवसेसस्स (68) आयासस्स (67) णाणिस्स (102) णिरहंकारस्स (102) पावस्स (113) मेरुस्स (120) मणूसस्स (308) भामाइयस्स (354) णिरीहस्स (412) भव्वस्स (421) चउक्कस्स (487)

सर्वनाम शब्द : तस्स (4) कस्स (51) मे (110)

स्त्रीलिंग शब्द ('ए' प्रत्यय प्रयुक्त)

अवसप्पिणीए (172) तिसाए (363)

(ट) षष्ठी ब.व.

पुल्लिग,नपुंसकलिंग संज्ञा, विशेषण एवं सर्वनाम शब्द (ण,णं, आण आणं प्रत्यय प्रयुक्त)

जणाणं (8) चक्कहराणं (10) पुण्णवंताणं (10) अपुण्णाणं (10) दाइयाणं (16) लोयाण (20) जुत्ताणं (21) सुरिंदाणं (23) महड्ढीणं (58) देवाणं (58) जीवाणं (65) रहिदाणं (65) कुहियाणं (83) मणुयाणं (84) पएसाण (88) कसायाणं (95) पीडाण (98) रउद्दाणं (98) मुणीणं (98) कम्माणं (107) साहूणं (104) तवाणं (104) तिरियाणं (131) देवाण (145) पत्तेयाण (161) तोयाण (162) वाऊणं (162) असुराणं (169) देहाणं (194) खंधाण (203) बंधाण (203) गुणाण (204) दव्वाण (209) तच्चाण (209) परिणामाणं (216) वत्थूण (229) पज्जयाणं (242) बंभणाणं (234) अविज्जमाणाण (244) झुट्ठाणं (250) णाणाणं (259) सेसाणं (264) संगासत्ताणं (304) असंगाणं (304) सत्तण्हं (308) रयणाण (324) दोसाण (344) तोयाण (346) सुहाणं (400) गुरुण (406) हीणाणं (408) जदीणं (459) कायाणं (459)

सर्वनाम शब्द : तेसिं (51,59 आदि) जेसिं (59,139) सव्वाणं (98) सव्वेसिं (103)

स्त्रीलिंग संज्ञा, विशेषण एवं सर्वनाम शब्द (ण, णं आण, आणं प्रत्यय प्रयुक्त)

अग्गीणं (162) पयडीणं (308) रिद्धीण (324) दिसाण (341) लच्छीणं (344) दिसीणं (367) इत्थीणं (384) महिलाणं (403)

(ठ) सप्तमी ए.व.

पुल्लिग, नपुंसकलिंग संज्ञा, विशेषण एवं सर्वनाम शब्द (ए म्हि,म्मि प्रत्यय प्रयुक्त)

पंथे (8) पंडिए (11) सूरे (11) पूज्जे (11) धम्मिट्ठे (11) धीरे (11) धरणीयले (14) भवे (23) कमे (23) संसारे (30) णरए (34) कुंडम्हि (36) समयम्हि (37) गब्भे (40) असारे (62) एयम्मि (65) गब्भम्हि (74) खणे (79) असुइत्ते (87) दुव्वयणे (91) उवसमे (94) सज्झाणम्मि (99) मूले

(118) मज्झे (118) झाए (120) उढम्मि (120) सिहरम्मि (121) आयासे (123) खंडे (132) विओगम्मि (139) कालोए (144) जलहिम्मि (144) लोयम्मि (145) वयणे (194) धम्मे (195) सुक्के (195) णासे (199) खए (199) पएसे (215) समए (237) णिहणम्मि (244) दवम्मि (244) देसम्मि (256) लाहे (335) थोवे (335) पुव्वण्हे (354) मज्झण्हे (354) रयणत्तए (365) अवरण्हे (273) पच्चूसे (374) अंते (391) मसाणे (449) जोए (473) विलए (485) अच्चुदम्हि (391) जोगम्हि (486)

सर्वनाम शब्द – जम्हि (79) खणे (79) असुइत्ते (87) दुव्वयणे (91) उवसमे (94) सज्झाणम्मि (99) मूले (118) मज्झे (118) झाए (120) उढम्मि (120) सिहरम्मि (121) आयासे (123) खंडे (132) विओगम्मि (139) कालोए (144) जलहिम्मि (144) लोयम्मि (145) वयणे (194) धम्मे (195) सुक्के (195) णासे (199) खए (199)

स्त्रीलिंग संज्ञा, विशेषण एवं सर्वनाम शब्द ('ए' प्रत्यय प्रयुक्त)

वेलाए (18) रयणीए (18) तरुणीए (18) वज्जगीए (36) गदीए (55) णाडीए (122) लद्धीए (244) गईए (299) लीलाए (377) रयणीए (382)

(ड) सप्तमी ब.व.

पुल्लिग, नपुंसकलिंग संज्ञा, विशेषण एवं सर्वनाम शब्द : (सु प्रत्यय प्रयुक्त)

पत्तेसु (13) कज्जेसु (19) देहेसु (33) तिरिएसु (40, 289) वियप्पेसु (40) सव्वेसु (69) कालेसु (69) (132) खंडेसु (133) समुद्देसु (144) णिगोएसु (284) सुहुमेसु (285) दुग्गईसु (296) अत्थेसु (313) आरंभेसु (314) भवेसु (327) दाणेसु (362) धम्मिएसु (421) कलत्तेसु (427)

सर्वनाम : सव्वेसु (69)

स्त्रीलिंग संज्ञा, विशेषण शब्द ('सु' प्रत्यय प्रयुक्त)

जोणीसु (44) महीसु (132) भूमीसु (132) सामग्गीसु (231) दुग्गईसु (296) सेढीसु (484)

(ढ) सम्बोधन

जइणो (412)

2. क्रिया प्रयोग

(क) वर्तमानकाल

उत्तमपुरुष एकवचन ('मि' प्रत्यय प्रयुक्त)

इच्छामि (324)

मध्यमपुरुष एकवचन ('से' प्रत्यय प्रयुक्त)

मण्णसे (216)

अन्यपुरुष एकवचन (इ, ए, दि,दे

हवेइ (4,8 आदि) हवे (20,51,78,315)) होदि(101) होइ (112) हवइ (190) हवदि (218) विहडइ (9) बंधेइ (10) बंधदे (327) रमइ (10) चिट्ठेइ (12) संचदि (13) देदि (13) वंचदि (13) वयदि (332) संठवेदि (14) कुणदि (14) कुव्वदे (185) कुणइ (188) कारयदि (385) धरेदि (16) साहेदि (16)साहदि (278) वड्ढारदि (17) तिप्पेदि (17) चिंतेइ (17) रक्खदे (24) रक्खेदि (42) सक्कदे (28) छंडदि (29) छंडेइ (77) हणदि (31) चयदि (32) गिण्हेदि (32) गिण्हदे (74) गिण्हदि (80) जायदि (34) जायदे (57) सहेदि (34) पावदि (40) पावए (76) भक्खदि (42) वड्ढदे (46) वड्ढदि (113) गमेदि (46) गच्छेदि (186) गच्छदे (233) अज्जेदि (47) अज्जदि (48) ढुक्केदि (52) मरदि (54) विणस्सदे (54) णस्सेदि (238) णासेदि (327) णासेइ (73) णासए (341) डज्झेइ (54) परिचयइ (55) जम्मदि (69) भमेइ (72)भमइ (100) तप्पेइ (75) तप्पदि (394) भुंजेदि (76) भुंजदि (186) भुंजदे (382) भुंजावदि (382) खवेदि (76) खवदि (377) रच्चदे (81) सेवदि (82) परिहरइ (93) परिहरेदि (349) परिहरेइ (351) परिवज्जेइ (94) परिवज्जइ (386) आयरइ (100) संवरइ (101) मण्णइ (110) मण्णदे (234) मण्णदि (312) णिंदइ (112) सरेइ (114) समाणेदि (136) पणस्सदे (179) वेदेदि (183) पिच्छदि

(186) णिसुण्णदे (186) तरइ (191) वट्टदि (216) उप्पज्जेदि (227) समासदे (231) मुणदि (249) भणदि (250) वियाणेइ (316) विजाणदि (324)संकदि (323) पयासदि (254) पयासेदि (262) भासदि (276) भासेदि (332) पसाहेदि (262) संगहेदि (272) विसरदि (255) ववहरेदि (278) झायदि (283) वसइ (284) लहदि (285) अच्छेदि (286) णिवडेइ (288) जीवदि (293) वावरेइ (331) इच्छदि (332) समिच्छदि (410) तूसेदि (335) हरदि (335) णिहणदि (339) थुव्वदे (351) झाडए (378) वज्जेदि (381) हीलदि (395) जंपदे (396) गोवदि (396) पस्सदे (403) अहिलसेदि (411)

अन्यपुरुष बहुवचन (न्ति,न्ते प्रत्यय प्रयुक्त)

मण्णंति (21) पावंति (42) हुंति (60, 352 आदि) होंति (65, 88, 363) हवंति (119) सेवंति (86) परिणमंति (117) विरायंते (121)रमंति (300) पजालंति (300)

(ख) विधि एवं आज्ञा

मध्यमपुरुष एकवचन (सु, 0 प्रत्यय प्रयुक्त)

मुणिज्जसु (89) जाणसु (99) जाण (103, 127, 239 आदि)

मध्यमपुरुष बहुवचन (ह प्रत्यय प्रयुक्त)

पेक्खह (63) झायह (73) जाणेह (83, 204) मुणह (116) वियाणेह (138, 217, 275 आदि)

(ग) भविष्यत्काल

उत्तमपुरुष ए.व. (भविष्यत्काल का विशेष प्रयोग)

वोच्छं (1)

3 कृदन्त प्रयोग

(क) सम्बन्धक भूतकृदन्त (त्ता, उं, दुं, ऊण, ऊणं, दूण, दूणं, अ/य, त्ता प्रत्यय प्रयुक्त)

वंदित्ता (1) जाणिऊण (2, 82, आदि) संचिऊण (14) जाणित्ता (20,340,350) चइऊण (22, 255) मुणिऊण (22, 301) णिसरिदूणं (40) णीसरिदूणं (40) दट्ठूण (58) जाणिय (73) चइऊणं (73)जिणिऊण (109) परिवज्जिय (146) तोडिय (202) खविय (283) णिस्सरिदूणं (284) सुणिच्छइत्ता (297) लहिऊणं (300) लहिय (300) णिहणित्ता (333) बंधित्ता (355) होउं (357) पाविय (369) जाइऊण (373) उट्ठित्ता (374) णेदूण (375) गहिऊण (376) होदुं (452)

अनियमित सम्बन्धक भूतकृदन्त – णिच्चा (355) किच्चा (355) चत्ता (374) कादूण (374)

(ख) हेत्वर्थक कृदन्त (उं, दुं प्रत्यय प्रयुक्त)

दाउं (28,380) रक्खिदुं (29) वण्णिदुं (37) गहिउं (77) दादुं (213)वारेदुं (219) काउं (245) पालेदुं (295,398) छंडेदुं (387)काउं (426)

(ग) वर्तमानकालिक कृदन्त (न्त, माण प्रत्यय प्रयुक्त)

वड्ढमाण (19) पेच्छन्ता (21) चवंतं (29) संसरंताणं (30) डज्झंतो (43) णिग्गममाणो (45) विसहमाणो (55) वियारमाणं (62) वट्टंतो (71) मण्णंता (86) जाणंतो (93) वियारमाणो (100) कयमाणा (104) गिण्हंतो (136) मण्णंतो (193, 331 आदि) णिंदंता (197) परिणममाणा (219) परिणममाणो (231) विज्जमाणा (243) पिच्छमाणो (250) वट्टमाणो (314) पुज्जमाणो (320)परिहरमाणो (331) कुव्वंतं (332) विरच्चमाणो (337) विचिंतंतो (356, 473 आदि) कुणंतो (371, 466 आदि) चिंतंतो (372, 481 आदि) भुंजंतो (376) कुव्वंतो (378) मण्णमाणो (386) कीरमाणे (394) असक्कमाणो (398) समीहमाणो (416) चलमाण (420) जपंतो (421) भणिज्जमाणा (438) भुंजंता (439) विचिंतमाणो (446) समीहंतो (463) णिरुंधंतो (482) सुज्झंतो (484) कुव्वाणं (अनि.वकृ 451)

(घ) भूतकालिक कृदन्त (अ/य, द भूतकालिक कृदन्त प्रयुक्त)

भणिया (3,409 आदि) भरिओ (9) पडिएहिं (19) पडिदं (24) गहिदं (24 273 आदि) इच्छिदं (50) जादो (68) मरिदो (68) गहिओ (74) मुणिदे

(79) विणिम्मिय (85) संचिदं (110) धरिओ (115) भरिदो (122) मिलिदो (184) मुणिय (198) खंडियं (281) जिओ (281) पडियं (297) भासिओ (304) मिलियं (316) णादं (321) वंदिओ (326) वीसरियं (335)रक्खिया (364) विणिज्जिया (381) पालियं (381) सेविदो (391) ईहिदो (410) विसोहिया (425) भोलविदो (426) वज्जिओ (480) रइया (489)

(ङ) अनियमित भूतकृदन्त

उप्पण्ण (4) दिट्ठ (7) पणट्ठा (7) अलद्ध (86) पत्ता (104) संठिओ (115) कओ (115) संठिदा (195)संठिदं (247) ठियाणं (256) संत्ततो (281) पत्ते (291) लद्धे (295) बद्धं (327) दिण्णे (363, 364 आदि) दिण्णाणि (363) संठविदो (365) दिण्णं (366,453 आदि) कदाणं (367)

(च) विधिकृदन्त (अणीअ, अव्व प्रत्यय प्रयुक्त)

परिचयणीए (93) णायव्वा (352) मुणियव्वा (393, 435 आदि) कायव्वा (अनि.विकृ 409)

4. कर्मवाच्य

कर्मवाच्य ('इज्ज' प्रत्यय प्रयुक्त)

भुंजिज्जउ (12) भिंदिज्जइ (36) कढिज्जइ (36) कहिज्जमाणं (280, वर्तमान कृदन्त सहित) भणिज्जमाणा (393, 438 वर्तमान कृदन्त सहित)

(ख) अनियमित कर्मवाच्य

दिज्जउ (12) दिज्जदि (345) थुव्वदि (19) दीसदे (2,225) दीसदि (49,211,428) भण्णदि (33) भण्णदे (121) कीरए (180, 245) कीरदि (320) छिज्जइ (36) णिहप्पए (36) वुच्चदि (226)

5. प्रेरणार्थक क्रियाएँ

कारयदि (332) भुंजाविउण (376)

6. अव्यय

जं किंचि = जो कुछ (4) ण = नहीं (4) णत्थि = नहीं (51)णेय = नहीं ही (13) णेव = नहीं (57) णवि = न तो (55) णो = नहीं (239) समं = साथ (5) इय = इस प्रकार (6) एवं = इस प्रकार (20) इच्चेवं = इस प्रकार (37) एवं विह = इस प्रकार का (86) ति = इस तरह (86) इदि = इस प्रकार (408) तहा, तह = उसी प्रकार (8, 24) व्व = सादृश्य, की तरह (9) किं = किस प्रकार , क्या, क्यों (10, 33,) कहं, केरिसं = कैसे, किस प्रकार (180, 226) कत्थ = कहीं (11) पुण = केवल (13) पुणरवि = फिर भी (47) जत्थ = जहाँ, जिसमें, जहाँ पर (23) तत्थ = वहाँ, उसमें (23) जह = जैसे, जिस प्रकार (24) को वि = कोई भी (24) तम्हा = इसलिए (28) वि = भी (49) पि = भी (249) सव्वहा = सब तरह से (50) अहव, अह, अहवा = अथवा (51,52,234) झत्ति = शीघ्र (52) कह वि = जिस किसी तरह (58) सुट्ठु = अत्यन्त (62, 84) सुट्ठु = सुंदर (436) पडि = प्रति (67) चि = ही (78) वि = भी (98) चिरंकालं = बहुत समय तक (100) सव्वदा = सर्वदा (101) सव्वदो = सर्वत्र, पूरी तरह (122,206) उवरं उवरिं = ऊपर ऊपर (168) जम्हा, जदो = क्योंकि (191,255) जदि = यदि (215) तत्तो = उस कारण से (224) जओ = जिससे (248) अण्णत्थ = भिन्न स्थान में (255) तह = और (304) णियमा = नियम से (370) सव्वत्थ = सर्वत्र (430)

4. आचार्य वसुनन्दि कृत वसुनन्दिश्रावकाचार

वसुनन्दी श्रावकाचार में कुल मिलाकर 546 गाथाएँ हैं, जिनमें श्रावकों के आचार का वर्णन है। इसके वर्ण्य विषय हैं – सम्यग्दर्शन का स्वरूप, जीव व अजीव का कथन, सप्त व्यसन, 12 व्रत, दान का फल, पंचमी, रोहिणी आदि व्रतों का विधान, पूजा का स्वरूप व फल इत्यादि हैं। इनके ग्रन्थ की भाषा शौरसेनी प्राकृत है। हम देखेंगे कि इन्होंने अपने इस ग्रन्थ में प्राकृत के विभिन्न रूपों में से संज्ञा, सर्वनाम एवं विशेषण हेतु विभक्तियों के किन–किन रूपों को तथा क्रिया एवं कृदन्तों के किन किन प्रत्ययों को अपनी रचना में ग्रहण किया है। कोष्ठक में शब्द से सम्बन्धित गाथा संख्या भी दी गई है। इस रचना के आधार पर हम शौरसेनी भाषा के स्वरूप से अवगत हो सकेंगे।

1. संज्ञा प्रयोग

(क) प्रथमा ए.व.

अकारान्त पुल्लिग संज्ञा, विशेषण शब्द ('ओ' प्रत्यय प्रयुक्त)

सायारो (2) आयारो (2) धम्मो (2) विमुक्को (7) दोसो (8) राओ (8) मोहो (8) परमत्थो (20) ववहारो (20) जीओ (26) उवलंभओ (26) कालो (29) बंधो (41) संवरो (42) मोक्खो (45)संवेओ (49) णिव्वेओ (49) उवसमो (49) णिस्संको (52) सावओ (57) णरो (66) जमो (74) पहाणो (94) णिग्घणो (96) पुरिसो (99) अवराओ (146) संगहो (216) दायारो (220) संविभागो (270) अहियारो (312) विणओ (320) माणस्सिओ (326) वाचिओ (327) वणिओ (327) आउसो (345) पयाओ (345) संदेहो (385) पइट्ठाइरिओ (389)

इकारान्त व उकारान्त पुल्लिग संज्ञा, विशेषण शब्द (सर्वत्र '0' प्रत्यय प्रयुक्त)

सुई (273) कत्तरि (302) विही (374) विदण्णू (388)

सर्वनाम शब्द – जो (41) हं (103) इमो (140)

नपुंसकलिंग शब्द (सर्वत्र (अनुस्वार) प्रयुक्त)

कमलं (1) सद्दहणं (6) ठाणं (206) खीरं (243) पडियरणं (322) पाणिवायं (324) आरोवणं (383) कंदुत्थं (405) झाणं (458)

सर्वनाम शब्द – इणं (499)

स्त्रीलिंग संज्ञा, विशेषण शब्द (सर्वत्र '0' प्रत्यय प्रयुक्त)

जरा (9) णिस्संका (48) णिक्कंखा (48) पहावणा (48) गरहा (49)

सर्वनाम – सा (231)

(ख) प्रथमा ब.व.

अकारान्त, इकारान्त पुल्लिग संज्ञा, विशेषण शब्द ('आ' प्रत्यय प्रयुक्त)

णिव्वुदा (11)उवलंभा (32)णिच्चा (33) सारमेया (71) णारया (141) सावया (222) उवएसा (333)

इकारान्त पुल्लिग ('णो' प्रत्यय प्रयुक्त)

वणप्फइणो (12) रुविणो (16) परिणामिणो (26)

नपुंसकलिंग संज्ञा, विशेषण शब्द ('इं,' 'णि' प्रत्यय प्रयुक्त)

ठाणाइं (5) तच्चाइं (10) सेसाणि (27) विहाणाणि (45) तच्चाणि (47) पावाणि (59) खंडाइं (153) पत्ताइं (156) आहरणाइं (195) विहाणाणि (232) कम्माणि (532) सरिसाणि (532)

सर्वनाम –एयाइं (10)

स्त्रीलिंग (ओ, उ प्रत्यय प्रयुक्त)

सिलाउ (152) पुढवीओ (17)पडिमाओ (355) वडाओ (394)

(ग) द्वितीया ए.व.

पु. नपुं. स्त्रीलिंग संज्ञा, विशेषण शब्द (सर्वत्र ं (अनुस्वार) प्रयुक्त)

जिणिंदं (2) सम्मत्तं (6) कालं (29) जूयं (60) सवहं (67) मोसं (67) रइं (68) उच्चारं (72) पस्सवणं (72) सण्णं (73) मच्छियं (81) णिज्जासं (81) हिट्ठं (92) णिद्दं (103) एरिसं (108) माहप्पं (110) तेयं (111) पावं (112) मज्जायं (116) पत्थणं (116) तेवडं (139) कुरं (186) दायरं (224) पयासं (254) उज्जोयं (255)वासिं (276)मुच्छं (299) भूमिं (393)पुज्जं (422) रयणं (441) महिमं (507)

सर्वनाम – मं (146)

(घ) द्वितीया ब.व.

पुल्लिग संज्ञा शब्द ('ए' प्रत्यय प्रयुक्त)

पासाए (254)

सर्वनाम शब्द – मए

नपुंसकलिंग संज्ञा, विशेषण शब्द (इं, णि प्रत्यय प्रयुक्त)

विसणाइं (57) भडाइं (75) सयाणि (117) दुक्खाइं (317) पोत्थाणि (355)

सर्वनाम – एयाणि (47) ताणि (190)

स्त्रीलिंग संज्ञा, विशेषण शब्द (ओ प्रत्यय प्रयुक्त)

जायणाओ (101) अंगुलिओ (149) मालाओ (257) लद्धिओ (511) पयडीओ (515) पयलाउ (524)

(ङ) तृतीया ए.व.

पुल्लिग, नपुंसक संज्ञा, विशेषण शब्द : तृतीया ए.व.('एण' प्रत्यय प्रयुक्त)

पयत्तेण (36) विवरीएण (40) णिरोहेण (42) फलेण (62) खम्भेण (74)सहावेण (140) कसाएण (143) पडणेण (157) विज्जावच्चेण (347) फलेण (365) विहवेण (380) वियप्पेण (499) सुहुमेण (533)

इकारान्त पुल्लिग – इंदभूइणा (3)मिच्चुणा (264) गुरुणा (331)

सर्वनाम शब्द – जेण (2) मए (47)

स्त्रीलिंग संज्ञा शब्द : (ए, इ प्रत्यय प्रयुक्त)

दयाए (97)लीलाए (150) जणणीइ (184) दिसाए (407)

(च) तृतीया ब.व.

पुल्लिग, नपुंसक संज्ञा, विशेषण शब्द ('हिं' प्रत्यय प्रयुक्त)

जिणेहिं (10) सम्मत्तेहिं (42)वएहिं (42) हेऊहिं (39) खलेहिं (109) कुंतेहिं (148) दंतेहिं (149) पाडिहरेहिं (277) सुरिंदेहिं (378) छत्तेहिं (400) णिवहेहिं (400) णाडएहिं (414)

(छ) चतुर्थी ए.व.

पुल्लिंग संज्ञा शब्द (स्स, आय प्रत्यय प्रयुक्त)

सेणियस्स (3) चरियाय (304)

(ज) चतुर्थी ब.व.

पुल्लिंग विशेषण शब्द ('णं' प्रत्यय प्रयुक्त)

भवियाणं (2) मेहावीणं (244)

(झ) पंचमी ए.व.

नपुंसकलिंग संज्ञा शब्द ('ओ' प्रत्यय प्रयुक्त)

रज्जाओ (127) दुप्परिणामाओ (326)

(ञ) षष्ठी ए.व.

पुल्लिंग, नपुंसकलिंग संज्ञा, विशेषण शब्द ('स्स' प्रत्यय प्रयुक्त)

विवज्जियस्स (5) जीवस्स (5) जूयस्स (62) परस्स (108) वसणस्स (140) अदत्तस्स (208) अतिहिस्स (270)

सर्वनाम शब्द : मज्झ (74) एयस्स (375)

(ट) षष्ठी ब.व.

पुल्लिंग, नपुंसकलिंग, स्त्रीलिंग संज्ञा, विशेषण शब्द (ण,णं, आण आणं प्रत्यय प्रयुक्त)

तच्चाणं (6) असुहाणं (35) कम्माणं (35) खंधाणं (41) तवस्सीणं (43) णीचाणं (91) महिलाणं (98) विसयाण (134) णेरइयाण (153) पुढवीणं (172) सत्ताणं (216) पुप्फाणं (217) रोडाणं (235) धम्मिलाणं (300) तवसीणं (324) माणुसाण (375)

सर्वनाम शब्द : ताणं (33)

(ठ) सप्तमी ए.व.

पुल्लिंग, नपुंसकलिंग संज्ञा, विशेषण शब्द (ए म्हि,म्मि प्रत्यय प्रयुक्त)

पव्वए (3) विरयम्मि (4) जीवम्हि (39) मज्झे (39) रुद्धम्मि (44) णिरुद्धे (44) सम्मत्ते (49) णयरम्हि (54) सलिलम्मि (61) टिंटे (107) तुंडम्मि (158) ठाणम्मि (207) सुत्ते (217) सयासम्मि (212) गिहम्मि (274) गिहे (274) काउस्सग्गम्हि (276) पच्चूसे (287) भायणे (303) पंगणे (304)रिक्खम्मि (363) पहायम्मि (422)

सर्वनाम : तम्हि (45)

स्त्रीलिंग संज्ञा शब्द ('ए' प्रत्यय प्रयुक्त)

णावाए (39) णयरीए (55)

(ड) सप्तमी ब.व.

पुल्लिंग, नपुंसकलिंग, स्त्रीलिंग संज्ञा, विशेषण शब्द (सु प्रत्यय प्रयुक्त)

रत्थासु (107) णिरएसु (140) भूमीसु (245) कप्पेसु (265) णगेसु (373) सेलेसु (373) पत्तेसु (464) कल्लाणेसु (508)

सर्वनाम : एसु (50)

2. क्रिया प्रयोग

(क) वर्तमानकाल

उत्तमपुरुष एकवचन ('मि' प्रत्यय प्रयुक्त)

वोच्छामि (8) छिंदामि (74) करेमि (149) वोच्छं (273)

मध्यमपुरुष एकवचन ('सि' प्रत्यय प्रयुक्त)

कंदसि (142) छुट्टसि (144) कुणसि (160) सहसि (164) रुवसि (164)

अन्यपुरुष एकवचन (इ, दि प्रत्यय प्रयुक्त)

होइ (34) आसवइ (39) अणुवहइ (45) धरेइ (56) उज्जमेदि (50)

विवज्जेइ (57) हिंडइ (61)कुणइ (63) वच्चइ (64) जाणेइ (65) मुणइ (66) वेअइ (66) भणेइ (67) हणेइ (67) भुंजइ (68) लहेइ (68) अत्थइ (68) समुल्लवइ (72) हिप्पइ (73) फोडेइ (75) विधंसेइ (76) जणयदि (80) णिट्ठिवइ (81) पिबइ (81) मुयइ (89) उच्चइ (90) हणिज्जइ (96) पाउणइ (101) पलोएइ (101) ल्हुक्कइ (103) पखलइ (103) गणेइ (104) हरइ (108) णिज्जइ (108) अज्जेइ (112) णिस्ससइ (113) भुंजइ (115) झूरेइ (117) णियइ (121) समाणेइ (136)उप्पडदि (137) खिवेइ (138) णित्थरइ (150) विसइ (156) णिस्सरइ (162) संभवइ (178) धारेइ (197) रुहेइ (242) उप्पज्जइ (246) झायइ (278) जायइ (304) पस्सइ (315) उवयाइ (335) भमइ (344) तरइ (359) ठवेइ (481) जयइ (485) चिट्ठए (499) णिट्ठवइ (516) पाडेइ (519) छुहइ (577)

अन्यपुरुष बहुवचन ('न्ति' प्रत्यय प्रयुक्त)

मुयंति (37) हुंति (49) लिहंति (71) हणंति (95) मुणंति (110) पहरंति (141) पभणंति (142) छुहंति (148) णिवणंति (156) आलिंगाविंति (163) णिहणंति (169) धसंति (169) पसंसंति (224) जायंति (262) खिविज्जंति (382) आयंति (499) होहिंति (532)

(ख) विधि एवं आज्ञा

मध्यमपुरुष एकवचन (हि, सु, 0, हु, ए प्रत्यय प्रयुक्त)

मुणेहि (17) वियाणसु (32) देहि (188) जाण (216) ठाहु (226) वियाण (321) परिहरे (314) वियाणीहि (324)

मध्यमपुरुष बहुवचन (ह प्रत्यय प्रयुक्त)

णिसामेह (3) सुणह (5) पेच्छह (110) हणह (146) मुयह (149) पहरह (149) मुणेह (221)

अन्यपुरुष एकवचन ('ज्ज,उ' प्रत्यय प्रयुक्त))

होज्जउ (199)

(ग) भविष्यत्काल

उत्तमपुरुष ए.व. ('स्सा' प्रत्यय प्रयुक्त)

वण्णइस्सामि (232)

3 कृदन्त प्रयोग

(क.) सम्बन्धक भूतकृदन्त (त्ता, ऊण, अ/य, प्रत्यय प्रयुक्त)

णमिऊण (2) णाऊण (15) मुत्तूण (29) लहिऊण (73) गंतूण (75) काऊण (89) हरिऊण (102)चइऊण (102) बंधिऊण (106) चढाविऊण (107) धरेऊण (118) णिण्णासिऊण (119) वधिऊण (122) खइऊण (128) होऊण (129) आहारेऊण (136) लंघित्ता (143) पिल्लेऊण (148) सुमराविऊण (170) णाऊण (195) खिवित्ता (229) लिहाविऊण (237) अणुहविऊण (266) पडिबद्धिहूण (268) उप्पाइऊण (268) पक्खालिऊण (282) णियमिऊण (282) णमंसित्ता (282)पडिलेहिऊण (285) णियत्तिऊण (305) सोहिऊण (308) वज्जिऊण (324) णियत्ताविऊण (326) घडाविऊण (355) लिहाविऊण (355) उच्चारिऊण (382) संसोहिऊण (393) रइऊण (394) उल्लोविऊण (394) वियप्पिय (404) णिविसिऊण (466) वेढिऊण (470) अणुपालिऊण (494) पस्सिय (510) सरिऊण (516) आऊरिऊण (517) पडिवज्जिऊण (524) हणिऊण (525)

अनियमित सम्बन्धक भूतकृदन्त – दट्ठूण (81) सोऊण (121) लद्धूण (193) भोत्तूण (203) ठिच्चा (304)

(ख) हेत्वर्थक कृदन्त ('उं' प्रत्यय प्रयुक्त)

चिट्ठेउं (187) रक्खिउं (200)

(ग) वर्तमानकालिक कृदन्त – (न्त, माण प्रत्यय प्रयुक्त)

भणिज्जमाणं (3) अणुसरंतेहिं (22) पविसंता (38) दिंता (38) मेल्लंता (38) सद्दहंतो (47) खेलंतस्स (60) रमंतस्स (64) उव्वहंतेण (69) खलंतो (73) गज्जंतो (75) पलायमाण (95) हरमाणो (106) जीवंतस्स (109)

पिच्छंता (110) णिब्भच्छिज्जंतो (117) रमंता (126) णिस्सरमाणं (148)रडंत (148) विलवंतो (150) मण्णंतो (151) विलवमाणं (163) किलिस्समाणो (178) भक्खंतो (185) कूवंतस्स (188)णिवडंतं (197) अगिण्हंतस्स (209) करंतेण (342) जायमाणेण (354) थुणिज्जमाणो (378) विसुद्धमाणो (520)

(घ) भूतकालिक कृदन्त – (अ/य, प्रत्यय प्रयुक्त)

देसिओ (2) पयासिया (33) भणियाणि (47) भणिओ (52) कया (55) वज्जिआइं (58) गहियं (74) हिंडिओ (130) भमिओ (133) रंजिओ (143) रमिओ (143) रमियं (146) भणिए (147) विस्सरियं (160) पज्जलियं (160) संताविओ (161) भणियाणि (232) रइयायो (257) वण्णियं (273) मोहिया (316) उट्ठिओ (498)

अनियमित भूतकालिक कृदन्त –

पण्णत्ता (11) णिद्दिट्ठा (21) पत्ता (33) णिद्दिट्ठं (40) समुद्दिट्ठो (45) पउत्तो (54) दिट्ठो (103) पत्तो (125) णट्ठा (126) मुओ (127) गओ (127) संपत्तो (129) उववण्णो (179) द्दिट्ठा (209)

(ङ) विधिकृदन्त ('अव्व' प्रत्यय प्रयुक्त)

मुणेयव्वं (6) कायव्वं (15) बोहव्वा (36) परिहरियव्वं (69) वज्जेयव्वं (80) परिहरियव्वा (93) विवजियव्वा (100) हिंसियव्वा (209) णायव्वं (291) ठावेयव्वा (391)

अनियमित विधिकृदन्त – णाउं, कुज्जा

(4) कर्मवाच्य – ('इज्ज' प्रत्यय प्रयुक्त)

हिंडाविज्जइ (107) वित्थारिज्जइ (107) वण्णिज्जए (132) पच्चारिज्जइ (155)

अनियमित कर्मवाच्य

घिप्पइ (106) दीसइ (122) कीरइ (153) दीसंति (190) दिज्जइ (231)

(5) अव्यय

जम्हा – चूंकि, क्योंकि (5) तम्हा – इसलिए (5) जदो – क्योंकि (31) णेव – नहीं (36) ण – नहीं (37) जं किंचि – जो कुछ (73) अज्ज – आज (74) एवं – इस प्रकार (75) जह – जिस प्रकार (80) तह – उस प्रकार (80) व्व – के समान (80) पुरओ – आगे (90) णत्थि – नहीं (90) पच्चेल्लिउ – प्रत्युतः (118) किं – क्यों (142) जइ – यदि (146) सुट्ठु – अत्यन्त (147) हा – हाय (148) मा– मत (149) पुणो – फिर (149) तह वि – तो भी (150) एण्हिं – इस समय, अब (164) इच्चेवं – इस प्रकार (182) धिगत्थु – धिक्कार हो (203) सिग्घं – शीघ्र (305) वा – और (345) णवरि – केवल (364) खुत्तो – बार, दफा (376) पच्छा – पीछे (378) जदो – क्योंकि (385) समंतओ – चारों तरफ (465)

5. आचार्य शिवार्य विरचित भगवती आराधना

आचार्य शिवार्य का समय विक्रम की तीसरी शती माना गया है। आचार्य शिवार्य रचित भगवती आराधना एक प्राचीन ग्रन्थ है। इस ग्रन्थ में 40 अधिकार एवं 2166 गाथाएँ हैं। इन गाथाओं में सम्यग्दर्शन, सम्यग्ज्ञान, सम्यक्चारित्र और सम्यक्तप इन चार आराधनाओं का निरूपण किया गया है। ग्रन्थ के आरंभ में 17 प्रकार के मरण बताये हैं। लिंग अधिकार में आचेलक्य, लोंच, देह के ममत्व का त्याग और प्रतिलेखन इन चार निर्ग्रंथलिंग के चिह्न का कथन हुआ है। अनियत अधिकार में नाना देशों में विहार करने के गुणों के साथ अनेक रीति–रिवाज, भाषा और शास्त्र आदि की कुशलता प्राप्त करने का विधान है। इसी प्रकार आगे भावना अधिकार, सल्लेखना अधिकार, मार्गणा अधिकार व आर्यिकाओं के लिए नियम इस ग्रन्थ के वर्ण्य विषय हैं।

आचार्य शिवार्य सिद्धान्त और अध्यात्म के साथ साथ भाषा शास्त्र के भी अधिकारी और प्रवर्तक विद्वान थे। इनके ग्रन्थ की भाषा शौरसेनी प्राकृत है। हम देखेंगे कि इन्होंने अपने इस ग्रन्थ में प्राकृत के विभिन्न रूपों में से संज्ञा, सर्वनाम एवं विशेषण हेतु विभक्तियों के किन किन रूपों को तथा क्रिया एवं कृदन्तों के किन किन प्रत्ययों को

अपनी रचना में ग्रहण किया है। **कोष्ठक में शब्द से सम्बन्धित गाथा संख्या भी दी गई है।** इस रचना के आधार पर हम शौरसेनी भाषा के स्वरूप से अवगत हो सकेंगे।

1. विभक्ति प्रयोग

(क) : प्रथमा ए.व.

अकारान्त पुल्लिंग संज्ञा, विशेषण शब्द ('ओ' 'ए' प्रत्यय प्रयुक्त)

आराहओ (5, 54) तओ (6) महागुणो (7) परिहारो (9) उज्जमो (10) सारो (11) संसारिओ (15) पसूओ (20) करणो (20) समत्थो (20) मल्लो (22) मुक्खो (37) जीवो (40)दंसणो (40) जरिदो (40) विणओ (46) लेस्सो (47) असंजदो (47)पुरिसो (58) णिवुड्डो (61) उवक्कमो (65) णिव्विण्णो (75) अड्ढिओ (78) लोओ (79) चाओ (82)अणादरो (62) आयारो (84) उग्गो (91) लोचो (91) लुक्खो (94) विलित्तो (94) अहो (98) चरिमो (111) विणओ (111) काले (111) विणये (111) उवधाणे (111) कोधो (117) माणो (117) लोभो (117) उस्सेओ (118) पच्चक्खो (120) पारोक्खो (120) माणस्सिओ (127) खवओ (203) मणोरहो (205) आहारो (213) संवुडो (236) अणायरो (241) णिस्संगो (266) पेल्लो (290) अप्पच्छंदो (292) संघो (325) तारिसो (345) सुजणो (346) बंभणो (348) हंसो (350) दुज्जणो (352) काओ (352) पूइओ (353) णरो (354) सुसीलो (356) पंडवो (364) गुणो (366) लहुगो (369) गीदत्थो (401) णिज्जगो (401)आयरिओ (401) आराधओ (402) संपत्थिदो (406) संघाडओ (415) असंभोइओ (415) संथारो (415) आउत्तो(422) अवक्खित्तो (438) संकिलेसो (449) तिगिच्छिओ (455) कुव्वओ (459) पडिणीओ (493) अणुण्णादो (521) वेज्जो (530) विद्धो (538) णिस्सल्लो (538) णिव्वुदो (539) माइल्लो (539)हासो (551) हुत्तो (552) अवडो (578) वणो (599) चत्तो (675) संपणामो (753) मक्कडओ (763) परिताविदो (777) गब्भो (789) रुट्ठो (796)संरंभो (806) उद्दवओ (806) णिक्खेवो (807) णिसग्गो (807) दयावरो (812) अंहिसो (812) छूढो (816) पाणो (816) पडिसेहो (818) मारुओ (850) मओ (862) गंडो (881) घत्थो (897) पडिणिओ

(897) पसत्तो (907)णिवहो (977) णिचओ (977) आसवो (977) पहवो (978) परिहो (979) सुंडओ (1075) पणयो (1081) दुम्मेरो (1087) उवउत्तो (1101) कुंडओ (1114) विणासो (1148) अंकुसो (1162) णिग्गंथो (1163) उरो (1165) णिव्वुदो (1172) पायारो (1183) णिक्खेवो (1192) पासुत्तो (1206) परिपंथो (1209) विब्भओ (1225) संकप्पो (1229) कोडिल्लो (1244) सुणहो (1249) वराओ (1247) वग्घो (1252) सउणो (1272) धारणिओ (1273) णिद्दंधसो (1301) दरिद्दो (1303) परितंतो (1307) सूयरो (1312) कलभो (1315) उवसिट्ठो (1324) उम्मत्तो (1325) फुलिगो (1361) उरगो (1362) पधिदो (1364) जसो (1364) वेस्सो (1378) सस्सो (1382) पायडो (1427)अत्थो (1429) खमो (1439) तमो (1442) एस (1444) उवावो (1444) णिरोहणो (1444) वंचिओ (1451) विग्धो (1455) संकमो (1462) फलिहो (1463) देसओ (1465)आगरो (1466) वेयणो (1470) तिसिओ (1474) फिडिओ (1491) कवचिओ (1677) अत्थो (1726) पएसो (1733) विदिज्जगो (1744) पोदो (1766) सरडो (1775) पाणो (1801) जोण्हो (1804) इंगालो (1811) मेज्झो (1814) णिचिदो (1818) अभिलासो (1823) णिरोधो (1833) सज्झो (1852) सुरो (2136)

इकारान्त व उकारान्त पुल्लिग संज्ञा व विशेषण शब्द (सर्वत्र '0' प्रत्यय प्रयुक्त)

मिच्छादिट्ठी (5) भिक्खू (103) विदूण्हू (105) महेसी (252) णिवदी (298) किमि (1247) सुंसुमारी (1642)

सर्वनाम शब्द – जो (10) सो (10) इणमो (65) एसो (114) तुमं (285) अहं (571) इमो (1711)

नपुंसकलिंग संज्ञा, विशेषण एवं सर्वनाम शब्द (सर्वत्र (अनुस्वार) प्रयुक्त)

सव्वं (8) णाणं (9) सम्मत्तं (9) चरणं (11) जहाखादं(11) णिव्वाणं (12) अणुत्तरं (11) णिरत्थं (12) सुहं (13) उक्कस्सं (16) अंतरं (16) परियम्मं (19) मिच्छत्तं (55) असद्दहणं (55) दुद्धं (56) भेसजं (57) संजुदं (57) सीलं (60) वदं (60) सोदं (72) अचेलक्कं (79) वयणं (98) वज्जणं

(113) पणिधाणं (114) इदरं (115) जं (116) अधिआसणं (118) भासणं (126) फलं (130) कल्लाणं (130) सीदं (149) उण्हं (149) वत्थुं (340) उदयं (346) ओसहं (359) सइरं (427) सुलहं (431) चरणं (456) सुसाणं (558) ठाणं (559) सिंभं (700) खीरं (732) दुवारं (734) णिबंधणं (836) पउमं (1102) अच्छेरं (1103) उव्वूरं (1257) उव्वुदं (1257) पहरणं (1337) विहूसणं (1460) तित्थं (1464) पच्छयणं (1465) ताणं (1730) इधं (1730) विरमणं (1820) दुवारं (1828) अब्भासयरं (1855) अणवज्जं (1857) विवज्जणं (1904) मुल्लं (1919)णीहरणं (1968) विक्खित्तं (2013)

स्त्रीलिंग संज्ञा, विशेषण शब्द (सर्वत्र '0' प्रत्यय प्रयुक्त)

आराहणा (2) पढमा (3) सज्झा (19) मदी (42) संका (43) कंखा (43) विदिगिंछा (43) पसंसा (43) सेवणा (43) भत्ती (46) पूया (46) उक्कस्सा (50) जहण्ण (51) वण्णणा (63) सल्लेहणा (67) दिसा (67) खामणा (67) पडिद्दा (67) पडिलेहा (67) जरा (70) गुत्ती (94) रत्ति (98) पइण्णा (99) भावणा (99) णियत्ति (102) पवत्ती (102) परिहाणी (118) हीलणा (118) कित्ती (133) मेत्ती (133) आणा (133) छुआ (149) तण्हा (149) वायणा (156) सुदी (160) वसधी (230) विवित्ता (230) णदी (284) मेरा (292) वाच्छित्ति (325) उवगूहिया (325) मच्छिया (338) पीदी (343) मट्टिया (344) घोसणा (317) सेज्जा (427) अग्गि (443) विवत्ति (449) समाधि (456) विसोत्तिया (461) सोधी (456) दढा (744) समत्था (745) वदी (787) णिव्वत्ति (807) संजोयणा (807) विलंबणा (838) रदि (1081) भावणा (1200) णावा (1462) णिस्सेणी (1466) वेयणा (1488) उक्का (1720)

सर्वनाम शब्द– एसा (181) सा (745)

(ख) प्रथमा ब.व.

अकारान्त पुल्लिग संज्ञा, विशेषण शब्द ('आ' 'ए' प्रत्यय प्रयुक्त)

अदीचारा (43) कारया (44) परीसहा (197) मणुस्सा (301) आउत्ता (302) उज्जदा (306) पूइया (324) गुणा (362) असंविग्गे (426) पडिचरए (426) णिलेहणा (616) आहरणे (618) गंडूसया (687) णिप्पडीयारा (730) णीयल्लया (857) थेरा (1064) भोगा (1256) मच्छा(1269) आइन्ने

बीए (1383) कंडे (1815) आसीविसा (1832)पडिवण्णा (1854) आराहया (1921) पमाइल्ला 1940)

इकारान्त पुल्लिग ('णो' 'ओ' प्रत्यय प्रयुक्त)

केवलिणो (27) मुणिणो (314) रिसओ (837)

सर्वनाम शब्द : एदे (36) जे (52) तुम्हे (341) तुमे (1652)

नपुंसकलिंग संज्ञा, विशेषण एवं सर्वनाम शब्द ('आइं' 'आणि'' प्रत्यय प्रयुक्त)

मरणाणि (25) दंताणि (190) गारवाणि (270) ठाणाणि (558) अच्छीणि (731) सीलाणि (789) अंगाइं (880) तणाइं (956) रोमाइं (956) णामाणि (975) वदाइं (1208) इंदियाणि (1414) सुहाइं (1459) ओसधाणि (1605) कल्लाणाइं (1853)

स्त्रालिंग शब्द (ओ, आ प्रत्यय प्रयुक्त)

संखेज्जा (50) गुत्तीओ (109) समिदीओ (114) वियडीओ (215) सण्णाओ (270) लेस्साओ (270) सुस्सूसया (302) चेट्ठाओ (425) विज्जाओ (831) वीचीओ (956) महियाओ (990) पाडिहेराओ (992) रिद्धीओ (1711) भज्जाओ (1794)

सर्वनाम – एदाओ (1199) ताओ (940)

(ग) द्वितीया ए.व.

पु., नपुं., स्त्री. विशेषण एवं सर्वनाम शब्द (सर्वत्र ˙ (अनुस्वार) प्रयुक्त)

उज्जोवणं (2) उज्जवणं (2) णिव्वहणं (2) साहणं (2) णिच्छरणं (2) णाणं (5) अण्णाणं (5) असढं (10) वडायं (22) उवइट्ठं (31) पवयणं (31) असब्भावं (37) मिच्छत्तं (40) कालं (53) दोसं (57) देसं (58)पइण्णं (63) णिगिणं (85) गुत्तिं (85) पडिलिहणं (97)सज्झायं (103) कम्मं (106) मदिं (158) मुत्तिं (164) समाधिं (166) सल्लेहणं (174) भावणं (183) दुग्गदिं (187) भरं (198) अप्पयं (209) कोधं (262) माणं (262) मायं (262) कसिणं (268) अणुसिट्ठिं (282) ममत्तिं (295) वेज्जावच्चं (309) बंभचेरं

(336) दुद्धं (348) आसयं (358) पसंसं (361) अप्पाणं (361) आरोग्गं (373) आएसं (412) मणुस्सत्तं (432) समाहिं (444) तिगिंच्छं (455) णिव्वुदिं (460) सामण्णं (465) खमं (471) मेरं (499) चमुं (524) मोसं (549) सल्लं (555) कूरं (591) णिरुजं (626) तुंडं (687) मोहिदं (723) दुग्गइं (745) सालिं (748) विस्संभं (794) पाडिहेरं (816) गोणं (822)पीदिं (835) जसं (835) आगासं (857) माहप्पं (897) अवण्णं (900)सण्हं (959) णिद्देसं (1078) पायारं (1087)आवसधं (1142) मणिं (1215) सामण्णं (1217) पणियं (1238) उवसमं (1245) घोसादकीं (1247) परिस्समं (1250) मदयं (1252) तण्हं (1256) थाहं (1297) जूहं (1313) उम्मुयं (1322) अचेयणं (1434) णदिं (1462) आयरियं (1475) सदिं (1503) कवयं (1508) उक्किट्ठिं (1524) धिदिं (1525) पलंडुं (1428) आदवं (1543) तेणेक्कं (1637) पत्थणं (1682) ओसग्गं (1687) अमेज्झं (1812) वेसं (1821) दारुगं (1824) मुदारं (1851) उवट्ठंभं (1888) वइरं (1890) कलिं (1906) ठाणं (1931) सेलेसिं (2105) उड्ढं (2123)

सर्वनाम शब्द – इमं (41) जं (107) इणं (1723)

(घ) द्वितीया ब.व.

पुल्लिग संज्ञा, विशेषण शब्द ('ए' प्रत्यय प्रयुक्त)

सिद्धे (1) अरहंते (1) दोसे (474) सुहुमे (486) तीदे (1173) बीए (1383) कंडे (1395) पंच्चूहे (1510) विप्पओगे (1689) गंथे (1909)

इकारान्त पुल्लिग – रिवू (23)

नपुंसकलिंग संज्ञा, विशेषण शब्द ('आणि' प्रत्यय प्रयुक्त)

मरणाणि (25) दुक्खाणि (546) कट्ठाणि (1169) झाणाणि (1694) पावाणि (1822)सुहाणि (1933) रुद्दाणि (1940) तणाणि (2030)

सर्वनाम शब्द – ताणि (1459) ताइं (1933)

स्त्रीलिंग संज्ञा, विशेषण शब्द (ओ प्रत्यय प्रयुक्त)

तिव्वाओ (730) वेदणाओ (730) पूयाओ (1453)

(ङ) तृतीया ए.व.

पुल्लिग, नपुंसक संज्ञा, विशेषण एवं सर्वनाम शब्द ('एण' प्रत्यय प्रयुक्त)

समासेण (3) संगहेण (25) जीवेण (41) दोसेण (53) विसेण (57) उग्गेण (59) तवेण (59) विणएण (103) संखेवेण (127) कायेण (135) कंदेण (139) पदेसेण (152) मोहेण (186) अज्जवेण (262) उवसमेण (270) जोएण (344) गुणेण (352) वसेण (358) चरिदेण (367) परंपरेण (434) खवएण (460) कंटएण (538) कमेण (550) आयेण (587) पच्छत्तवेण (624) बीएण (749) पयत्तेण (827) आसयेण (1068)जहणेण (1161) सोत्तेण (1254) कोवेण (1355) डाहेण (1457)पसायेण (1478) मच्चेण (1552) णाएण (1627) कवाडेण (1829)

इकारान्त पुल्लिंग, नपु – साहुणा (153) सुरभिणा (344) अहिणा (1317) जदिणा (1526)विधिणा (2023)

सर्वनाम शब्द – इमेण (41) मे (156) एदेण (237) जेण (238) तेण (274) केण (587)तुमे (1438) मे (1474)

स्त्रीलिंग संज्ञा एवं सर्वनाम शब्द ('ए' प्रत्यय प्रयुक्त)

आणाए (35) लेस्साए (48) मज्झिमाए (49) जहण्णाए (49) भावणाए (109) सद्‌ढाए (178) वायाए (135) खमाए (262) सज्झाए (302) वेयणाए (309) धारणाए (325) संसग्गीए (343) रदीए (343) भत्तीए (458) आलोचए (476) लज्जाए (542) पीदीए (551) सिरीए (573) गिद्धीए (694) पयडीए (1071) तित्तिए (1139) सोधीए (1343) धूयाए (1353) भलक्किए (1534) वग्घीए (1535) वीचिए (1815) जाए (1916) उम्मीए (1958) साधणाए (2026)

(च) तृतीया ब.व.

पुल्लिग, नपुंसक संज्ञा, विशेषण शब्द ('हिं' प्रत्यय प्रयुक्त)

जिणेहिं (10) कंटएहिं (303) चरिएहिं (370) उवाएहिं (444) गारवेहिं (546) उव्वहंतेहिं (596) विधाणेहिं (798)रुवणेहिं (963) सवहेहिं (963)

गाढेहिं (1106) गंथेहिं (1136) पक्खिहिं (1140) सरेहिं (1196) पंचेहिं (1352) करकचेहिं (1570) फलहेहिं (1829) खलिणेहिं (1831)

स्त्रीलिंग संज्ञा शब्द ('हिं' प्रत्यय प्रयुक्त)

लिक्खाहिं (88) गुत्तीहिं (109) भावणाहिं (187) एसणाहिं (250) पडिलेहाहिं (413) लेस्साहिं (555) रज्जूहिं (1399) पूइंगलियाहिं (1548) णावाहिं (1668) दिस्सेहिं (1818)

(छ) चतुर्थी ए.व.

पुल्लिग, नपुंसकलिंग संज्ञा शब्द ('स्स' प्रत्यय प्रयुक्त)

आएसस्स (415) नगरस्स (734) सुहस्स (1240) अपडिभोगस्स (1429) णरस्स (1460)

इकारान्त पुल्लिग – गणाहिवइणो (282)

सर्वनाम – तस्स (453) तुज्झ (1477)

स्त्रीलिंग शब्द ('ए' प्रत्यय प्रयुक्त)

समाधीए (399) मादाए (840) कागणीए (1215)

(ज) चतुर्थी ब.व.

पुल्लिग : चतुर्थी ब.व. (आण, आणं णं प्रत्यय प्रयुक्त)

आयरियाणं (490) पडिचरयाणं (523) गुरुणं (580) भोगाण (1238) णराण (1355) मणुस्साणं (1442) तासिदाण (1464)

सर्वनाम – अण्णेसिं (1625)

(झ) पंचमी ए.व.

पुल्लिग नपुंसकलिंग, स्त्रीलिंग संज्ञा, विशेषण एवं सर्वनाम शब्द (त्तो, दो, दु प्रत्यय प्रयुक्त)

सम्मत्ताओ (53) अण्णत्तो (58) पूजादो (357) मदीओ (551) लंभादो (741) जीविदादो (781) वीसंभादो (1081) पणयादो (1081) मेसादो

(1236) सत्थादो (1307) रुक्खादु (1316) पासादादो (1350) सपडिभोगादो (1429) समासदो (2157)

सर्वनाम शब्द : तत्तो (108) सव्वत्तो (337) तदो (340)

(ङ) पंचमी ब.व.

स्त्रीलिंग शब्द (हिंतो प्रत्यय प्रयुक्त)

महिलाहिंतो (985)

(ट) षष्ठी ए.व.

पुल्लिग, नपुंसकलिंग संज्ञा, विशेषण एवं सर्वनाम शब्द (स्स प्रत्यय प्रयुक्त)

मिच्छादिट्ठिस्स (5) णाणस्स (5) अविरदस्स (7) सेसस्स (8) दंसणस्स (11) चक्खुस्स (12) णिव्वाणस्स (13) पवयणस्स (14) चारिस्स (28) आराहंतस्स (30) अवण्णवादस्स (46) परक्कमस्स(64) पच्चक्खाणस्स (65) दुक्खस्स (91) णाणिस्स (108) विप्पहूणस्स (130) गणस्स (274)संसिदस्स (356) परस्स (372) खवयस्स (401) विदंसिस्स (475) उज्जयस्स (482) गच्छस्स (523) छदुमत्थस्स (529) अवरुद्धस्स (886) बंभस्स (1204) आराधयस्स (1220) सत्तस्स (1243) तिसिदस्स (1207) माणस्स (1460) मोक्खस्स (1466) विज्जावच्चस्स (1491) अण्णस्स (1624) विजडस्स (1906) केवलस्स (1935)

इकारान्त, उकारान्त पु. (णो, ण प्रत्यय प्रयुक्त)

केवलिणो (50) गुरुणो (128) गहवइणो (363) जदिणो (872) अरीण (1575)

सर्वनाम शब्द : तस्स (7) सव्वस्स (14) जस्स (60) से (163) तुज्झं (340) अम्हं (400)मज्झ (604) ते (776) महं (1622)

स्त्रीलिंग शब्द ('ए' प्रत्यय प्रयुक्त)

आराहणाए (18) विसोधिए (44) सिक्खाए (130) सेणाए (756) अहिंसाए (1200) विदिणाए (1349)

(ठ) षष्ठी ब.व.

पुल्लिग, नपुंसकलिंग, स्त्रीलिंग संज्ञा एवं विशेषण (ण,णं, आण आणं प्रत्यय प्रयुक्त)

परदिट्ठिण (43) सम्मदिट्ठिणं (50) तच्चाण (55) अत्थाण (55) सेसाणं (63) आवासयाणं (118) तित्थयराणं (133) जिणाणं (145) सुविहिदाणं (146) सत्थाणं (150) आयरियाणं (152) केवलीणं (183) रसाण(210) कसायाणं (263) गुरुणं (302) संविग्गाणं (354) आसमाणं (789) विसुद्धाणं (806) उवकरणाणं (809) भोयणाणं (809) मच्छाणं (836) पुंसाणं (934) महिलियाण (985) इत्थीणं (1084) गंथाणं (1153) सच्चाण (1378) अब्भुदयाणं (1466) कुडुंबीणं (1606) अपवग्गाणं (1659) सउणाणं (1715) चोराणं (1830) वंजणाण (1876) मणीणं (1890) संगाणं (1904)

सर्वनाम शब्द : तेसिं (52) ताण (263) जेसिं (1822)

(ड) सप्तमी ए.व

पुल्लिग, नपुंसकलिंग संज्ञा, विशेषण एवं सर्वनाम शब्द (ए, म्हि, म्मि प्रत्यय प्रयुक्त)

वयणे (3) चरितंमि ((3) चरणम्मि (10) बिले ((12) पवयणम्मि (14) चरित्ते (18) कज्जे (19) जुद्धे (20) मरणे (21) रंगम्मि (21) चउथम्मि (29) पंचमए (29) सुदे (45) उवज्झाए (45) सुपवयणे (45) दंसणे (45) महण्णवे (53) बालबालम्मि (62) आगाढे (64) आवसधे (78) उस्सग्गे (79) अचेलक्के (84)कुंडुयणे (88) णिखेवे (95) सयणे (95) णिसियणे (95) परलोए (100) तवे (106) णाणम्मि (112) मणोहरे (116) इयरे (116) गंधे (116) फासे (116) विरहम्मि (128) गामे (155) णयरे (155) रणम्मि (199) सल्लिहणे (272) लोयम्मि (301) पाणागारे (348) सीसे

(353) मज्झम्मि(366) गुणम्मि (369) पादमूलम्मि (402)णट्ठम्मि (431) सायरम्मि (432) सलिलम्मि (432) सयासे (434) आउले (469) एगन्ते (552) विरहम्मि (562) सयासम्मि (576) चंकमणे (582) आलोचिदम्मि (621) तिगिंच्छदे (626) चाए (675) चाएम्मि (676) कुडुगम्मि (732) लंभे (741) ऊसरे (748) मोसम्मि (842) हिययंमि (852) णिरयम्मि (865) आवादे (875) विवागे (875)दहे (1066) आयदणे (1078)लद्धम्मि (1137) आदाणे (1153) रण्णे (1163) णिरोहे (1183) थंडिल्ले (1193) जगम्मि (1194) महिदे (1243) मसाणम्मि (1252) गिम्हे (1253) गोवे (1353) वासे (1359) पउत्तम्मि (1374) पसमे (1407) कंतारम्मि (1465) कस्सइ (1728) उवासए (1753) पयडिम्मि (1754) कुणिमे (1821) वीदरागम्मि (1856) धम्मम्मि (1856) थंडिलम्मि (2030) पवेसणे (2050)

सर्वनाम शब्दः तम्मि (10)एदारिसम्मि (72) जम्हि (154) ताए (स्त्री 274) एदम्मि (314) मे (379) तम्हि (801)

स्त्रीलिंग संज्ञा, विशेषण एवं सर्वनाम शब्द ('ए' प्रत्यय प्रयुक्त)

आराहणाए (8) उक्कस्साए (48) अडवीए (71) चरियाए (128) पइण्णाए (159) वेदणाए (163) छट्ठीए (188) मयणीए (203)सेज्जाए (230) अवत्थाए (274) सुस्सूसाए (397) बालुयाए (578) पइण्णए (597) दुद्धिए (732) सरिदाए (1254) मायाए (1381) आवईए (1531) कवल्लीए (1565)जाइए (1752) आसवणीए (1816)

(ढ) सप्तमी ब.व.

पुल्लिग, नपुंसकलिंग, स्त्रीलिंग संज्ञा, विशेषण एवं सर्वनाम शब्द (सु प्रत्यय प्रयुक्त)

समिदिसु (16) गुत्तीसु (16) मरणेसु (63) सुक्खेसु (82) किरियासु (85) राइणीएसु (179) अज्जासु (129) वसधीसु (155) उवधीसु (155) संगेसु (188) कसायेसु (208) विसएसु (241) आवासएसु (298) दंडेसु (299) ठाणदिसु (414)वेदणासु (470) जोणीसु (470) संवच्छरिएसु (592) सीलेसु

(784) वदेसु (784)पुरिसेसु (837) महियासु (1082) भवेसु (1230) विजडेसु (1255) आरामएसु (1314) उवसंतेसु (1441) अवत्थासु (1461) कंडुसु (1565) तत्तीसु (1948)

सर्वनाम : तेसिं (598) एदेसु (1242)

(ण) सम्बोधन : धीर ((547)

2. क्रिया प्रयोग

(क) वर्तमानकाल

उत्तमपुरुष एकवचन ('मि' प्रत्यय प्रयुक्त)

खमावेमि (279) उज्जमेवज्जामि (512) आलोचेमि (573)

उत्तमपुरुष बहुवचन ('मो' प्रत्यय प्रयुक्त)

संपहारेमो (516) परिस्समो (1477)

मध्यमपुरुष एकवचन (हि, सि, एज्ज प्रत्यय प्रयुक्त)

पूरेहि (779) वससि (1500) कुणसि (1500) तीरेज्ज (1599)

अन्यपुरुष एकवचन (इ, ए, दि,दे, ज्ज)

होइ (4) होदि (7) हवइ (8) हवे (11) हरदि (22) हरइ (23) सद्दहइ (31) रोचेदि (40) सिज्झदि (48) भवदि (52) आवहइ (57) पाडणदि (58) पावेइ (59) कुणइ (60) कप्पदि (75) होज्ज (78)परकम्मदि (85) सुज्झदि (86) उवयदि (90) आदियदि (101) परीदि (101) विहरदि (105)खवेदि (107) वहदि (134) गलइ (135)चरदि (135) णासेइ (137) वारेदि (141) ठवेदि (141) णियत्तेदि (142) जणयदि (146) कुणदि (158) विहरदे (188)परिणवइ (196) समाणेइ (196) वहइ (198) फासेदि (202) मुज्झइ (203) जोधेइ (205) उवक्कमइ (207) सल्लिहइ (209) उद्वेदि (238) सोसेदि (255) उप्पज्जदे (264) खमावेदि (278) चाएदि (289) सीदावेइ (293) उज्जमदि (304) आरुहइ (317) वड्ढदि (317) लब्भदि (321) समज्जेदि (330) हवेज्जदि (332) विलेज्ज (335) णित्थरदि (336) तरदि

(338) पजहदि (346) रमदि (351) जहदि (352) लज्जदि (365) थोएदि (362) सोभदे (373) रक्खइ (374) वट्टइ (400) गवेसदि (403) उवट्ठादि (418) चरावेदि (421) उवदिसदि (421) गच्छेज्ज (441) मरेज्ज (443) पज्जलइ (443) संधेइ (445) लज्जेज्ज (462) पप्पेदि (470) तरंति (473) दंसेइ (474) णियत्तइ (474) परिणमइ (474) वामेइ (479) पज्जेइ (481) जजइ (521) पडिच्छदे (523) आरंभइ (530) सरेदि (554) वददि (571) समालोचेदि (583) गूहदे (584)पुच्छइ (598) धोवेज्ज (606) गालेइ (623) धाएज्ज (624) चिट्ठदि(634) वुच्चइ (680) हिंडदि (681) संपज्जदि (683) खीयदि (700) खावेदि (704) विधुणदि (717) परिवडदि (742) उवसमइ (767) दीवेइ (767)डहदि (832) भणदि (838) वित्थरइ (850) पाडेदि (860) संसरइ (866) उवचीयदि (867) ओलट्टदि (867) णिवाइज्जइ (881) वेवदि (881) घत्तदि (883)विज्झायदि (892)तुण्णेइ (911) वेढेइ (913) संघादिदि (971) उच्चदे (972)उदीरदि (1068) संभवइ (1074) पचलदि (1079) खुब्भेदि (1082) अदिक्कमदि (1084) विलाइ (1086)लंघेज्ज (1087) पडिसंहरदि (1099) सज्जदि (1100) विलवइ (1149) अक्खिप्पइ (1150) घट्टदि (1151) विकिंचदि (1155) किलिस्सदि (1160) अग्घइ (1177) लिप्पइ (1194) पत्थेइ (1212)भिंदइ (1216) अण्णेसदि (1240) उव्वायदि (1307) परिमसदि (1322) अववददि (1360) साहेदि फलइ (1454) वससि (1500) पयहइ (1638) बोलइ (1656) गिलइ (1657)समुदीरदि (1685) विचिणादि (1706) एदि (1726) पाउणदि (1727)सोयदि (1749) पोसेइ (1755) रंजेदि (1821) परिणमिज्जइ (1846) परिसउदि(1846) सुज्झइ (1847) विज्झाइ (1907) खोभेइ (1908) पडिलिहइ (2049)पारभदि (2102)

अन्यपुरुष बहुवचन (न्ति,न्ते प्रत्यय प्रयुक्त)

वेंति (5) हुंति (49) करेंति (51) मरंति (51) परिवडंति (52) भामंति (53) होंति (56) पसंसंति (97) परिभमंति (139) णासंति (140) उवणमंति (166) पावेंति (166) वसमेंति (190) हायंति (328) उवयंति (257) विहरंति (301) वड्ढंति (356) णस्संति (362)जायंति 364) परिक्खंति (413) हायंति

(522) दिसंति (529) उवकप्पेंति (661) जग्गंति (666) गवेसंति (372) णिज्जवंति (669) मण्णंति (724) सिज्झंति (831) पयहंति (854) अडंति (854) सीदंति (880) कुव्वंति (940) उदीरंति (1088) विप्पणस्संति (1104) संसज्जंति (1152) विक्किणंति (1238)दीवंति (1256) खुप्पंति (1298) णिव्वट्टंति (1302) पाविज्जंते (1308) पविजहंति (1392) वारंति (1395) विद्धंति (1396)आवाज्जिजंति (1453) सहंति (1516) भंजंति (1521) अत्थंति (1523) विवज्जंति (1669) अल्लियंति (1753) परिअट्टंते (1793) धसंति (1836) अणुहवंति (1929) उविंति (1939)खीयंति (2096)

(ख) विधि एवं आज्ञा

मध्यमपुरुष एकवचन (ए, हि, 0, सु प्रत्यय प्रयुक्त)

(113) वज्जे (217) विज्झाहि (269)वज्जेहि (287) होहि (296) अच्छाहि (516) फासेहि (524) णिज्जिणाहि (525) आलोचेहि (533) विहर (547) कुणसु (550) कुण (719) विवज्जेहि (723) लभसु (777) विचिंतेहि (778) जहसु (719) वरेहि (781) जंप (830) गेण्हासु (870) रक्खाहि (871) णिवारहि (1173) जह (1175) छिंद (1175) भवाहि (1198) पिबिज्ज (1409) सुणसु (1435) णिसेवेहि (1406) उज्जमसु (1445) णिज्जिणहि (1511)संभर (1512) सल्लिह (1666) विसहसु (1672)

मध्यमपुरुष बहुवचन (ह, एज्जा प्रत्यय प्रयुक्त)

पमुच्चेह (303) होह (306) वज्जेह (332) परिहरह (340) आलिएज्जा (358)जाणह (572) कुणह (573)

अन्यपुरुष एकवचन (एज्ज, दु,उ प्रत्यय प्रयुक्त)

आराधेज्ज (25) करेज्ज (54) मरेज्ज (61) विहरेज्ज (174) मुंचेज्ज (258) जिणदु (262) दिसउ (2163)

(ग) भविष्यत्काल

उत्तमपुरुष ए.व. ('स्सा' प्रत्यय प्रयुक्त)

वोच्छं (1) वोच्छामि (25) वण्णेसिं (63) काहं (543) उप्पाडिस्सामि (554) आराहइस्सामि (1478)

मध्यमपुरुष ए.व. ('हि' प्रत्यय प्रयुक्त)

काहिसि (285) णासेहिसि (285) होहिसु (1512) लभिहिसि (1653) पाविहिसि (1663)

अन्यपुरुष ए.व. (स्स, हि प्रत्यय प्रयुक्त)

भविस्सदि (20) होहिदि (106) णाहिदि (154) भमिहिदि (187) दाहिदि (604) सिज्झिहिदि (747) काहिदि (764) करिस्सदि (1233) कहिदि (1341) अभिलसिज्ज (1440) भंजिहिदि (1611) मुच्चिहिदि (1614)

अन्यपुरुष ब.व. – (हि प्रत्यय प्रयुक्त)

होहिंति (1093) काहिंति (1407)

3 कृदन्त प्रयोग

(क.) सम्बन्धक भूतकृदन्त (त्ता, त्तु, उं, दुं, ऊण, ऊणं, दूण, दूणं, अ/य, त्ताणं प्रत्यय प्रयुक्त)

वंदित्ता (1) णाऊण (9) विहरित्ता (15) जेदूण (22) विजेदूण (23) अणुसरित्तूणं (51) विचारयित्ता (158) अपाविदूण (165) पयाहिदूण (174) आरुहित्तु (177) वज्जित्ता (177) जहिदूण (179) चिंतिदूण (201)काऊण (206) गंतूणं (224) णिज्जूहित्ता (255) विराधिय (268) वाहरिय (275) संभावित्ता (275) आहोइय (276) बोधित्ता (277) आमंतेऊण (278) ठवेदूण (278) वंदिय (280) पयहिअ (295) वहाय (351) भाणिदूण (378) पयहिय (399) रोचेदूण (400) पच्छेदूण (401) विस्सामित्ता (418) उवगमित्ता (435) विण्णाय (452) अगणित्ता (458) थोलाइदूण (462) उप्पाडित्ता (473) पिल्लेदूण (481) विदारित्ता (481) पडिलिहित्ताणं (519) पयहिदूण (524) हंतूण (526) वोसरित्ता (553) सरित्तु (556) समुद्धरिदुं (555) अणुकंपेऊण (565) अणुमाणेदूण (574) आलोचेदूण (600) णिज्जूहिय (608) पडिसेवित्ता (624) समारुहित्ता (631) सुणित्ता (679) पासित्तु

(690) णेदूण (704) सोधइत्ता (720)वधित्ता (796) विचारिय (819) वुत्तूण (835) वज्जित्ता (871) सवंसित्तु (909) आहट्टिदूण (919) लभित्तु (919) संजोइय (1123) ऊरुहिय (1172) अवगासेऊण (1252) दाऊण (1273) भवित्ता (1289) छंडिय (1290) उप्पडित्ताणं (1316) णासेदूण (1357) जहिय (1529)आहारेदूण (1653) पाऊण (1653) उवणमित्ता (1677) पच्चाहरित्तु (1702) पविसित्तु (1790) करित्तु (1801) पराजिणिय (1850) ओदरिय (1853) पडिट्ठवित्ता (1990) बुज्झित्ता (2021) णिप्पादित्ता(2026) दादूण (2028) संथरित्ता (2030) सारेदूण (2032) णिसिदित्ता (2035) तुवट्टिदूण (2036) साधित्ता (2055) खवयित्ता (2090) उवजीवित्ता (2160) अवगमिय (2159)

अनियमित सम्बन्धक भूतकृदन्त

दट्ठूण (12) लद्धूण (52) ठिच्चा (105) मोत्तूण (164) णच्चा (277) सोदूण (365) किच्चा (373) पमोत्तूण (472) सोच्चा (530) कादुं (572) मुच्चा (781)

(ख) हेत्वर्थक कृदन्त (उं, दुं, एवं प्रत्यय प्रयुक्त)

विहरिदुं (72) पडिणियत्तेदुं (137) कादुं (197) पसामेदुं (286) ठवेदुं (288) विमोचेदुं (338) णादुं (412) आलोचेदुं (462) विहरिदुं (513) अविक्खेवं (518) उद्धरिदुं (698) पूरेदुं (745) पाविदुं (849) मरिदुं (883) वीसंभेदु (938) मादुं (957) तरित्तु (968) बंधिदुं (980) विंधिदुं (980)निमज्जिदुं (980) पवोढुं (981) मुज्झिदुं (982) पउलेढुं (982) सोधेदुं (1114) जहिदुं (1168) तिप्पेदुं (1258) रमिदुं (1262) जेदुं (1400) सोदुं (1439) पसमेदुं (1600) वारेदुं (1612) णिगेण्हिदुं (1832) णिरुंभिदुं (1881)

अनियमित हेत्वर्थक कृदन्त

णिग्घेत्तुं (138 अनि.हे.कृ) भेत्तुं (499) भंतुं (1611)

(ग) वर्तमानकालिक कृदन्त (न्त, माण प्रत्यय प्रयुक्त)

आराहंतेण (4) चरंतस्स (10) पडंतस्स (12) अयाणमाणो (37) सद्दहन्तो

(35) वेदंतो (40) असद्दहंतेण (41) आराहंतो (47) गच्छमाणो (58) गच्छंतो (58) अरोचमाणो (61) अरोचंतो (61) पच्छिंतो (75) करंतीए (80) अगूहमाणो (86) परिहरंतो (86) अयाणंतो (100) जाणंतस्स (102) कुव्वंतो (103) विसुज्झमाणो (105) अपरिसंतो (134)पावंता (139) पडंतं (142) पासंतस्स (145) विहरमाणो (147) गवेसंतो (164) करेंतो (174) वज्जिंतो (180) भाविंतो (182) मोहिंतो (186) अकारिज्जंतो (192) भावेमाणो (207) विहरंतस्स (211) सल्लिहंतेण (219) संवट्टंतो (249) फासेंतो (258) परिहरंतस्स (265) सोधिंतो (291) फुट्टंतो (313) धगधगंतो (313) पप्फोडिंतो (323) पियंतओ (348)अणुचरंतो (337) अवेंतो (339) आरुहंतओ (342) थोवंतो (361) कुव्वंतम्मि (397) कत्थमाणो (370) विहरंतो (402) एज्जंतं (402) अपरिदंतो (404) संभुंजमाणस्स (417) संसरमाणो (452) किलंतो (459) वाहिज्जंतस्स () पण्णविज्जन्तो (476) रंडतं (481) विचिंतंतो (481) लिहंतो (483) ताडिंतो (483) चिंतिंता (484) अधियासंतो (524) जंपंतो (549) विसुज्झंतो (550) गूहंतो (576) उक्कीरमाणओ (578) आलोचेंतो (579) सीवेंतो (593) करेंताणं (607) ओलग्गंता (649) उवदिसंता (695) करंतस्स (765) अगणंतो (780) हिंसंतस्स (787) अणिच्छमाणेण (873) परिहारमाणो (846) पिच्छंतो (862) खलंतो (863) विवड्ढंतओ (890) णिज्जमाणो (1056) णिज्जंता (1056) णिच्छंतओ (1063) पिज्जंतं (1075) उग्गाहिंतस्स (1103) चंड्डेतस्स (1135) सोधिंतस्स (1191) परिहारमाणस्स (1192) इरियंतो (1195) पडंते (1196) गुंजमाणा (1235) तप्पंतो (1245) लेहंतो (1254) उप्पियंतस्स (1254) उब्भमाणस्स (1254) पडिसेवंतो (1288) पियंतो (1311) इच्छमाणो (1336) गूहमाणस्स ((1454) डज्झमाणस्स (1457) भिज्जंतं (1490) सारिज्जंतो (1503) करंतेण (1526) खज्जंतो (1534) पीलिज्जंता (1550) सुगंतेण (1555) चडयडंतो (1579) अभिजुज्जमाणस्स (1593)करंताणं (1606) आहट्टंतस्स (1655) ससंरंतो (1663) विणियत्तंतो (1673) पवमाणो (1739) पडिगेरंतो (1789) डज्झमाणस्स (1844)रमंतम्मि (1856) संसरतस्स (1860) झायंतो (1868) दरसिज्जंत (वर्तमान कालिक कृदन्त कर्मवाच्य 32) वाहिज्जमाणाओ (वर्तमान कालिक कृदन्त कर्मवाच्य 192) मारिज्जंतो (वर्तमान कालिक कृदन्त कर्मवाच्य)

(798) अपुच्छिज्जंतो (वर्तमान कालिक कृदन्त कर्मवाच्य) सारविज्जंतो (1284) पण्णविज्जमाणो (1673) पडिजग्गिज्जंतो (2008)

(घ) भूतकालिक कृदन्त (अ/य, द भूतकालिक कृदन्त प्रयुक्त)

भणिया (2) आराहिओ (6) आराहियं (8) भणिदो (10) भणियं (11) देसिदाणि (25) गंथिदं (33) कहियं (33) दमिदो (90) आणक्खिदा (91) अणुपालिदो (156) लालिओ (192) भीसिदो (198) णिद्दिट्ठो (254) वज्जिदा (259) जलिदो (268) णिसुडिय (280) विज्झाविदे (314) आसेविदा (319) ठविदो (322) धारिओ (325) जणिदा (376) उद्धरियं (468) णिसेविदं (534) आलोचिदं (601) पडिदाइं (731) विहिदाउ (831) पवड्ढिदे (857) णिप्पीलिओ (950) वूढाओ (993) पडिदो (1057) गहिया (1106) मारिया (1123) विहेडिदो (1124) कढिदं (1337) मुच्छिदा (1350) पडिच्छिदं (1476) आयरियं (1479) पलविदाए (1552) तलिओ (1556) पउलिदो (1568) सोढाइं (1598) सोढाओ (1599) आहारिदा (1652) फिडिदा (1866) देसियं (1936) वण्णिदो (2018) साहरिदो (2060)

(ङ) अनियमित भूतकृदन्त

पत्ते (1) दिट्ठो (15) दिट्ठं (61) कदे (89) दिण्णा (158) णिज्जूढाओ (216) उदिण्णाणं (446) पत्तस्स (461) गदं (479) वुत्तो (588) णिहिदं (732) मओ (758) छूडा (943) दड्ढाओ (993)णट्ठे (1151) संपत्तो (1352) णट्ठा (1350) गदो (1351) पवण्णो (1534) पडिवण्णो (1535) पत्ताइं (1585) पत्ताणि (1780) लद्धे (1863) लद्धाए (1865) पण्णत्तं (1873) वुत्ताओ (2076) हदाए (2095) पत्ताणं (2141)

(च) विधिकृदन्त (अणीय, अव्व, दव्व, प्रत्यय प्रयुक्त)

कायव्व (9) कायव्वं (19) सद्दहिदव्वा (36) पढिदव्वं (98) आगमेदव्वं (102)णायव्वो (114) बोधव्वं (115) कादव्वो (126) भजिदव्वो (219) विज्झवेदव्वो (265) सल्लिहियव्वा (270) चिंतेदव्वं (274) उज्जमिदव्व (305) घेतव्वं (360) णिव्विसिदव्वं (456) उद्धरिदव्व (471) णिव्विसिदव्वो (475) उप्पीलेदव्वा (479) उग्गालेदव्वा (487) णिव्ववेदव्वं (500) मुणेयव्व

(528) आलोचेदव्वं 549) पट्ठवेदव्वं (617) घेतव्वाओ (636) कहेदव्वा (653) गंतव्वं (679) पज्जेदव्वो (701) वोसरिदव्वं () परिहरियव्वा (793) परिहरिदव्व (827) पत्थेयव्वं (1219) पत्थणीयं (1219) अजंपिदव्वं (1360) रुंभिदव्वा (1404) णिज्जेदव्वाणि (1414) भावेदव्वा (1469) दमेयव्वो (1470)दायव्वं (1486) सारेदव्वो (1499) पडिलिहिदव्वा (1961)

4. कर्मवाच्य प्रयोग : (इज्ज प्रत्यय प्रयुक्त)

संधटिज्जंति (88) णज्जदि (100) पल्हादिज्जदि (104) विवट्टिज्जइ (128) आराहिज्जइ (131) वोच्छिज्जदि (163) भाविज्जइ (344) वासिज्जइ (345) संकिज्जदि (348) ओमच्छिज्जंति (935) मारिज्जदि (1140) अवमाणिज्जदि (1335) डभिज्जदे (1380) णिउज्जदे (1470)

अनियमित कर्मवाच्य

कीरदे (124) हम्मदि (1140) बज्झदि (1140) रुंभदि (1140) रुंभइ (1273) घेप्पए (1428) घिप्पदि (1428) णिग्घिप्पंति (1830)

5. अव्यय

णियमा – नियम से (4), पुण – किंतु (5), पुण – फिर (61), तम्हा – इसलिए (5), तेण – इसलिए (17), णेव – नहीं (5), ण – नहीं (52,) जम्हा – क्योंकि (16), सव्वदा – सदा (19,) जह – जैसे (158), पहुदि – प्रारम्भ कर (32), जदा – जब (32),तहेव – उसी प्रकार (43), तहा – उसी प्रकार (59), जदि – यदि (47), च – और (55), व – और (358), किह – कैसे (60), पच्छा – पीछे, बाद (63), पुरदो –आगे (75), इय – इस प्रकार (65), जह जह – जैसे जैसे (104), तह तह – वैसे वैसे (104), समंता – चारों तरफ (136), सज्जो – शीघ्र (140), एवं – इस प्रकार (158), जाव – जब तक (160), खु – निश्चयवाचक ही (166), पडुच्च – अपेक्षा करके (255), जावंतइ – जितने भी (266), णवरि – केवल (292), मा – मत (303), व्व – की तरह (320) णत्थि – नहीं (320), तो – तो (322), जदिवि – यद्यपि (335), तहावि – फिर भी (335), धिद्धि – धिक्कार है (693) ताव – तब तक (516),

सुट्ठु – अच्छा, शोभन (527), अहवा – अथवा (540), पच्छा – बाद में (568) तधिमा – उसी तरह (606), दु – निश्चय से (726) ण्हु – निश्चय सूचक (781) कहंचिवि – किसी प्रकार (959) कदाई – कभी भी (966) किध – किस प्रकार (967) खिप्पं – शीघ्र (1099) सुइरेण – दीर्घकाल तक (1135) खुत्ता – बार, दफा (1255) किहु – कैसे (1265) अचिरेण – शीघ्र (1363) इण्हिं इस समय (1401) तं – कारण, हेतु (1435) इच्चेवं – इस प्रकार (1471) जइया – जिस समय (1525) किंचि – अल्प (1662) सव्वत्तो– सब ओर से (1687) पडुच्च – आश्रय करके (2011) तइया – तब (2016) तधवि – तब भी (2039) णमो – नमस्कार (2164)

6. आचारांग सूत्र

यह ग्रन्थ दो श्रुतस्कन्धों में विभाजित है। प्रथम श्रुतस्कन्ध में 9 अध्ययन और उसके अन्तर्गत 44 उद्देशक हैं। द्वितीय श्रुतस्कन्ध चूलिका रूप हैं और यह तीन चूलिकाओं तथा 16 अध्ययनों में विभाजित हैं। इसके विषय – जीवों की हिंसा का निषेध, धन संग्रह के दुष्परिणाम, अज्ञान और प्रमाद से होने वाली बुराईयाँ, कुशील त्याग, संयम आराधन, चरित्रपालन, तपश्चरण, इन्द्रिय निग्रह, महावीर की उग्र तपस्या, उपसर्ग सहन, भिक्षु एवं भिक्षुणियों के लिए आहार सम्बन्धी नियम, स्वाध्याय के नियम, मलमूत्र त्याग एवं गृहस्थों द्वारा परिचर्या किये जाने पर साधु के तटस्थ रहने की चर्चा, महाव्रतों की भावनाएँ एवं उनका स्वरूप तथा मोक्ष आदि हैं। आचारांग मात्र धर्म व आचार विषयक ग्रन्थ ही नहीं है किन्तु नीति, व्यवहार संस्कृति, इतिहास और लोककला के अमूल्य रहस्य भी इसमें छुपे हुए हैं। इस ग्रन्थ की भाषा अर्धमागधी प्राकृत है। आगे हम देखेंगे कि इस ग्रन्थ में प्राकृत के विभिन्न रूपों में से संज्ञा, सर्वनाम एवं विशेषण हेतु विभक्तियों के किन किन रूपों का तथा क्रिया एवं कृदन्तों हेतु किन –किन प्रत्ययों का प्रयोग मिलता है। **(कोष्ठक में शब्द से सम्बन्धित गाथा संख्या भी दी गई है।)** इस रचना के आधार पर हम अर्धमागधी भाषा के स्वरूप से अवगत हो सकेंगे।

1. संज्ञा प्रयोग

(क) प्रथमा ए.व.

अकारान्त पुल्लिग संज्ञा, विशेषण शब्द ('ओ' 'ए' प्रत्यय प्रयुक्त)

उववाइए (1) समणुण्णे (4) पुरिसे (6) लोए (10) से (अम्ह–10) अणागारे (19) उज्जुकडे (19) णिक्खंतो (20) खेयण्णे (32) पमत्ते (33) दंडे (33)गुणे (41) आवट्टे (41) वियाहिते (41) संसारे (49) आउट्टे (69) आलुंपे (72) सहसक्कारे (72) अदत्तहारो (79) उद्देसो (80) बाले (80) पव्वहिते (84) मूढे (84) पसंसिते (91) णिग्गंथे (107) पूरइत्तए (118) सबुज्झमाणे (134) संथवो (135) हव्ववाहो (145) बुद्धे (145) अंतो (147) परिजाणतो (149)परिण्णाते (149) ओहंतरे (161) तिण्णे (161) मुत्ते (161) विरते (161) हरदे (166) हस्से (176) लोहिते (176) हालिद्दे (176) अंबिले (176) महुरे (176) कक्खडे (176) णिद्धे (176) अचेले (187) सिलोए (104) विब्भंते (194) तिउट्टे (198) वियावाए (198) धम्मे (201) अक्खाते (201) पण्णते (201) पगप्पे (219)

इकारान्त व उकारान्त पुल्लिग संज्ञा व विशेषण शब्द (सर्वत्र '0' प्रत्यय प्रयुक्त)

मुणि (31) अंजू (107) विण्णू (140) वेदवी (145) उट्ठाई (158) णिवाती (158) अण्णेसी (160)

सर्वनाम शब्द – के (1) से (2) सो (2) हं (2) अयं (6) एस (25) जे (33) तुमं (83) तं (तुम्ह –)

नपुंसकलिंग संज्ञा, विशेषण शब्द (सर्वत्र ˙ (अनुस्वार) प्रयुक्त)

णातं (1) अच्छायणं (63) आउं (64) सातं (68) पत्तेयं (68) विज्जं (115) आगमिस्सं (124) बंभचेरं (155)

स्त्रीलिंग संज्ञा, विशेषण शब्द (सर्वत्र '0' प्रत्यय प्रयुक्त)

सण्णा (1) परिण्णाया (29) भगिणी (63) भज्जा (63) धूया (63) सुण्हा (63) संधी (157) मती (176) हिरी (184)

(ख). प्रथमा ब.व.

पुल्लिग संज्ञा शब्द ('आ' 'ए' प्रत्यय प्रयुक्त)

पव्वहिए (10) परिण्णाता (16) णिस्सिता (37) पुट्ठा (37) अंडया (49) पोतया (49) णिअगा (64) पाउडा (70) दायादा (79) सुत्ता (106) आसवा (134) पावादुया (139) छंदा (152) वट्ठाणा (172) सोता (174) सरा (176) तक्का (176) भंजगा (178) बाहा (188) जणगा (182) किसा (188) उवचया (210) देहा (210)

सर्वनाम शब्द :

एते (9) जे (83) वयं (201)

(ग) द्वितीया ए.व.

पु. नपुं. स्त्रीलिंग विशेषण एवं सर्वनाम शब्द (सर्वत्र ं (अनुस्वार) प्रयुक्त)

विसोत्तियं (20) अज्झत्थं (56) अभिकंतं (64) णिक्खम्मं (71) विप्परियासं (82) आसं (83) छंदं (83) पंतं (99) लूहं (99) जातिं (112) वुड्ढिं (112) सातं (12) परमं (113) वेरं (114) धितिं (117)केयणं (118) अण्णणं (119) सेयं (127) णिव्वेयं (133) विवादं (136) पलियं (140) कोहं (141) संसयं (149) मोणं (156) पंतं (161) लूहं (161) समाधिं (167) पवायं (172) उववायं (179) चयणं (179) वत्थं (187) सुत्तं (187) सूइं (187) फरुसं (190) पामिच्चं (204) वेयावडियं (219) रायहाणिं (228) विउडं (271) तेइच्छं (307)

(घ) द्वितीया ब.व.

पुल्लिग संज्ञा, विशेषण एवं सर्वनाम शब्द (ए, आ प्रत्यय प्रयुक्त)

फासे (6) रुवे (23) पाणे (23) बद्धे (91) जता (146) लूसगा (193)

नपुंसकलिंग संज्ञा, विशेषण शब्द (इं, आणि प्रत्यय प्रयुक्त)

रुवाइं (41) रुद्धाइं (41) कुराइं (82) कम्माइं (82) जुन्नाइं (141) कट्ठाइं (141) इंदियाणि (245) फासाइं (286) पंताइं (294)

स्त्रीलिंग संज्ञा शब्द – जोणिओ (6)

(ङ) तृतीया ए.व.

पुल्लिग, नपुंसक संज्ञा, विशेषण शब्द ('एण' प्रत्यय प्रयुक्त)

पमादेण (33) दुक्खेण (82) पवादेण (172) डंडेण (302)

इकारान्त पुल्लिग – मुट्ठिणा (307.)

सर्वनाम शब्द – मे (1) तेण (1)

स्त्रीलिंग संज्ञा शब्द ('ए' प्रत्यय प्रयुक्त)

सम्मुइयाए (2) सद्धाए (30) अट्ठाए (147) कंखाए (164)

(च) तृतीया ब.व.

पुल्लिग, नपुंसक स्त्रीलिंग संज्ञा, विशेषण शब्द (हिं प्रत्यय प्रयुक्त)

सत्थेहिं (23) संजतेहिं (33) जतेहिं (33) जेहिं (64) पण्णाणेहिं (107) मच्चिएहिं (113) माणवेहिं (121) खुड्डेहिं (123) कम्मेहिं (135) आरिएहिं (157) कुसलेहिं (159) आसवेहिं (238)

(छ) चतुर्थी ए.व.

पुल्लिग, नपुंसक संज्ञा, विशेषण शब्द (स्स, आए, आय)

जीवियस्स (7) ताणाए (64) सरणाए (64) हासाए (64) पासगस्स (80) परस्स (82) मोहाए (84) लोगस्स (87) अहियाय (106)

उकारान्त पुल्लिग – भिक्खुणो (162)

स्त्रीलिंग संज्ञा शब्द ('ए' प्रत्यय प्रयुक्त)

पूयणाए (7) मोयणाए (7) अबोधीए (35)

(ज) चतुर्थी ब.व.

पुल्लिग नपुं. स्त्रीलिंग शब्द (आणं प्रत्यय प्रयुक्त)

पुत्ताणं (87) माणवाणं (182) सुण्हाणं (87 –स्त्री) धूताणं (87 – स्त्री)

(झ) पंचमी ए.व.

पुल्लिग नपुंसकलिंग, स्त्रीलिंग संज्ञा, विशेषण शब्द (ओ, तो प्रत्यय प्रयुक्त)

पुरत्थिमातो (1) दिसातो (1) दाहिणाओ (1) पच्चत्थिमातो (1) उड्ढातो (1) पवंचातो (127) वामातो (223) हणुयातो (223) ठाणातो (238)

(ज) षष्ठी ए.व.

पुल्लिग, नपुंसकलिंग संज्ञा शब्द (स्स प्रत्यय प्रयुक्त)

असत्थस्स (32) एजस्स (56) मारस्स

सर्वनाम – मे (1)

(झ) षष्ठी ब.व.

पुल्लिग शब्द ('आणं' प्रत्यय प्रयुक्त)

माणवाणं (64)

सर्वनाम शब्द –एगेसिं (1) अण्णेसिं (2) तेसिं (66)

(ञ) सप्तमी ए.व.

पुल्लिग, नपुंसकलिंग संज्ञा, विशेषण शब्द (ए, म्मि, सिं प्रत्यय प्रयुक्त)

अंतिए (2) लोगांसि (9) सच्चंमि (117) बंभचरेसि (142)

स्त्रीलिंग संज्ञा शब्द ('ए' प्रत्यय प्रयुक्त)–

समियाए (157) आणाए (185)

(ट) सप्तमी ब.व.

पुल्लिग, नपुंसकलिंग संज्ञा, विशेषण एवं सर्वनाम शब्द (हिं, सु प्रत्यय प्रयुक्त)

रुवेसु (41) पयासु (119) एतेसु (147) कम्मेहिं (150) पावेहिं (150) गिहेसु (196) गामेसु (196) हरिएसु (240) रसेसु (273) पसवासु (278)

2. क्रिया प्रयोग

(क) वर्तमानकाल

उत्तमपुरुष एकवचन ('मि' प्रत्यय प्रयुक्त)

बेमि (9) समुस्सिणामि (204) आढामि (204) संचाएमि (211)चाएमि (225)

उत्तमपुरुष बहुवचन ('मो' प्रत्यय प्रयुक्त)

अच्चिक्खामो (138) भासामो (138) पण्णवेमो (138) लज्जामो (202)

मध्यमपुरुष एकवचन ('ज्ज, सि प्रत्यय प्रयुक्त)

जाणेज्जा (125) मण्णसि (170) समुस्सिणासि (204)

मध्यमपुरुष बहुवचन ('ह' प्रत्यय प्रयुक्त)

आचक्खह (137) भासह (137) पण्णवेह (137)

अन्यपुरुष एकवचन (ति, ज्जा, ए प्रत्यय प्रयुक्त)

भवति (1) जाणेज्जा (2) अणुसंचरति (6) सहेति (6) संधति (6) समुट्ठाए (25) समणुजाणति (35) पासति (41) संवसति (64) अच्चेति (65) परिहरेज्जा (66) जाणति (71) परिवएज्जा (81) मोयए (91) करेति (63)

जहाति (97) रज्जति (99) विज्जति (110) झोसेति (117) झंझाए (127) मुच्चति (127) विगिंचति (185) पण्णवेति (132) आघाति (134) परिविचिट्ठति (135) णिज्जाति (145) हिंसति (160) संजमति (160) पगब्भति (166) मुज्झति (162) आघाति (177) अब्भाइक्खति (32) परियट्टति (80)

अन्यपुरुष बहुवचन (न्ति, हिं प्रत्यय प्रयुक्त)

परितावेंति (10) विउट्टंति (27) आवज्जंति (37) परियावज्जंति (37) उद्दायंति (37) परिहरंति (66) णियट्टंति (70) विभयंति (79) विलुंपंति (79) परिवयंति (81) कज्जंति (87) उदाहरंति (101) करेंति (113) सरंति (123) आइक्खंति (132) करेहिं (135)चयंति (140) विपरामुसंति (147) कुप्पंति (162) परिव्वयंति (166) रुदंति (182) फुसंति (187) उब्भाहंति (211) रीयंति (276) विउंजंति (200)

(ख) विधि एवं आज्ञा

मध्यमपुरुष एकवचन (0, ज्ज, हि, ए प्रत्यय प्रयुक्त)

पास (20) जाण (102) उम्मुंच (113) चर (119) चरेज्ज (121) णिगिज्झ (126) कसेहि (141) जरेहि (141) परिव्वए (156) आइक्ख (277)

मध्यमपुरुष बहुवचन ('ह' प्रत्यय प्रयुक्त)

पडिलेह (112) पासह (153) सुणेह (180)

अन्यपुरुष एकवचन (ज्जा, ए, प्रत्यय प्रयुक्त)

अणुपालिज्जा (20) अब्भाइक्खेज्जा (22) किणे (88) किणावए (88) मज्जेज्जा (89) सयेएज्जा (89) परिहरेज्जा (89) छणे (119) गच्छेज्जा (133) दूइज्जेज्जा (164) फासे (185) परिव्वए (197) धोएज्जा (214) रएज्जा (214) णिवज्जेज्जा (241) संकुचए (243) पसारए (243) उक्कसे (246) वोसिरे (249)

(ग) भविष्यत्काल

उत्तमपुरुष ए.व. ('स्सा' प्रत्यय प्रयुक्त)

भविस्सामि (1)जमहं (33) करिस्सामि (66) पवेदयिस्सामि (180) जाइस्सामि (213) संधिस्सामि (187) सीविस्सामि (187) उक्कसिस्सामि (187) वोक्कसिस्सामि (187) परिहिस्सामि (187) पाउणिस्सामि (187) सातिज्जिस्सामि (219) दलयिस्सामि (227) वदिस्सामि (254) पिहिस्सामि (255)

उत्तमपुरुष ब.व. ('स्सा' प्रत्यय प्रयुक्त)

पुच्छिस्सामो (138)

(ग) भविष्यत्काल

अन्यपुरुष एकवचन ('स्स' प्रत्यय प्रयुक्त)

करिस्सति (164)

(घ) भूतकाल

उत्तमपुरुष ए.व. – अकरिस्सं (4)

अन्यपुरुष ए.व. – अकासी (33)

3 कृदन्त प्रयोग

(क) सम्बन्धक भूतकृदन्त (आय, आए, त्ता, त्तु, अ/य, आण प्रत्यय प्रयुक्त)

परिण्णाय (17) विदित्ता (40) संपेहाए (64) पडिलेहाए (71) जाणित्तु (82) समादाय (99) जाणित्ता (106) पासिय (108) आसेवित्ता (119) आदाय (127) आइत्तु (133) वसित्ता (143) विणएत्तु (175) उवसंकमित्तु (204) णिहाय (209)उज्जालेत्ता (212) परिट्ठवेत्ता (212) जाएत्ता (224) संथरेत्ता (224) संविधुणिय (224) पविसित्ता (228) संखाय (250) अभिणाय (266) परिवज्जियाण (266)

अनियमित सम्बन्धक भूतकृदन्त

सोच्चा (2) अभिसमेच्चा (27) आहच्च (37) णच्चा (108)

(ख) हेत्वर्थक कृदन्त (त्तए प्रत्यय प्रयुक्त)

अहियासेत्तए (211) उज्जालित्तए (211) परिवहित्तए (224)

(ग) वर्तमानकालिक कृदन्त – (माण, न्त प्रत्यय प्रयुक्त)

पवयमाणा (12) कुव्वमाणे (19) संबुज्झमाणे (25) मुच्छमाणे (41) सुणमाणे (41) दुगुंछमाणे (71) सवंताइं (92) अधियासमाणे (99) उवेहमाणो (108) विगिंचमाणे (129) समेमाणा (133) पलेमाणा (133) कंपमाणे (142) विप्फंदमाणं (142) परिणिज्जमाणे (149) भण्णमाणे (149) परिपच्चमाणे (150) झोसमाणे (151) दुइज्जमाणस्स (162) सारक्खमाणे (166) मण्णमाणस्स (169) परक्कमंतं (182) परिदेवमाणा (182) विडज्झमाणा (190) पलिउंचमाणे (214) आहारमाणे (223) आसायमाणे (223) वंदतस्स (218) गिलायंतो (242) परिकिलंते (244) विहरंता (298) डसमाणे (296)

(घ) भूतकालिक कृदन्त – (त)

झोसिते (157) भासिते (159)

अनियमित भूतकालिक कृदन्त –

अक्खायं (1) आगतो (1) सूयं (1) दिट्ठं (33) वुत्ता (185)

(ङ) विधिकृदन्त – (अव्व, तव्व प्रत्यय प्रयुक्त)

परिजाणियव्वा (8) अज्जावेतव्वा (132) परिघेतव्वा (132) परितावेयव्वा (132) अज्जावेतव्वं (170) परितावेतव्वं (170) परिघेतव्वं (170) उद्दवेतव्वं (170)

(4) अनियमित कर्मवाच्य – पवुच्चति (49)

5. अव्यय – एवं – इस प्रकार (1) इहं – यहाँ (1) इय – यहाँ (121) णो – नहीं (1) जहाँ – जैसे (1) वा – या (1) अधे – नीचे की (1)

णत्थि– नहीं (1) इओ – इस लोक से (1) पेच्चा – आगामी जन्म में (2) पुण – इसके विपरीत (2) खलु – सचमुच (6) त्ति – इस प्रकार (9) पुढो – अलग (10) पुणो पुणो – बार बार (41) इच्चत्थं – इस प्रकार (63) पुव्विं– पहले (64) सद्धिं – साथ (64) अलं – निवारण (85) सव्वत्तो – चारों तरफ से (129) उताहु – अथवा (139) परेण परं – आगे से आगे (129) सम्मं – अच्छी तरह (156) कहं – कैसे (167) तम्हा – इसलिए (170) अणुवीइ – विचारकर (197) जाव – जब तक (198) अदुवा – अथवा (201) हुरत्था – बाहर (205)

7. उत्तराध्ययन

धार्मिक काव्य की दृष्टि से यह आगम बहुत महत्त्वपूर्ण है। अनेक विद्वानों द्वारा इस ग्रन्थ पर चूर्णी एवं टीकाएँ लिखी गई हैं। हर्मन याकोबी ने 1895 में इसका सेक्रेड बुक ऑव द ईस्ट के 45 वें भाग में अँग्रेजी भाषा में अनुवाद प्रकाशित किया है। आल्सडोर्फ ने इसके आर्या छन्दों के अध्ययन के लिए 'द आर्यासटान्जास ऑव द उत्तरझाया' प्रकाशित किया है। विंटरनीत्स ने इसको श्रमण काव्य की कोटि में रखकर महाभारत, धम्मपद और सुत्तनिषात आदि के साथ इसकी तुलना की है।

उत्तराध्ययन में 36 अध्ययन हैं। इसमें उपमा, सुभाषित और विविध संवादों द्वारा काव्यमय एवं मार्मिक भाषा में त्याग, वैराग्य और संयम का उपदेश है। इसके मुख्य विषय – विनय, परीषहजय, तथा मनुष्यत्व, श्रुति, श्रद्धा और संयम धारण करने की शक्ति का दुर्लभ होना, लक्षणविद्या, स्वप्नविद्या, अंगविद्या, नमिप्रव्रज्या, हरिकेश आख्यान, चित्तसंभूति कथा, मृगांकपुत्र का आख्यान रथनेमी और राजीमती का संवाद, केशीगौतम का संवाद आदि हैं। इस ग्रन्थ की भाषा **अर्धमागधी** प्राकृत है। व्याकरणिक प्रयोग हेतु इस ग्रन्थ के मात्र 12 अध्ययनों को ही लिया गया है। हम देखेंगे कि इस ग्रन्थ में प्राकृत के विभिन्न रूपों में से संज्ञा, सर्वनाम एवं विशेषण हेतु विभक्तियों के किन–किन रूपों का तथा क्रिया एवं कृदन्तों हेतु किन–किन प्रत्ययों का प्रयोग मिलता है।

कोष्ठक में शब्द से सम्बन्धित गाथा संख्या भी दी गई है। इस रचना के आधार पर हम अर्धमागधी भाषा के स्वरूप से अवगत हो सकेंगे।

1. संज्ञा प्रयोग

(क) प्रथमा ए.व.

अकारान्त पुल्लिग संज्ञा, विशेषण शब्द ('ओ' 'ए' प्रत्यय प्रयुक्त)

सूयरे (1–5) मिए (1–5) तुसिणीओ (1–20) पण्णो (1–28) संगो (2–16) खत्तिओ (3–4)आसे (4–8) सागडिओ (5 –14)आएसे (7–2) सक्को (9–59) जओ (12–2) पण्डिए (1–37)

सर्वनाम शब्द – मि (2–44)

नपुं.लिंग संज्ञा, विशेषण शब्द (सर्वत्र – (अनुस्वार) प्रयुक्त)

वेसं (1–28) सीयं (2–6) छवित्ताणं (2–7) सुकडं (2–16) ताणं (4–1) भिसं (5–4) कुमुयं (10–28) पयं (11–15)

स्त्रीलिंग संज्ञा, विशेषण एवं सर्वनाम शब्द

खड्डया (1–38) चविडा (1–38) इड्ढी (2–44) सुई (3–8) धूया (12–20)

(ख) प्रथमा ब.व.

अकारान्त पुल्लिग, विशेषण शब्द ('आ' प्रत्यय प्रयुक्त)

सद्दा (9–7) खगा (9 –10) केसा (10–21) अणारिया (12–4) कासगा (12–12)

सर्वनाम शब्द – जे (8–13)

नपुंसकलिंग संज्ञाशब्द : ('णि' प्रत्यय प्रयुक्त)

अंगाणि (3–1)

स्त्रीलिंग संज्ञा एवं सर्वनाम शब्द ('ओ' प्रत्यय प्रयुक्त)

इत्थीओ (2–16) जाओ (2–16)

(ग) द्वितीया ए.व.

पु. नपुं. स्त्री. विशेषण एवं सर्वनाम शब्द (सर्वत्र ं (अनुस्वार) प्रयुक्त)

विणयं (1–1) आणुपुव्विं (1 –1) कुण्डगं (1–5) अप्पाणं (1–6) खंतिं (1–9) संसग्गिं (1–9) हासं (1–9) कीडं (1–9) कोहं (1–14) पल्हत्थियं (1–19) ओहारिणिं (1–24) मायं (1–24) मियं (1–32) फासुयं (1–34) पिण्डं (1–34) आयरियं (1–40) गरहं (1–42) लूहं (2– 6) अग्गिं (2–7) सिणाणं (2–9) आसणं (2–21) तितिक्खं (2–26) रयं (3–11) छंदं (4–8) मोक्खं (4–8) केसं (5–7) सीसं (7–3) णरयं (8–7) पुत्तं (9–21) इन्दत्तं (9–55) अण्णवं (10–34) निव्वाणं (11–6) इसिं (12–19) गिरिं (12–26) अयं (12–26)

(घ) द्वितीया ब.व.

पुल्लिग संज्ञा शब्द ('ए' प्रत्यय प्रयुक्त)

परीसहे (2–18) कुमारे (12–20)

नपुं. लिंग संज्ञा, विशेषण शब्द ('इं' प्रत्यय प्रयुक्त)

बीयाइं (12–12) सुहासियाइं (12–24) वयणाइं (12–24)

(ङ) तृतीया ए.व.

पुल्लिग एवं नपुं. लिंग शब्द (अकारान्त शब्दों में 'एण' एणं उकारान्त शब्दों में 'णा' प्रत्यय प्रयुक्त)

संजमेण (1–16) सीएण (1–27) फरुसेण (1–27) पत्तिएण (1–41) णिरोहेण (4–8) वाएण (9–19) जुज्झेण (9–35) पमाएणं (11–3) पिउणा (11–22)

(च) तृतीया ब.व.

पुल्लिग, नपुं. लिंग, स्त्रीलिंग शब्द ('हि' एवं 'हिं प्रत्यय प्रयुक्त)

खुड्डेहिं (1–9) बन्धणेहि(1–16) वहेहि(1–16) आयरिएहिं (1–20) गिहत्थेहिं (2–19) दिट्ठिहिं (8–7) वग्गूहिं (9–55) ठाणेहिं (11–3) नहेहिं (12–26)

(छ) चतुर्थी ए.व.

अकारान्त पुल्लिग संज्ञा शब्द ('स्स' प्रत्यय प्रयुक्त)

सीसस्स (1–23) सुद्धस्स (3–12)

उकारान्त पुल्लिंग संज्ञा शब्द– जन्तुणो (3–1)

सर्वनाम शब्द – तुज्झ (12–11)

(ज) चतुर्थी ब.व.

अकारान्त पुल्लिग संज्ञा, विशेषण शब्द (आण, आणं प्रत्यय प्रयुक्त)

मूढाणं (1–29) किच्चाणं (1–45) माहणाण (12–11)

(झ) षष्ठी ए.व.

अकारान्त, उकारान्त पुल्लिग संज्ञा शब्द (अकारान्त में स्स एवं उकारान्त में 'णो' प्रत्यय प्रयुक्त)

अणगारस्स (1–1) विअडस्स (2–4) भिक्खुणो (2–21)

(ञ) षष्ठी ब.व.

पुल्लिग एवं नपुं. लिंग संज्ञा शब्द ('आणं' प्रत्यय प्रयुक्त)

बुद्धाणं (1–8) परीसहाणं (2–4) मणस्साणं (2–16) अज्झावयाणं (12–19)

(ट) सप्तमी ए.व.

पुल्लिग एवं नपुं. लिंग शब्द (ए, म्मि, प्रत्यय प्रयुक्त)

विणए (1–6) रहस्से (1–17) लोगंमि (2–16) रज्जे (9–2) संखम्मि (11–15) आगासे (12–36)

स्त्रीलिंग संज्ञा शब्द – ('ए' प्रत्यय प्रयुक्त)

रायहाणिए (2–18)

(ठ) सप्तमी ब.व.

पुल्लिग, नपुं. लिंग, स्त्रीलिंग शब्द ('सु' प्रत्यय प्रयुक्त)

अगारेसु (1–26) तणेसु (2–34) पासाएसु (9–7) गिहेसु (9–7) समिईसु (12–2) थलेसु (12–12) निन्नेसु (12–12)

2. क्रिया प्रयोग

(क) वर्तमानकाल

उत्तमपुरुष एकवचन ('मि' प्रत्यय प्रयुक्त)

बेमि (1–48) सेवामि (1–7) जाणामि (2–42)

उत्तमपुरुष बहुवचन('मो' प्रत्यय प्रयुक्त)

वसामो (9–14) जीवामो (9–14) अच्चेमु (12–34)

मध्यमपुरुष एकवचन ('सि एवं 'से' प्रत्यय प्रयुक्त)

पेक्खसि (9–12) चिट्ठसि (10–34) पभाससे (12–16)

मध्यमपुरुष बहुवचन ('ह' प्रत्यय प्रयुक्त)

खणह (12–26) खायह (12–26) इच्छह (12–28)

अन्यपुरुष एकवचन (इ, ई प्रत्यय प्रयुक्त)

भुंजइ (1–5) होइ(1–29) रमए (1–37) फुसइ (2–6) चिट्ठई 3–12) उवेइ (478) विसीयई (9) सोयई (5–14) डज्झइ (9–12) जिणेज्ज (9–34) वन्दइ (9–55) णिवडइ (10–1) जूरइ (10–21) हायई (10–24) विरायइ (11–15) निव्ववेइ (12–20)

अन्यपुरुष बहुवचन (न्ति प्रत्यय प्रयुक्त)

अणुसासन्ति (1–27) पसीयन्ति (1 –46) पडिवज्जन्ति (3–8) उवेन्ति (4–2) लुप्पन्ति (6–1) समासासेन्ति (6–10) गच्छन्ति (8–7) पउंजन्ति (8–13) कंदन्ति (9–10) फुसन्ति (10–27) उवहसन्ति (12–4) ववन्ति (12–12) तालयन्ति (12–19) वयन्ति (12–38)

(ख) विधि एवं आज्ञा

मध्यमपुरुष एकवचन (ए, 0,हि, सु, प्रत्यय प्रयुक्त)

पमायए (4–1) पस्स (7–28) जुज्झाहि (9–35) वोच्छिंद (10–28) बूहए (10–34) भुंजाहि (12–34) भुंजसु (12–35)

मध्यमपुरुष बहुवचन – ('ह' प्रत्यय प्रयुक्त)

सुणह (1–1) वियाणह (7–15)

विधि एवं आज्ञा अन्यपुरुष एकवचन ('ए' 'एज्ज' 'एज्जा' प्रत्यय प्रयुक्त)

ठवेज्ज (1–6) सिक्खेज्जा (1–8) वज्जए (1–8) णिण्हविज्ज (1–11) भासेज्जा (1–11) कुव्वेज्जा (1–14) धारेज्जा (1–14) वज्जए (1–24) लवेज्ज (1–25) कोवए (1–40) उववायए (1–43) छिन्दे (2–2) सेविज्जा (2–4) तितिक्खे (2–5) परिदेवए (2–8) पत्थए (2–9) विएज्जा (2–9) संतसे (2–11) वारेज्जा (2–11)पओसए (2–11) उवेहे (2–11) परिव्वए (2–19) अभिनन्देज्जा (2–33) विणएज्ज (4–12) हावए (5–6)

(ग) भविष्यत्काल

उत्तमपुरुष एकवचन ('स्सा' 'हा' प्रत्यय प्रयुक्त)

उदाहरिस्सामि (2–1) दहामु (12–16)

मध्यमपुरुष एकवचन ('हि' प्रत्यय प्रयुक्त)

होहिसि (9–58)

3 कृदन्त प्रयोग

(क) सम्बन्धक भूतकृदन्त ('त्ताणं' 'ऊण' 'त्तु' 'त्ता' 'आय' प्रत्यय प्रयुक्त)

चइत्ताणं (1–5) चइऊण (1–21) विवज्जित्ता (1–31) एसित्ता (1–32) चइत्तु (1–48) उट्ठित्ता (2–21) लद्धुं (3–11) गहाय (4–2) पहाय (4–10) हारित्ता (7–15) उवट्ठित्ता (8–15) सरित्तु (9–2) ठवेत्तु (9–2) भुंजित्तु (9–3) निसामित्ता (9–8) जइत्ता (9–35)अवउज्झिऊण (9–53) विउव्विऊण (9–53) चिच्चाण (10–29) अवउज्झिय (10–30) खवित्तु (11–31) पासिऊण (12–4) पच्छायइत्ता (12–8) सुणेत्ता (12–19)

(ख) हेत्वर्थक कृदन्त (दुं, त्तुं प्रत्यय प्रयुक्त)

गमित्तए (10–34)

(ग) वर्तमानकालिक कृदन्त (न्त, माण प्रत्यय प्रयुक्त)

इच्छन्तो (1–6) वाहिन्तो (1–20) पुच्छमाणस्स (1–23) आयरन्तो (1–42) भुंजन्ते (2–11) रीयन्तं (2–14) सयमाणस्स (2–34) चिट्ठमाणस्स (2–21) रोयमाणा (3–10) चरन्तं (4–11) अयाणन्ता (8–7) डज्झमाणीए (9–14) अभित्थुणन्तो (9–55) लम्बमाणए (10–2) एज्जन्तं (12–4) हम्ममाणं (12–20)

(घ) भूतकालिक कृदन्त ('अ' भूतकालिक कृदन्त प्रयुक्त)

वंचिओ (2–44) भासियं (10–37)

(ङ) विधिकृदन्त (तव्व, दव्व प्रत्यय प्रयुक्त)

दमेयव्वो (1–15)

4. कर्मवाच्य प्रयोग (इज्ज प्रत्यय प्रयुक्त)

(क) कर्मवाच्य

निक्कसिज्जइ (1–4)

(ख) अनियमित कर्मवाच्य

वुच्चइ (1–2) भुज्जइ (7–3) दीसई (10–17)

5. प्रेरणार्थक – छिन्दावए (2–3)

6. स्वार्थिक प्रत्यय – पिट्ठओ (3–15) पण्डुरया (10–21)

7. अव्यय

खिप्पं – शीघ्र (1–44) त्ति – इस प्रकार (1–48) इइ – इस प्रकार (2–12) अदुवा – अथवा (2–12) नेव – नहीं (2– 18) तत्थ – वहाँ (2–21) कत्थइ – कहीं (2–27) सक्खं – प्रत्यक्ष (2–42) णूणं – निश्चय ही (2–44) मा – मत (4–1) मुहं मुहं – बार बार (4–11) जाव – जब तक (7–3) ताव – तब तक (7–3) किंचण – कुछ भी (9–14) बज्झओ – बाहर से (9–39) संपइ – इस समय (10–31)

शौरसेनी प्राकृत एवं अर्धमागधी प्राकृत की विशेषताएँ –

उपर्युक्त व्याकरण के आधार पर शौरसेनी प्राकृत व अर्धमागधी प्राकृत की कुछ विशेषताएँ निम्न रूप में देखी जा सकती है –

शौरसेनी आगम ग्रन्थों में वर्तमान काल एवं भविष्यत्काल अन्यपुरुष ए.व. में 'दि' प्रत्यय का प्रयोग बहुलता से मिलता है जबकि अर्धमागधी आगम ग्रन्थों में 'ति' प्रत्यय का प्रयोग उतनी ही बहुलता से हुआ है।

क्रिया हेतु ज्ज, ज्जा प्रत्ययों का प्रयोग सभी कालों में अर्धमागधी में बहुलता से हुआ है जबकि शौरसेनी में यह प्रयोग कहीं कहीं देखने को मिलता है।

विधिकृदन्त हेतु शौरसेनी प्राकृत में 'दव्व' प्रत्यय अधिकतर प्रयुक्त हुआ है एवं अर्धमागधी में विधिकृदन्त हेतु 'तव्व' प्रत्यय की बहुलता देखी जाती है।

भूतकालिक कृदन्त का प्रयोग शौरसेनी प्राकृत में बहुतायत से हुआ है किन्तु अर्धमागधी प्राकृत में इसका प्रयोग बहुत कम देखने को मिला है। शौरसेनी प्राकृत में भूतकालिक कृदन्त के प्रयोग में कर्ता सदैव तृतीया विभक्ति में रहा है किन्तु अर्धमागधी में कर्ता प्रथमा विभक्ति में भी प्रयुक्त हुआ है।

कृदन्तों के प्रयोग में भी सम्बन्धक कृदन्त हेतु शौरसेनी प्राकृत में उं, दुं, ऊण, ऊणं, दूण, दूणं, अ/य, त्ता प्रत्ययों की बहुलता देखी गई है। अर्धमागधी प्राकृत में आय, आए, आण एवं त्तु का प्रयोग अधिक मिलता है।

शौरसेनी प्राकृत में हेत्वर्थक कृदन्त हेतु उं,दुं प्रत्यय का प्रयोग अधिकतर हुआ है। अर्धमागधी प्राकृत में हेत्वर्थक कृदन्त हेतु 'त्तए' प्रत्यय का प्रयोग बहुलता से देखने को मिलता है।

2. शौरसेनी प्राकृत ग्रन्थ भगवती आराधना में 'द' अक्षर के प्रयोगों की बहुलता के प्रयोग –

यहाँ भगवती आराधना में से कुछ शब्द छाँटे गये हैं जिनके आधार पर यह दिखाया गया है कि शौरसेनी प्राकृत में संज्ञा, विशेषण, क्रिया, कृदन्त व अव्यय शब्दों में अन्तिम व मध्यम 'द' अक्षर किस प्रकार विशेष रूप से प्रयोग हुआ है। कहीं–कही पर क्रिया शब्दों में 'ह' के स्थान पर 'ध' का प्रयोग भी हुआ है। ये छाँटे हुए शब्द निम्न रूप में हैं तथा शब्द से सम्बन्धित भगवती आराधना की गाथा संख्या भी कोष्टक में दी जा रही है। जैसे–

संज्ञा शब्द – जइ – जदि (17), वितिगिंछा – विदिगिंछा (43), धणिअं – धणिदं (59), वअं – वदं (.60), सोत्त – सोदं (72), मइं – मदिं (158) सुइ – सुदि (180) णिवइ – णिवदी (298) रइए – रदीए (343) वइ – वदी (1187) वआइं– वदाइं (1208) छायं – छादं (1322) पहिओ – पधिदो (1314) दारुअं – दारुगं (1824)

क्रिया शब्द – आवसह – आवसधे (78) जोहेइ – जोधेइ (205) अयंति – अदंति (1297)

कृदन्त – मओ – मदो (1338) गओ – गदो (1351) ओअरियं – ओदरियं (1855)

अव्यय – पुरओ – पुरदो (75) णउ – णदु (177) तहवि – तधवि (2039)

इसी प्रकार 'त' अक्षर अर्धमागधी प्राकृत की विशेषता बना।

इकाई 14 में निहित ग्रन्थों में प्रयुक्त संज्ञा, क्रिया एवं कृदन्त शब्दों की प्रत्यय तालिका

विभक्ति प्रयोग – षट्खण्डागम, समयसार, कार्तिकेयानुप्रेक्षा, वसुनन्दिश्रावकाचार

प्रथमा ए.व.	षट्खण्डागम भाग – 1	वीरसेन आचार्य कृत टीका	समयसार	कार्तिकेया नुप्रेक्षा	वसुनन्दि श्रावकाचार
अकारान्त पु.	ए, ओ	ए, ओ	ओ	ओ	ओ
इकारान्त व					
उकारान्त पु.	0	0	0	0	0
नपुं.		अनुस्वार	अनुस्वार	अनुस्वार	अनुस्वार
स्त्री.	0	0	0	0	0
प्रथमा ब.व.					
अकारान्त पु.	आ	आ	आ	आ	आ
इ, उकारान्त पु.	0	0, णो	0, णो		णो
नपुं.	णि	इं	णि	आ, णि	इं, णि
स्त्री.	ओ, आओ	ओ	ओ	ओ, आ	ओ, आ
द्वितीया ए.व. (सर्वत्र)		अनुस्वार	अनुस्वार	अनुस्वार	अनुस्वार
द्वितीया ब.व.					
अकारान्त पु.		ए	ए	ए, आ	ए
नपुं.		इं	आइं, आणि	इं, आणि	इं, णि
स्त्री.				ओ	ओ
तृतीया ए.व.					
अकारान्त पु.	एण	एण	एण	ए, एण, एणं	एण
इ,उकारान्त		ण	णा		णा
स्त्री		ए	ए,इ	ए	ए,इ
तृतीया ब.व.		हि, हिं	हि, हिं	हि, हिं	हिं
चतुर्थी ए.व.		स्स			स्स, आय
चतुर्थी ब.व.		णं, आणं		आणं	णं
पंचमी ए.व.	त्तो	दो	दो	उ, त्तो, दो, दु	ओ
पंचमी ब.व.				हिंतो	
षष्ठी ए.व.					
अकारान्त		स्स	स्स	स्स	स्स
इकारान्त		णो	णो		
स्त्री.				ए	
षष्ठी ब.व.	आण, आणं, णं	आण, आणं	आण, आणं, णं	ण, णं, आण,आणं	ण, णं, आण,आणं
सप्तमी ए.व. अ.पु./नपुं.	ए, म्मि	ए, म्मि, म्हि	ए म्मि, म्हि	ए, म्मि, म्हि	ए, म्मि, म्हि
स्त्रीलिंग	ए			ए	
सप्तमी ब.व. (सर्वत्र)	सु	सु	सु	सु	सु

क्रिया एवं कृदन्त प्रयोग

वर्तमानकाल ए.व.	षट्खण्डागम भाग – 1	वीरसेन आचार्य कृत टीका	समयसार	कार्तिकेयानुप्रेक्षा	वसुनन्दि श्रावकाचार
उत्तम पु. ए.व.	मि	मि	मि	मि	मि
मध्यम पु. ए.व.			सि, से	से	सि
अन्य पु. ए.व.	दि, दे, इ	दि,दे, इ, ई	दि, दे, एज्ज	इ,ए, दि,दे	इ, दि
अन्य पु. ब.व.	न्ति, न्ते,	न्ति, न्ते	न्ति, न्ते	न्ति, न्ते	न्ति
विधि एवं आज्ञा					
उत्तम पु. ए.व.			एज्ज		
मध्यम पु. ए.व.		हि, 0, सु	ए, उ, 0, हि, सु, एज्ज, एज्जा	सु, 0, ज्ज	हि, सु, 0,हु,ए
मध्यम पु. ब.व.		ह	ह	ह	ह
अन्य.पु. ए.व.	इज्जा, ए	उ, ज्जा, ए, दु, ऊ	एज्ज, दु		ज्ज, उ
अन्य पु. ब.व.	न्तु	न्तु			
भविष्यत्काल					
उत्तम पु. ए.व.			हं, स्सं	वोच्छं (विशेष प्रयोग)	स्सा
अन्य पु. ए.व.			हि, ज्ज, एज्ज		
सम्बन्धक कृदन्त		त्तुं, ऊण, इय	तु, दुं, त्ता, दूण, ऊण	त्ता, उं, ऊण, ऊणं, दूण, दूणं, अ/य,	त्ता, ऊण, आय
हेत्वर्थक कृदन्त		दुं	दुं, त्तुं	उं, दुं	उं
विधिकृदन्त	अव्व,	अव्व, दव्व	तव्व, दव्व	अणीअ, अव्व	अव्व
वर्तमानकृदन्त	न्त, माण		न्त, माण		न्त, माण
भूतकालिक					
कृदन्त	अ/य, द		अ, द	अ/य, द	अ/य

विभक्ति प्रयोग – भगवती आराधना, आचारांगसूत्र, उत्तराध्ययन

प्रथमा, ए.व.	भगवती आराधना	आचारांग सूत्र	उत्तराध्ययन
अकारान्त पु.	ए, ओ	ए, ओ	ए, ओ
इकारान्त, उकारान्त पु.	0	0	0
नपुं.	अनुस्वार	अनुस्वार	अनुस्वार
स्त्री.	0	0	
प्रथमा ब.व.			
अकारान्त पु.	आ, ए	आ, ए	आ
इकारान्त, उकारान्त पु.	णो, ओ		
नपुं.	आइं, आणि		णि
स्त्री.	ओ, आ		ओ
द्वितीया ए.व. (सर्वत्र)	अनुस्वार	अनुस्वार	अनुस्वार
द्वितीया ब.व.			
अकारान्त पु.	ए	ए, आ	ए
नपुं.	आणि	इं, आणि	इं
स्त्री.	ओ	ओ	
तृतीया ए.व.			
अकारान्त पु.	एण	एण	एण, एणं
इकारान्त, उकारान्त पु.	णा	णा	णा
स्त्री.	ए	ए	
तृतीया ब.व.	हिं	हिं	हि, हिं
चतुर्थी ए.व.			
अकारान्त पु/नपुं.	स्स	स्स, आए,	स्स
इकारान्त, उकारान्त	णो	णो	
स्त्री.	ए	ए	
चतुर्थी ब.व.	आण, आणं, णं	आणं,	आण, आणं
पंचमी ए.व.	त्तो, दो, दु	ओ, तो	
पंचमी ब.व.	हिंतो		
षष्ठी ए.व. अकारान्त पु/नपुं.	स्स	स्स	स्स
इ,उकारान्त पु/नपुं.	णो		णो
स्त्री.	ए		
षष्ठी ब.व.	ण, णं, आण, आणं	आणं	आणं
सप्तमी ए.व. अकारान्त पु/नपुं.	ए म्मि, म्हि	ए, म्मि, सि	ए, म्मि
स्त्री.	ए	ए	ए
सप्तमी ब.व.	सु	हिं, सु	सु

क्रिया एवं क्रदन्त प्रयोग

वर्तमान काल	भगवती आराधना	आचारांग सूत्र	उत्तराध्ययन
उत्तम पु. ए.व.	मि	मि	मि
उत्तम पु. ब.व.	मो	मो	मो
मध्यम पु. ए.व.	हि, सि, एज्ज	ज्ज, सि	सि, से,
मध्यम पु. ब.व.		ह	ह
अन्य पु. ए.व.	इ, ए, दि, दे, ज्ज	ति, ज्जा, ए	इ, ई
अन्य पु. ब.व.	न्ति, न्ते	न्ति, हिं	न्ते
विधि एवं आज्ञा म.पु. ए.व.	ए, हि, 0, सु	ज्ज, 0, हि,ए	ए, 0, हि, सु
म.पु. ब.व.	ह, एज्जा	ह	ह
अ.पु. ए.व.	एज्ज, दु, उ	ज्जा, ए	ए, एज्जा, एज्जा
भविष्यत्काल उत्तम पु. ए.व.	स्सा	स्सा	स्सा, हा
मध्यम पु. ए.	हि	स्सा	हि
अन्य पु. ए.व	स्स, हि	स्स	
अन्य पु. ब.व	ह, हि		
सम्बन्धक कृदन्त	त्ता, त्तु, उं, दुं, ऊण, ऊणं, दूण, दूणं, आय, त्ताण	आय, आए, त्ता, त्तु, आण, अ/य	त्ताणं, ऊण, तु, त्ता, आय
हेत्वर्थक कृदन्त	उं, दुं, एवं	त्तए	दुं, त्तुं
विधिकृदन्त	अणीय, अव्व, दव्व	अव्व, तव्व	न्त, माण
वर्तमान कृदन्त	न्त, माण		
भूतकालिक कृदन्त	अ, य, द	अकरिस्सं, अकासी आदि प्रयोग त भूकृ का बहुत कम प्रयोग	

सहायक ग्रन्थ एवं कोश

1. प्राकृत रचना सौरभ – डॉ. कमलचन्द सोगाणी : अपभ्रंश साहित्य अकादमी, जैनविद्या संस्थान, दिगम्बर जैन अतिशय क्षेत्र श्रीमहावीरजी।

2. प्रौढ़ प्राकृत रचना सौरभ भाग–1 – डॉ. कमलचन्द सोगाणी : अपभ्रंश साहित्य अकादमी, जैनविद्या संस्थान, दिगम्बर जैन अतिशय क्षेत्र श्रीमहावीरजी।

3. प्राकृत साहित्य का इतिहास – डॉ. जगदीशचन्द्र जैन, चौखम्बा विद्याभवन वाराणसी।

4. प्राकृत भाषा और साहित्य का आलोचनात्मक इतिहास – नेमिचन्द्र शास्त्री : तारा बुक एजेन्सी।

5. भारत की प्राचीन भाषाएँ – डॉ. राजमल बोरा : हिंदी माध्यम कार्यान्वय निदेशालय दिल्ली विश्वविद्यालय।

6. तीर्थंकर महावीर और उनकी आचार्य परम्परा – डॉ. नेमिचन्द्र शास्त्री ज्योतिषाचार्य : श्री भारतवर्षीय दिगम्बर जैन विद्वत्परिषद।

7. षट्खंडागम : सत्प्ररूपणा भाग 1, सम्पादक – स्व. पं. फूलचन्द्र सिद्धान्तशास्त्री : जैन संस्कृति संरक्षक संघ, सोलापुर।

8. समयसार – कुन्दकुन्दाचार्य : कुन्दकुन्द भारती, 18 बी स्पेशल इन्स्टीट्यूशनल एरिया नई दिल्ली – 110067

9. कार्तिकेयानुप्रेक्षा – स्वामिकुमार : परमश्रुत प्रभावक मंडल, श्रीमद् राजचंद्र आश्रम, अगास।

10. वसुनन्दि श्रावकाचार – आचार्य वसुनन्दी : अनेकान्त विद्वत्परिषद।

11. भगवती आराधना – आचार्य शिवार्य : जैन संस्कृति संरक्षक संघ, सोलापुर–7

12. आचारांग सूत्र – संयोजक एवं प्रधान संपादक, युवाचार्य श्री मधुकर मुनि : श्री आगम प्रकाशन समिति, वृज –मधुकर स्मृतिभवन, पीपलिया बाजार, ब्यावर, राजस्थान – 305901

13. उत्तराध्ययन – संयोजक एवं प्रधान संपादक, युवाचार्य श्री मधुकर मुनि : श्री आगम प्रकाशन समिति, वृज –मधुकर स्मृतिभवन, पीपलिया बाजार, ब्यावर, राजस्थान – 305901

14. पाइअ–सद्द–महण्णवो – पंडित हरगोविन्ददास त्रिकमचंद सेठः मोतीलाल बनारसीदास दिल्ली।

15. प्राकृत–व्याकरण – डॉ. कमलचन्द सोगाणी : अपभ्रंश साहित्य अकादमी, जैन विद्या संस्थान, दिगम्बर जैन अतिशय क्षेत्र, श्रीमहावीरजी।

णाणं

पयासयं

वीर निर्वाण 2470

भारतीय ज्ञानपीठ

ई.सन् 1944